산의 사상

산의 사상

김영도

秀文出版社

나는 가지고 싶은 것이 없다.
나에게 필요한 것은 자유뿐인데,
그 자유가 내게는 있다.

    베르그슈타이거

「산의 사상」을 내놓으며

　산에 오르고 산에서 내려오며 생각에 잠기는 것이 어느새 버릇처럼 됐다. 산을 행동하는 곳으로 보지 않고 사색하는 장소로 삼은 지도 오래다.
　산은 내가 이렇게 살아온 길이며 이렇게 살아갈 길이다.
　산과 사람, 등산과 인생은 언제나 한데 묶어서 생각하는 나의 생활 테마다. 그런데 사회가 날이 갈수록 복잡해지고 살림살이가 어수선 해가면서 인간의 생의 문제가 문명보다는 자연과 더불어 사는 수밖에 없다는 생각이 더해간다.
　그러는 가운데「산의 사상」을 꾸미고 내놓는다.
이번에 이 일을 하면서 나는 지금까지 써온 글들을 많이 버리고 또한 고쳤다. 시간이 흐르고 세상이 바뀌면서 지난 날을 돌아보게 되고 그렇게 할 수밖에 없었다.
　여기에는 또 다른 이유가 있다. 글을 쓰고 정리하던 1994년과 95년에 나는 인생에서 새롭고 중요한 전기를 체험했다. 즉, 1994년은 나의 고희였고 95년은 내가 38선을 넘어온 지 반 세기를 맞는 해다. 생각할 것도 없이 하찮은 인생이 결코 순탄하지 않은 속에서 기나긴 세월을 살아남은 셈이다.
　지난 1990년에 첫 수필집「우리는 산에 오르고 있는가」를 내놓았을 때 나는 주로 산 이야기를 실었다. 그런데 그뒤 나는 나의 과거에서 벗어나고 싶었다. 그리하여 계곡을 지나 산을 더듬을 때마다 그 전과 다른 것을 찾았다. 새로운 시야가 열리길 바랐던 것이다. 이번에 산의 글 한쪽으로 생활 주변 이야기들을 넣고 또다른 한 구석으로 남의 글까지 싣게 된 까닭이다. 이 남의 글들은 언제 읽어도 내 가슴에 와 닿고 나를 울렸다. 그리고 그럴 때마다 나도 그런 체험을 흉내내고 싶었다.

「산의 사상」은 산을 매체로 한 나의 생의 조망이고 나의 사색의 궤적이다. 당 나라 때의 시인 두보(杜甫)가 '人生七十古来稀'라고 해서 오늘날 '고희'가 나돌지만, 나는 앞만 보고 달리다가 육순도 칠순도 모르고 지나쳐 버렸다. 그래서 「산의 사상」은 뜻하지 않게 나의 고희 산물처럼 되었다.

사상의 창백과 공허, 소란과 혼돈 속에서 하루 하루 살아가던 그간의 나의 생각의 편력을 우선 이런 모양으로라도 가다듬어 보게 된 것이다.

한국산서회 회장 김성진 씨로부터 지난해 알프스 계곡 샤모니에 체류하던 이야기를 들었다. 그곳에서 우연히 우리 나라에서 온 등반대를 만났는데, 그들 가운데 「우리는 산에 오르고 있는가」를 가지고 온 젊은이가 있더라는 이야기다. 몇 해 전에 내놓은 이 별것 아닌 나의 수필집을 멀리 그곳까지 배낭 속에 넣고 간 낯 모르는 산사나이가 마음에 걸렸다.

인생의 반을 같이 고생하며 살아온 한 대학 동문으로 이따금 산에 같이 가는 박일영 씨에게 그 이야기를 했더니 그는 바로 롱펠로우의 시가 있지 않느냐고 해서 같이 웃었다.

"I shot an arrow into the air, ……"

내가 무심코 하늘을 향해 쏜 화살이 어디론가 날아가더니 참나무 밑둥에 꽂혀 있더라……는 이야기.

「산의 사상」, 이 두 번째 나의 화살도 어디론가 날아가리라. 그리고 어딘가에 가서 박히리라. 그러나 그것을 생각하니 두려운 마음부터 앞선다.

1995년 4월
북한산록 우거에서 저자 씀

차 례

「산의 사상」을 내놓으며·········7

1. 산의 사상

산의 사상·········14
산에 길이 있다·········18
설악산, 그리고 등산·········22
히말라야는 우리에게 무엇인가·········27
아무도 걷지 않는 380킬로미터·········32
나는 알피니스트인가·········40
산을 우리에게 돌려달라·········44
등산 윤리에 대하여·········48
자연벽과 인공벽 사이·········53
자일샤프트·········59
코펠과 버너·········62
한장의 사진·········66
여름이 오면·········70

2. 등산의 내일

등산의 내일·········· 74
산으로 만난 사람들········ 81
산과 책과 글과········· 86
1994년 여름·········· 89
겨울이 오면·········· 93
화이트랜드·········· 98
제3 슬로프·········· 102
키친 보이·········· 106
이런 책이 있다········· 110
아문센과 스코트········ 113
머메리와「알프스·카프카즈 등반기」········ 123
「8,000미터 위와 아래」에 대하여·········· 127
라인홀트 메스너의 세계········· 132
16년 걸린 드라마········ 138
예지 쿠쿠츠카라는 등산가······· 142
가스똥 레뷔파와「눈과 바위」········· 147
글을 잘못 옮기면 ─ 산책을 중심으로········· 151
한 인간의 분노········ 173

3. 브리크의 객사

브리크의 객사 · · · · · · · · · 178
로이테와 멘쉔 · · · · · · · · · 182
스위스의 똥차 · · · · · · · · · 185
돌로미테 회상 · · · · · · · · · 190
마리 끌러드 · · · · · · · · 197
이탈리안 에스프렛소 · · · · · · · · · 204
우리에게 없는 것들 · · · · · · · · · 209
컴퓨터와 원고지 · · · · · · · · · 218
베로니카의 베일 · · · · · · · · · 224
용설란 · · · · · · · · 228
수재에 대하여 · · · · · · · · · 234
나의 친구 K · · · · · · · · · 237
3 6 5 일 · · · · · · · · 240
나의 동숭동 시절 · · · · · · · · · 244
우다 선생 · · · · · · · · · 250
내 고향은 피앙이다 · · · · · · · · · 255
암산 주태익 · · · · · · · · · 261
그때가 그리운 까닭은 · · · · · · · · · 267
지구를 살리겠다는 여인 · · · · · · · · · 273

4. 배낭 속의 단편

배낭 속의 단편 · · · · · · · · · · 278
구름 — 헤르만 헷세 · · · · · · · · · 283
군밤 장수 — 알프레드 폴가 · · · · · · · · 285
차이트로제 — 에른스트 펜졸트 · · · · · · · · · · 288
세번째 비둘기 — 스테환 츠바이크 · · · · · · · · · · 293
기 별 — 하인리히 뵐 · · · · · · · · · 298
여인숙 — 한스 벤더 · · · · · · · · · · 304
초를 마리아에게 — 하인리히 뵐 · · · · · · · · · · 309
아버지의 값어치 — 데꾸네 다츠로 · · · · · · · · · 325
네팔의 맥주 — 요시다 나오야 · · · · · · · · · 329

1

산의 사상
산에 길이 있다
설악산, 그리고 등산
히말라야는 우리에게 무엇인가
아무도 걷지 않는 380킬로미터
나는 알피니스트인가
산을 우리에게 돌려달라
등산윤리에 대하여
자연벽과 인공벽 사이
자일샤프트
코펠과 버너
한장의 사진
여름이 오면

산의 사상

산이란 무엇인가?
사람은 왜 산에 오르는가?
산에는 무엇이 있는가?
‥‥‥‥‥

산에 대한 물음은 끝이 없다. 등산은 이러한 물음에서 시작했다. 그리고 오랜 세월에 많은 사람이 산에 갔지만 산에 대한 물음은 지금도 계속하고 있다. '등산자의 수만큼 등산이 있다'는 뽈 베시에르의 말이나 '등산은 모두가 초등'이라고 한 기도 레이의 말은 산과 인간의 관계의 깊이를 말한다.

괴테는 '산마루에 쉼이 있다……'는 시를 남겼다. 그런데 어찌 산마루에 있는 것이 휴식뿐이랴? 산에는 자유가 있다고 읊은 등산가도 있다.

나는 가지고 싶은 것이 없다.
나에게 필요한 것은 자유뿐인데,
그 자유가 내게는 있다.

전자는 18세기를 산 유명 시인이고 후자는 20세기의 무명 등산가로 산을 보는 눈이 서로 다르다. 그러나 휴식과 자유는 다른 개념이 아니며 오히려 본질에서 같다고 본다.

휴식은 무위가 아니다. 하는 일이 없는 것을 휴식이라고 한다면 그것은 소극적인 휴식이다. 휴식은 자유를 예상하며 사람은 자유롭게 움직일 때 적극적인 휴식을 취한다. 「韓國名山記」의 저자 김장호의 알파인 에세이에 「손의 자유 발의 자유 정신의 자유」라는 것이 있다. 등산가는 심한 육체의 노동을 통해서 자유를 즐기고 자유를 노래한다. 휴식과 자유는 하나의 양면이다.

　자연은 '천연자연 — 天然自然'이라는 사자성어(四字成語)에서 왔다고 한다. 하늘이 그렇게 만들어서 스스로 그렇게 있다는 뜻이리라. 그러니 산에는 임자가 없다. 그 누구의 것도 아니라는 이야기다. 산은 인간의 지혜나 능력이나 문명의 소산이 아니며 인간을 초월한 존재다.

　산은 높다. 높지 않으면 산이라고 하지 않는다. 얼마나 높아야 하는가 묻는 것은 어리석은 일이다. 산이 높다는 것은 낮지 않다는 이야기니까.

　산에는 물이 흐르고 돌이 구른다. 새가 날고 꽃이 핀다. 산에는 바람이 불며 나뭇잎이 떨어진다. 겨울이 되면 눈이 오고 얼음이 언다. 그때 산은 죽은 듯이 고요하다. 그러나 무음의 세계가 아니며 잠시 침묵할 따름이다.

　산이란 대체 우리에게 무엇인가? 사람들은 산을 바라본다. 높은 데를 좋아하기 때문이다. 우리는 누구나 목표를 세울 때 그 목표를 높이 둔다. 그리고 저마다 그곳을 보고 힘들여 기어오른다. 등산을 인생에 비하는 까닭이리라.

　산은 언제 가도 즐겁다. 등산에는 사실 계절이 없다. 산에 주인이 없다지만 반드시 그런 것은 아니다. 산에 가는 사람, 산을 좋아하는 사람이 주인이다. 산의 자유를 누리는 자가 주인인 셈이다.

　그러나 산에는 구속이 있다. 그 높이와 어려움과 위험이 우리를 구속한다. 자유와 구속이 상충하고 대립하는 세계가 또한 산이다.

　자유는 처음부터 있는 것이 아니며, 자유는 '……로부터의 자유'다. 자유는 구속을 전제로 한다. 그래서 자유에는 구속과의 싸움이 따른다. 싸움으로 쟁취하는 것이 자유다. 산의 자유가 등반의 아르바이트를 거쳐 비로소 자기 것이 되는 까닭이다.
　산을 좋아하는 사람은 등산의 어려움을 안다. 고난의 정도가 희열과 감격을 규정한다. 산에 미친다는 말이 있는데, 산에 미친 사람은 고난과 위험을 넘어선 희열과 감격이 어떤 것인가 그 세계를 아는 사람이다. 세계 등산의 역사는 이런 사람들이 간 길이다.
　산과 사람의 관계는 태고로 거슬러 올라간다.
　세상에서 가장 오래된 책이라고 할 수 있는 성서에는 노아의 방주가 아라라트 산(5,165m)에 걸렸다고 했다. 그리고 인간의 조상인 아브라함과 모세가 산에 오르는 이야기도 자세히 기록되어 있다.
　이토록 인간은 옛날부터 자연과 더불어 살아왔고 오늘도 필요한 의·식·주의 문제를 자연의 힘을 빌려 해결하고 있다. 그런데 현대인은 문명 속에 묻혀 자연을 날로 잊어간다. 그들은 자연을 정복하여 오늘의 문명이 탄생했다고 믿고 있다. 그러나 문명이 발달함에 따라 자연과 문명의 대립 관계가 날카로와지고 비로소 미래에 대한 불안이 싹트기 시작했다. 문명 없이는 살아도 자연 없이는 살 수 없다는 것을 실감하게 됐다.
　등산을 '탈출'이라고 말한 사람은 마칼루를 초등한 쟝 프랑코다. 탈출은 곧 문명 사회에서 벗어나는 것을 말한다. 사회적 동물로 규정했던 인간이 이제 오히려 사회에서 도망하는 수밖에 없다는 이야기다.
　문명 사회에서 탈출함은 자연으로 돌아가는 것을 말한다. 이것은 인간의 귀소 본능이라 할 수 있다. 그러나 그것도 슈테판 츠바이크의 '세번째 비둘기' 신세가 되기 전의 탈출이요, 귀소가 되지 않으면 아무런 뜻도 없을 것이다.
　세상은 정치적 이데올로기의 싸움이 끝나고 경제적 경쟁 시대를 맞았다고 누구나 생각한다. 그러나 진짜 싸움은 그런 데 있지 않다. 인간이 주역을 맡고 있는 정치적 경제적 싸움으로 당장은 아니지만 조만간 살아남기 어렵게 됐다. 인간의 생존이 걸려 있는 곳은 정치와 경제가 아니라 우리 생의 기반인 자연이다. 그런데 그 자연이 이제 문명으로 오염되고 파괴 당하고 다시는 그전 모습을 되찾지 못하는 지경에 이르렀다. 어디를 가나 산이고, 산으로 둘러싸인 자연인 줄 알았던 시대는 영영 가버렸다.

산을 등산가의 무대라고 하던 것은 옛날 이야기다. 그리하여 산이 등산과 관계가 없는 사람들에게, 문명의 예찬가와 추종자들에게 비로소 산의 존재 이유를 알리기 시작했다. 그러나 이미 때는 늦었다. 두고 보면 알 일이다.

산에 길이 있다

산을 오를 때마다 생각하는 것은 시지프스의 이야기다.
큰 바위를 산 위에 올리도록 벌을 받은 시지프스가 천신 만고 끝에 그 일을 해내려는 순간 바위가 산 밑으로 굴러 떨어진다. 시지프스는 다시 그 바위를 산마루로 굴러 올린다. 이 끝없이 되풀이 되는 일, 그것은 절망과 싸우는 시지프스의 몸부림이며 그의 숙명이다.
시지프스의 이러한 절망은 그가 올라가야 하는 산에 길이 없다는 데 있다. 그가 넘어서거나 빠져나갈 길이 없기 때문이다. 그리스 신화에 나오는 이 이야기는 부조리한 인간의 실존 문제를 다룰 때 곧잘 인용되는데, 이러한 문제 제기는 등산가가 아닌 알베르 까뮈의 공이다.
등산가는 어딘가 시지프스를 닮은 데가 있다. 무거운 짐을 지고 고생하며 산마루를 보고 오르는 점에서부터 목적을 이루지 못하면 몇 번이고 다시 해보는 것까지도 닮았다. 한 가지 다른 데가 있다면 시지프스는 그가 지은 죄 때문에 하는 수 없이 그 끝없는 고역을 치르지만, 등산가는 스스로 그 고생을 사서 한다고 할까 …… 그리고 등산가는 반드시 정상에 이르는 길이 있으리라고 믿고 그 어려움과 싸우는데 그 길은 언젠가 뚫리게 돼있다. 그러기에 등산가에게는 절망이 없다. 그가 설사 조난을 당해도 그것은 결코 강요된 것이 아니다.
산에는 원래 길이 없다. 사람이 오르지 않았는데 거기 길이 있을 리가 없다. 그것이 산의 산다운 모습이고 그것이 산의 매력이다. 이 매력에 이끌려 사람은 산을 오를 생각을 했다. 말하자면 산에 길이 없기 때문에 등산이 시작된 것이다. 에베레스트에 왜 가려는가 하고 물었을 때 거기 에베레스트가 있으니까 가련다고 했다는 죠지 말로리의 말은 유명하지만, 이때 에베레스트가 그토록 문제의 초점이 됐던 것은 아무도 오를 사람이 없다기 보다는 도저히 오를 수 없는 산으로 보았기 때문이다.

산에 길이 없을 때 산은 산으로서의 값어치가 있으며, 길이 없는 산을 오를 때 등산이 등산으로서의 가치와 의미를 갖는다. 처녀봉이니 미답벽이니 하는 것들을 등산가들이 높이 평가하고 기어코 먼저 오르려고 하는 까닭이 거기 있다.

만일 산이나 벽에 길이 생기면 등산가는 거기서 발걸음을 돌려 길이 없는 데를 찾아 간다. 이러한 사실은 등산 200여 년의 역사에 잘 나타나 있다.

산에 길이 없는 데 이끌린 역사적 인물은 스위스 제네바의 대학교수인 드 소쉬르였다. 그는 알프스에서 가장 높은 몽블랑을 쳐다보고 그 정상에 오르는 길을 찾아내는 사람에게 상금을 주겠다고 했다. 1760년의 일인데, 이렇게 해서 몽블랑에 사람이 처음 오른 것은 그로부터 25년이나 뒤의 일이다. 사람들이 길이 없는 산을 두려워 하다가 끝내 들어붙는 데 그렇게 시간이 걸린 것이다. 여기서 산과 사람의 첫 만남이 이루어지고 산과 사람 사이에 새로운 관계가 생겼다. 이른바 '알피니즘'이 탄생하는 역사적 사건이다.

프랑스의 등산가 뽈 베시에르는 '알피니즘'이라는 그의 책에서 고산과 칼날 능선, 절벽과 허공, 눈과 얼음의 세계를 등산의 무대로 규정하고 있다.

이러한 자연은 당연히 험할 것이며 '길이 없다'는 것이 그 두드러진 특징이다. 산이나 벽에 길이 없다는 것은 인간의 접근을 거부한다는 뜻이다. 그래서 아무도 접근하지 못한 채 그대로 있는 데를 처녀봉이니 미답벽이니 하는데, 오늘날 땅 위에는 그러한 곳을 찾아보기가 어렵게 됐다.

그러나 등산가들은 굳이 그런 곳을 찾아 나선다. 등산은 언제나 초등이라는 기도 레이의 말도 있지만, 자기가 처음 오르는 산은 언제나 그에게 처녀봉인 셈이다. 등산의 발전은 길이 없는 곳에 길을 내는 과정이고 그 흔적이다.

사람은 산에 가는 사람과 안가는 사람으로 크게 나눌 수 있다.

산에 가는 사람들 가운데서도 길이 있는 데로 가는 사람과 길이 없는 데만 골라 가는 사람으로 다시 나뉜다. 이 모두가 각자의 취미와 생각과 살아가는 태도에 따른다. 그런데 이러한 산과 사람과의 관계 여하에 따라 그의 인생은 크게 벌어진다.

'산에 길이 있다'는 명제는 실은 '산에는 길이 없다'는 것을 전제로 한다. 그리고 이러한 명제를 믿고 내세우는 사람은 길이 없는 데를 찾아다니는 사람들이다. 정말로 산을 아는 사람이고 진짜 등산가다. 알프레드 머메리가 등산사에 빛나는 까닭은 그가 '의지 있는 곳에 길이 있다'며 '배리에이션 루트'의 개척을 처음으로 들고 나오고 그 길을 몸소 갔기 때문이다.

몽블랑에서 마터혼에 이르는 80년에 걸친 알프스 등반의 개척기로부터 히말라야 자이언트들이 완등되는 20세기 중엽의 15년 등 세계 등산의 역사 가운데 주류를 훑어볼 때, 길도 없고 알려지지 않은 무서운 대자연에 도전한 선구자들이 생명을 내놓고 집요하게 추구한 것은 오직 정상으로 통하는 길이었다. 그들은 인적 미답의 황무지를 갔지만 그들이 처음으로 내디디는 곳이 길이었다. 뛰어난 클라이머에게는 그가 잡고 디디는 곳이 홀드요 스텝이라고 한다. 보통 사람 눈에는 길이 보이지 않는데 우수한 클라이머들은 그 길을 본다는 이야기다. 서부 알프스의 등산가는 암벽을 디디지만 동부 알프스의 등산가들은 허공을 디딘다는 말도 있다. 모두 범용한 등산가들로서는 이해하기 어렵고 흉내 낼 수 없는 깊이에 들어간 알피니스트의 세계라고 할 수 있다.
 등산가는 길이 없어도 길이 있다고 믿고 나서는 사람들이다.
'등산은 길이 끊어진 데서 시작한다'는 프랑스의 등산가 샤뼤리우스의 말 만큼 등산과 등산가의 조건을 요약한 글은 쉽지않다.

설악산, 그리고 등산

　설악산에 간다, 설악산을 다녀왔다는 말을 자주 듣는다. 어떻게 간다는 이야기며 어떻게 다녀왔는지 모르겠다.
　설악산에 갔다 오기는 어렵지 않고 그 길은 널리 알려져 있다. 길도 좋고 교통편도 편하며 가면 숙박 시설도 많다. 모든 것이 옛날과 다르다.
　그래서 많은 사람들이 해마다 계절따라 진부령과 한계령과 대관령으로 해서 설악산에 간다. 얼마전부터는 미시령까지 뚫려 오가기에 더욱 편리하다. 요새는 근처에 온천이라는 것도 생기고 콘도까지 있으니 그런 데서 여장을 푼다. 그리고 울산암과 비선대와 권금성으로 발을 옮긴다. 그때 그들 눈앞에 외설악의 얼굴이 비친다. 이렇게 해서 사람들은 설악을 보고 그길로 돌아온다.
　설악산에 간다는 말에는 설악산을 넘는다는 뜻이 있다. 등산하는 사람들이 설악산에 간다고 할 때는 모두 산을 넘는다는 이야기다. 그것이 오색 약수터에서 넘든, 용대리나 십이 선녀탕으로 해서 가든 또는 외설악에서 내설악으로 빠지든 하여간 설악산을 넘어간다. 물론 여기에도 여러 길이 있다. 쉬운 길 어려운 길이 있는가 하면 보통 실력으로는 갈 수 없는 길도 많다. 그러니 설악산도 가기 나름이다.
　설악산, 그 높이라야 2,000미터에 미치지 않는 낮은 산이다. 따라서 만년설이 있을 리 없고 엄격한 의미에서는 등산 즉 알피니즘의 대상이 못 된다. 그러나 국내에서 등산하는 사람들이 우선 찾는 곳은 설악산이다. 그밖에 갈 만한 곳이 없다는 이야기다. 한라나 지리가 있기는해도 산의 생김새나 놓임새가 설악에 비할 것이 못된다.
　사람들이 설악을 좋아하는 데는 몇 가지 이유가 있다고 본다. 우선 푸른 바다 가까이 있다는 것이 큰 매력의 하나이리라. 그리고 계절적으로 철쭉과 단풍이 그들의 마음을 끈다. 여름 무더위에 천불동 계곡을 소리 내며 흐르는 맑은 물과 시원한 바람을 무엇에 비하랴. 겨울철 설악, 그 이름대로 눈에 덮인 고고한 설봉의 모습이 그들의 마음 또한 자극한다.

그런데 설악의 참다운 모습에 한 번이라도 접할 생각이 있다면 역시 맑은 날 대청 꼭대기에 서는 길밖에 없다. 굳이 맑은 날이 아니더라도 좋다. 만일 비구름이 바람에 날리면서 잠깐 얼굴을 내미는 공룡능선과 용아장성의 변화 무쌍한 모습을 보게 될 터이니 그는 설악산에 오르는 그 누구보다도 행운을 잡는 셈이다.

또한 그에게 시간이 있고 마음이 동하면 눈에 덮인 내설악으로 들어가 볼 일이다. 그때 깊은 눈을 밟으며 마등령을 넘어도 좋고 도중에 천막을 칠 여유까지 있다면 그는 현대를 사는 문명인으로 그전에 없었고, 앞으로 다시 없을 생의 환희와 충족감을 체험하게 될 것이다. 여기에는 철쭉이나 단풍 놀이와는 비교할 수 없는 고양된 차원의 세계가 있다.

그러나 설악을 가장 깊이 가슴에 새기고 마음으로나 몸으로나 설악산을 떠나지 못하는 사람들이 있다. 이들이야말로 설악산에 가서 설악산과 만나 평생의 인연을 맺은 사람이다. 바로 산사람들이다.

도대체 무엇이 그들과 설악산을 가깝게 하였는가? 이 문제를 생각할 때 전제가 되는 것은 등산이란 무엇인가 하는 물음과 이에 대한 답이다.

사람이 등산을 목적으로 산에 오르기 시작한 것은 18세기의 일이며, 이때 서양 사람들이 만년설에 덮인 알프스의 고산에 도전하면서 그들의 활동을 알피니즘이라고 불렀다. 영국에서 나온 「등산백과사전」을 보면 알피니즘은 '알프스와 같은 눈과 얼음에 덮인 비교적 높은 고소에서 벌이는 등반 활동'이라고 풀이하고 있는데 이 짧막한 글 속에 알피니즘의 뜻이 잘 나와 있다.

또한 프랑스의 등산가 뽈 베시에르는 알피니즘의 무대를 '고산과 톱날 능선과 깎아지른 벽, 허공과 넓은 공간 그리고 눈과 얼음'이라고 했다. 그야말로 준엄한 대자연으로 쉽사리 접근하기 어려운 세계를 말하고 있다.

그렇다면 우리의 명산 설악은 어떤가?

설악은 표고 1,708미터. 그 높이가 4,000미터 고소인 유럽 알프스에 비할 것이 못 된다. 따라서 만년설도 빙하도 없다. 그러나 설악은 동해에서 바로 솟아있는 관계로 그 높이는 그저 낮다고만 할 수 없다. 일본 알프스는 3,000여 미터의 고도를 가지고 있지만, 등산 기지의 높이가 벌써 1,500미터 정도다. 일본 등산가들이 흔히 설악에 왔다가 새삼 깨닫는 것이 설악의 높이라고 한다. 당연한 이야기다.

그런데 설악은 깊은 계곡과 톱날 능선과 깎아지른 암벽으로 되어 있다. 특히 겨울철에는 장대한 빙폭까지 발달하고 산 전체가 깊은 눈에 잠긴다. 말하자면 설악은 엄동기에 그야말로 준엄하고 가혹한 대자연으로 바뀌며 그 적설량과 강풍과 추위로 낮은 지대가 수천미터의 고산 지대로 돌변한다.

설악산이 등산의 무대로 부상한 것은 1950년대의 일이다. 즉, 38 이북에 있던 설악산이 한국전쟁으로 수복되면서, 1955년 처음으로 천불동에서 대청봉에 이르는 길이 뚫리고, 그뒤 10여년 사이에 설악의 주릉이 모두 답파됐다. 우리 산악인들이 대만의 옥산과 히말라야에 눈을 돌리기 시작한 것은 그 뒤의 일이다. 그런 점에서 한국에 모던 알피니즘이 싹트게 됐다고 해도 좋으리라. 그리하여 한국 등산은 설악을 중심으로 태동기, 요람기 그리고 성숙기로 번져나갔다.

설악산에서 벌어진 등산 활동의 주류를 보면, 1960년대 후반부터 70년대 후반에 이르는 10년간에 용아장성과 울산암, 천화대와 토왕성 등의 완등을 통해서 이른바 한국 알피니즘의 벽의 시대가 열렸고, 이 과정에서 60년대 후반에 죽음의 계곡에서의 한국산악회 회원 10명의 눈사태에 의한 희생도 있었지만, 1977년에 에베레스트 등정이라는 해외 원정의 최초의 결실을 가져왔다. 이 10년간의 요람기를 거쳐 한국의 현대 등산은 완전히 그 기초를 다진 셈이다.

1980년에 들어오며 오늘에 이르는 근 10여 년 사이에 해외 원정 활동이 가속화 하여 주로 히말라야를 대상으로 한 원정대의 수가 100을 넘어서게 됐다. 또한 기록면에서도 유럽 3대 북벽 등반과 파키스탄의 미답봉 초등을 비롯하여 이른바 히말라야 자이언트로 알려진 8,000미터급들을 거의 완등하기에 이르렀다. 그리하여 한국 등산은 세계 등산계와 걸음을 같이 하는 알피니즘 성숙기를 가고 있다.

이제 우리의 현대 알피니즘은 30년에 걸쳐 꾸준히 설악을 바탕으로 성장했으니 표고 1,708미터의 설악산의 등산 무대로서의 의의와 가치를 간단히 평가하고 넘어갈 수가 없으리라.

1977년 에베레스트에서 내려와 귀국 길에 카투만두에 여장을 풀었을 때, 많은 외국인들이 찾아왔던 일이 잊혀지지 않는다. 그때 그들은 한국의 산이 얼마나 높은가고 물었는데, 이에 대해 2,000미터가 안 된다고 했더니 그들은 모두 의아한 표정을 지었다. 그들은 2,000미터가 안 되는 산은 산이 아니라며 어떻게 그런데서 훈련하고 에베레스트에 왔느냐고 다시 물었다. 나는 할 말이 없었으나 그렇다고 가만 있을 수도 없었다. 그래서 나는 우리나라 산은 비록 낮아도 겨울이면 춥고 눈이 많고 바람이 강한 무서운 대자연으로 변한다고 했다. 그때 내 눈앞에 엄동의 설악을 떠올렸고, 특히 에베레스트에 오던 전 해 1976년 2월 16일 적설기 훈련 중에 설악골에서 눈사태로 여섯 명이 묻혔다가 셋이 죽은 평생 잊을 수 없는 쓰라린 경험을 상기했다.

에베레스트와 북극의 윌더니스를 두루 헤매는 동안 내 머리에서 잠시도 잊지 않은 것은 비록 높이는 1,708미터에 지나지 않으나 엄동설한 속에 버티고 있는 설악이었다.

한국의 등산과 등산가를 이야기할 때 설악산을 그 중심에 두지 않는다면 그것은 분명 어불성설이리라.

히말라야는 우리에게 무엇인가

　히말라야는 우리에게 무엇인가. 특히 20세기에서 21세기로 넘어가려는 세기적 문명적 전환기에 서 있는 우리 인류에게 히말라야라는 대자연은 어떤 의미를 지니고 있을까.
　히말라야는 우리가 살고 있는 지구 위에서 수평으로나 수직으로 가장 넓고 가장 높으며, 인류 문화권에서 가장 멀리 떨어져 있는 산악 지대다. 이러한 놓임새와 생김새는 아래와 같은 숫자 풀이로도 가히 짐작이 간다. 즉 히말라야는 동서로 2,500킬로미터 남북으로 400에서 500킬로미터의 길이와 넓이를 자랑하고 있으며, 지역으로 볼 때 파미르, 카라코룸, 힌두 쿠시, 콘론, 텐샨 등에 펼쳐 있고, 중국을 비롯해서 네팔, 부탄, 인도, 파키스탄의 다섯 나라에 걸쳐 있다.
　오늘날 히말라야라고 할 때 우리는 먼저 '세계의 지붕'이라는 개념부터 머리에 떠올린다. 한마디로 중앙 아시아의 높은 산 전체를 묶어서 가리키는 이 지역에는 표고 7,000미터급 고산이 줄잡아 350, 그리고 고도 8,000미터가 넘는 세계 최고봉급이 열넷이나 있다. 사실 지구 위 5대륙이 저마다 고산군을 자랑하고 있지만 그 높이는 한결같이 6,000미터 이하며 그 위를 넘어서지 못하니 히말라야야말로 이름 그대로 세계의 지붕이다.
　히말라야는 산스크리트 말로 눈(雪)이라는 뜻의 '히마'와 집(居處)이라는 뜻의 '알라야'로 된 복합어다. 산스크리트의 고향인 인도에서는 멀리 북녘 하늘에 사시 사철 흰 눈을 쓰고 햇빛에 반짝이는 드높은 산줄기가 바라보여서 그곳 사람들은 어느덧 '눈의 집'이라고 부르게 됐으리라. 그런데 이처럼 연중 눈을 덮어 쓰고 있는 데가 어찌 히말라야 뿐이랴? 유럽 알프스를 비롯하여 남미의 안데스와 북미의 로키 하며 그 준엄하고 웅대한 만년 빙설의 대자연을 누구도 부정 못한다. 그러나 진정 눈의 집다운 곳은 뭐니해도 아시아 대륙의 중앙 일대를 뒤덮고 있는 히말라야를 빼놓을 수 없다고 해도 조금도 지나치지 않는다.

그런데 이러한 히말라야가 세상에 알려지기는 그리 오래지 않다. 중앙 아시아의 고지대는 일찌기 기원 전에 알렉산더 대왕이 힌두 쿠시를 넘었고 그뒤 마르코 폴로가 파미르를 가로지르기도 했다. 그들은 식량도 장비도 정보도 넉넉치 않은 그 옛날에 적어도 표고 5,000미터나 되는 산허리를 넘어갔을 터이니 공기가 희박하고 만년 빙설에 덮인 가혹한 대자연 속에서 그들의 행차가 어떠했을까 짐작하고도 남는다. 그러나 이러한 지구의 벽지 히말라야에도 여명의 날이 다가왔다.

19세기 중엽, 정확하게는 1852년 히말라야에서 가장 높은 산이 발견됐다. 세계 최고봉 에베레스트가 비로소 알려진 것이다.

영국이 인도에서 식민 정책을 펴나가던 무렵, 육군 측지부대가 지도를 만드느라 멀리 떨어진 변경 하늘 높이 솟은 봉우리에 차례로 P_1, P_2, P_3…… 등 부호를 붙여놓고 삼각 측량을 하다가 마침내 P_{15} 즉 '제15호 봉'이 세계에서 가장 높다는 것을 알게 됐다.

그런데 영국은 그 최고봉에 '초모룽마'니 '사가르마타'니 하는 티베트와 네팔의 현지 이름이 있는 줄 몰랐던지 인도 측량국의 초대 장관을 지낸 육군대령 죠지 에베레스트의 공을 길이 새기려고 '마운트 에베레스트'라고 이름을 붙였다. 에베레스트 다음으로 높은 K2가 발견된 것은 그 뒤 일이지만, 그 색다른 이름은 다름아닌 '카라코룸 2호 봉'이라는 측량 부호가 그대로 남은 오직 하나의 예다.

최고봉이 알려지자 히말라야는 인적 미답의 땅 중앙 아시아에 탐험의 물결이 밀려왔다. 이들 초기 탐험가들의 주된 목적은 지리학과 고고학 그리고 생물학 분야의 탐구였으나 그러한 활동의 전제가 되는 것은 다름아닌 준엄한 대자연과의 싸움이었다. 고드윈 어스틴이며 스웬 헤딩같은 탐험가는 이 무렵에 활동한 대표적인 인물이다.

히말라야 등산의 여명은 1885년 무렵에 트기 시작했다. 그러나 무엇이든 초창기에는 명확한 구별이 없는 법이니 1887년 영국의 청년 장교 영허즈번드가 중국 북경에서 아시아를 가로질러 카라코룸에 도달한 뒤 무즈타크를 넘어 발토로 빙하로 나간 것은 고산 등반도 곁들였지만 아직은 지리적 탐사의 테두리를 벗어나지 못한 행차였다. 그러나 당시의 이러한 탐험적 등산 활동이 다음에 오는 본격적인 히말라야 등산의 기풍을 자극하고 적어도 그 기초가 된 것은 부인하지 못한다.

그리하여 히말라야에서 순수한 등산이 이루어졌는데, 1880년대에 영국인 그레암이 알프스의 가이드와 같이 6,000미터의 무명봉을 오른 일이 있지만, 1895년 A.F. 머메리가 낭가 파르바트에 도전한 것이 근대 고소 등산의 획기적 사건이다. 이 등반은 머메리의 조난으로 끝났으나 인간이 8,000미터 고소에 도전한 첫 시도였다는 점에서 그 의의가 크다.

당시 히말라야를 찾은 탐험가 등산가들이 주로 영국 사람이었다는 것은 영국의 아시아 진출이 다른 나라보다 일렀던 데서 비롯했지만, 19세기 말에 흐레쉬휠드가 히말라야 제3의 고산인 캉첸중가 일대를 살피고 「라운드 캉첸중가」라는 탐험기를 남겼으며, 20세기 초에는 롱스태프가 처음으로 7,000미터급 고산을 올랐는데, 이때의 기록은 그뒤 20년 동안이나 깨지지 않았다.

히말라야에서의 고전적 전통적 대원정의 효시는 1921년의 영국 에베레스트 원정이다. 그러나 엄밀히 말하면 1909년 K2를 노리고 발토로 빙하로 들어간 이탈리아 원정대가 있었다. 이 조직적인 원정대의 시도는 실패했지만 그 전술과 전략은 그로부터 반세기가 지나서 이탈리아 등반대의 K2 초등을 가져오는 기초가 됐다.

히말라야와 인간과의 관계는 시대적 배경에 따라 나누어지는데, 이상과 같은 초기의 탐험 등산은 1차 대전으로 막을 내린다. 그리하여 1920년대에 들어와서 드디어 영국의 숙명적인 에베레스트 원정이 시작되어 결국 32년이라는 긴 세월을 보내게 되지만, 이어서 독일의 캉첸중가와 낭가 파르바트, 프랑스의 히든 피크, 미국의 K2 원정 등 주로 8,000미터급 고봉에 대한 도전이 줄줄이 이어졌다. 그러나 이러한 초기 도전은 하나도 뜻을 이루지 못했으며, 그 가운데서도 독일의 낭가 파르바트 원정은 두 차례에 걸쳐 사상 유례 없는 엄청난 인명 피해를 가져왔다.

자연과의 싸움에서 제일 문제되는 것은 고도에 있다고 할까. 1, 2차 세계 대전 사이에 히말라야 등반은 주로 7,000미터급으로 이루어졌으며, 이른바 히말라야 자이언트라는 8,000미터급 고산들은 1950년에서 1964년에 이르는 사이에 비로소 완등된다. 그리고 이 위대한 시대의 선봉을 장식한 역사적 등반은 프랑스의 안나푸르나 원정이었다. 머메리가 낭가 파르바트에서 실종된 지 실로 50여년 만에 이루어진 성과였다.

인간이 처음으로 8,000미터 고도를 넘어선 안나푸르나 등정은, 그러나 결코 우연히 이루어진 것이 아니다. '스위스 산악구조 재단'이 처음으로 히말라야를 공중에서 사진을 찍고 과학적으로 히말라야를 조사한 것이 바로 1949년의 일이며, 프랑스가 이 공중 사진에 자극 받고 나선 데가 안나푸르나였다. 때는 과학 문명이 성숙해가던 20세기 중엽인데도 프랑스 원정대는 히말라야 지도가 미비해서 당시 안나푸르나와 다울라기리를 제대로 가늠하지 못해 현지에서 애먹었다.

　20세기가 머지않아 문을 닫으려는 1993년 어느날 에베레스트에는 19개 원정대가 모여들고 그 가운데 35명이 그 정상을 밟는 사태를 빚었다. 그러나 이러한 현상은 이제 에베레스트에 그치지 않고 지구상의 고산군 어디서도 흔한 일로 되었다.

　반세기 전까지 공포의 대상이고 접근을 거부해온 지표상의 수직의 세계가 지금 거세게 밀려오는 투어리즘의 물결로 크게 신음하기 시작했다.

　1786년 8월 7일, 유럽의 근대화와 함께 개막한 알피니즘이라는 인간의 새로운 정신과 행동이 오늘날 과학기술 문명에 병들고 인류의 유일한 생존권인 지구가 오염과 황폐에 직면했다.

　히말라야는 단순한 고산 지대가 아니다. 그것은 문명의 소산이 아니며 문명으로 다시 살리지도 못한다. 인간이 문명 없이는 살아도 자연 없이는 살지 못함을 생각할 때 히말라야의 의미가 새로와진다.

　히말라야는 이제 그 고도(altitude)가 중요한 것이 아니라 히말라야를 대하는 우리 태도(attitude)가 더욱 중요하게 됐다.

아무도 걷지 않는 380킬로미터

　1977년 7월 중순이었다.
　세계의 지붕 히말라야의 나라라고 하지만 네팔의 서울 카트만두는 한여름이었다. 그래도 역시 1,000 미터를 웃도는 높은 곳이어서 습기가 덜하고 더위도 견딜 만했다.
　우리는 이곳에 며칠 묵으며 길 떠날 준비에 바빴다. 앞으로 가야 하는 길은 380킬로미터, 에베레스트 산록의 베이스캠프 예정지까지 달포의 여정이었다.
　380킬로라면 서울에서 부산 가는 길보다 짧은 셈이다. 그러나 그 간의 사정은 이와 비교가 안된다. 그것은 평지가 아니고 산길이라는 이야기가 아니다. 그야말로 험산 준령과 심산 유곡을 뚫고 넘으며 한달 안팎으로 아열대에서 한대로 옮겨가는 수직 이동이다.
　이 멀고 험한 길을 누가 '에베레스트 하이웨이'라고 했다지만, 그 현대식 멋진 표현은 아무런 설득력이 없었던지 얼마 가지 못하고 사어가 됐다. 문명시대에 문명과 너무나 동떨어진 세계가 거기 있다는 이야기다.
　이 380킬로미터의 산길에 고속도로를 닦는다는 말이 나돈 적이 있다. 엄청난 돈과 힘이 들고 시간이 걸리겠지만 오늘의 기술로 보아 못할 것은 없으리라. 그리고 그것이 제대로 완성되는 날 여행자들에게 시간과 고생과 여비를 크게 덜어줄 것도 짐작이 간다. 그러나 그러한 도로 건설이 한낱 무용지물이라는 것을 그쪽의 전문가들보다 등산가들이 더 잘 알고 있다. 다시 말해서 여기에는 고소에서 오는 현대 의학으로 해결하지 못하는 장애가 있다는 이야기다. 그 길은 힘들어도 시간과 노력과 돈을 들여 매일 매일 산길을 오르락 내리락 하며 걸어가는 수밖에 없다. 이른바 고도 순응 과정이 있어야 한다는 것이다.

네팔의 7월은 몬순을 앞둔 장마철이다. 우리의 여정은 이 우기에 시작했다. 지루한 비 속을 참고 며칠이고 걸어가지 않으면 앞으로 산을 오를 때 좋은 날씨를 만나기가 어렵기 때문이다.

1953년 에베레스트에 처음 오르고 반세기가 다가온다. 그 사이에 수많은 등반 활동이 있었고 갖가지 기록이 남았다. 그리하여 이제 에베레스트는 우리에게 미지와 신비의 세계가 아니라고 한다. 사실 에베레스트 등반도 옛날같지 않다. 이러한 일은 기뻐해야 할런지 슬퍼해야 할런지 모르겠다.

에베레스트에는 '제3의 극지'라는 별명이 붙어있다. 30여년 전 미국 원정대를 이끌었던 다이렌훠드의 말인데, 지구 지표상의 끝인 남극점과 북극점에 대해 지구에서 가장 높은 곳, 다시 말해서 수직 상의 끝을 이렇게 불렀다.

그런데 남극점과 북극점이 모두 금세기 초에 답파되고도 오늘날 모험을 즐기는 사람들은 계속해서 그곳까지 걸어가고 있다. 불모와 절망의 땅, 죽음의 지대를 고독과 곤란과 싸우는 맛에 스스로 걸어가는 것이다. 제3의 극지 에베레스트에 가는 길도 이와 다를 바가 없고 초창기에 등반대들은 그 길을 당연한 것으로 알고 있었다. 그러나 시간이 흐르고 시대가 바뀌면서 에베레스트에 접근하는 산록 도보 행진이 거의 생략되었다. 그전처럼 380킬로미터의 산길을 걷지 않고 비행기를 이용하고 있다.

에베레스트의 매력은 어디 있을까? 세상에서 가장 높은 그 꼭대기에 서는 것일까? 엄청난 눈과 얼음의 세계에 도전하는 모험과 용기의 과시인가? 또는 뛰어난 기술과 체력으로 새로운 기록을 세우는 보람에 있을까?

히말라야의 등반은 알프스의 등반과 본질적으로 다르다. 오르는 기술보다 오르는 행위가 다르다. 히말라야 등반에서는 제일 먼저 로지스틱 문제를 중요시 한다. 등반 일정과 물동량과 대원 관리 등을 고려한 전체적이고 종합적인 운영 계획이 서고 이것이 제대로 이루어지도록 신경을 쓴다. 여기에 고도 순응이라는 요소가 낀다. 380킬로미터의 산록 도보 행진의 과정이 그것이다.

우리는 새벽 해뜨기 전에 카트만두를 떠나 시골 길을 차로 달려 람상고까지 갔다. 여기서 앞으로 아이스폴에 길을 낼 때 쓸 알루미늄 사다리 100 개를 포함한 800 개나 되는 짐을 그곳 짐꾼들에게 나누어주고 드디어 걷기 시작했다. 그리고 그날로 1,750미터 고소 바카르로 올라갔다.

바카르는 스위스와 같은 아름다운 고원 지대인데 우리는 여기서 첫 날을 묵었다. 그리고 다음날 2,500미터 높은 곳에 있는 슈르케에 오르고 키란티참과 카브레까지 1,100미터 저지대로 다시 내려갔다가 야르샤 토세로 갔다. 이 구간은 특히 거머리 공세가 심한 곳이었다. 장마와 무더위로 짜증스러운 날씨가 이어졌다.

연산홍을 닮은 꽃이 빨갛게 피고 사람 키만한 용설란이 군생하는 산간 마을을 벗어나자 대낮에도 어둡고 원숭이들이 노는 밀림 지대가 나타났다. 준령을 넘으면 유곡이 길을 가로 막는 듯 했다. 멀리 높은 설산에서 흘러 내려오는 시뿌연 물이 요란하게 소리를 내며 심산의 고요를 깨트린다. 여기 저기 산이 높이 솟고 크고 작은 폭포가 그 허리에 걸려 있었다.

토세(1,737m)를 떠나 창마를 지나서 2,510미터 높이의 치소바니 고개를 고생고생 넘고 샤가르로 나갈 무렵 눈에 덮인 고산이 멀리 보였다. 시란촉(4,255m)이다. 높이 3,530미터의 람주라 고개를 애써 넘은 보람도 없이 2,316미터 지점인 마니딩마까지 내려가야했다. 이렇게 높고 낮은 데를 오르내리는 것이 바로 고도에 순화하는 일인 것을 알고는 있지만 슬그머니 화가 난다. 목에 건 고도계가 원망스러웠다.

우리는 카리콜라를 거쳐 푸이앙으로 갔는데, 이 구간은 10킬로밖에 안되지만 높이가 3,140미터나 되는 고개가 앞에 있었다.

박팅(2,650m)으로 가는 동안 처음으로 표고 6,000미터가 넘는 칸데가와 담세르크가 나타났는데, 하늘을 찌를 듯한 그 무서운 칼날 능선이 비로소 히말라야와 대면한다는 강한 인상을 주었다.

준베시(2,650m)를 지나서부터는 다시 밑으로 내려가지 않아도 됐다. 남체(3,540m)는 이른바 세르파의 고향으로 흔히 '남체 바자르'라고 하는데, 옛날부터 티벳과 네팔 사이에 교역이 이루어지던 중심지여서 '바자르'라는 이름이 붙은 셈이다.

남체를 멀리서 바라보면 흰 이층 건물들이 산허리를 메우는 품이 제법 아름답다. 그러나 가까이 가보니 아래 층이 축사로 된 초라한 농가들이었다.

남체에서 당보체까지는 반나절 길, 아름다운 두코시 냇물을 끼고 간다. 두코시 강가에 있는 찻집에서 쉬며 숨을 돌린다. 우거진 숲, 맑은 공기, 골짜기를 흐르는 물소리가 더욱 깊은 산중의 정적을 알린다.

당보체의 표고는 3,867미터. 이 고도를 전후해서 사람에 따라 고소 장애가 일어난다. 유럽 알프스 샤모니에서 로프 웨이를 타고 몽블랑이 바라보이는 에기유 드 미디에 오르는데, 그 꼭대기에서 갑자기 고산 증세를 일으켜 신음하는 사람이 있었다. 에기유 드 미디의 고도가 역시 3,843미터다.

히말라야 트레킹을 하는 사람들은 보통 루쿨라까지 비행기로 오는

데, 루쿨라에서 남체를 지나 이곳 당보체까지 오면 대체로 이러한 고도 장애로 주저 앉는다.

이곳까지 두 주일 남짓 걸었을까? 눈앞에 날카로운 준봉이 나타났다. 유명한 아마 다브람이다. 당보체는 에베레스트로 가는 길에서 가장 아름답고 쉬기 좋은 곳이다. 고향을 떠나 무거운 짐을 지고 먼 길을, 그것도 누더기 옷에 맨발로 따라온 짐꾼들이 여기서 돌아간다.

8월 초순이었는데 어느새 거머리도 사라지고 비구름도 걷힌 가을 날씨였다. 모두 긴 바지에 긴 소매로 갈아입고 우산 대신 피켈 그리고 본격적인 등산화로 무장한다. 지금까지 포터들이 나른 짐들을 야크가 대신 나르게 됐다. 이 고산 소를 기르는 사람들이 여러 마리의 야크들을 끌고 와서 한꺼번에 많은 짐들을 실어 에베레스트 베이스 캠프까지 올라갔다.

당보체의 다음 마을은 표고 4,200미터의 페리체라는 곳. 길가에 초라한 집 세 채가 있었고, 그 가운데 하나가 '닝마 호텔'이라는 간판을 내걸고 있었다. 페리체에 오니 날씨가 거칠고 바람이 강했다. 이 날은 텐트 대신 호텔의 신세를 지기로 했다. 하루 묵는 데 2루피, 우리 돈으로 80원이다. 배낭에서 매트레스를 꺼내 흙바닥에 펴고 누웠다. 밖은 스산한 초겨울 날씨인데 바람 소리도 들리지 않고 아늑했다.

아마 다브람의 준봉을 배경으로 소박한 도표가 길가에 서 있다. '페리체 닝마 호텔'이라고 쓴 널판지가 맨 위에 달려있는 것으로 보아 이 호텔에서 세운 것이 분명했는데, '에베레스트 8848m. 20km', '로부체 4930m. 8km', '당보체 3867m. 10km'라는 푯말들이 저마다 방향을 가리키고 있었다.

페리체에는 셰르파의 집들을 벗어난 곳에 비교적 현대식인 건물 하나가 있었다. '일본 의과대학 고소의학 연구소'라는 간판이 붙어있었는데, 문은 굳게 닫히고 최근에 사람이 있었던 흔적이 없었다.
 페리체를 지나면서 대원들의 걸음이 눈에 띄게 둔해졌다. 산소 부족과 저기압의 영향이리라. 고도 5,000미터를 넘어설 무렵, 네팔 정부가 보낸 연락관인 청년 장교가 갑자기 머리가 아프다며 땅바닥에 쓰러져 둥둥 굴렀다. 카트만두를 떠나기 며칠 전 처음 만났을 때 고도에 자신 있다고 장담하던 젊은이였다. 이 무렵 KBS 특파원도 구토증을 일으키며 고생했다.
 주위에서 푸른 빛이 사라지자 에델바이스가 나타났다. 군락을 이룬 이 고산초가 찬 바람에 떨고 있었다. 독일어로 고귀한 흰 꽃을 뜻하지만 거칠고 스산한 이 고소에서 보기에 초라하고 애처로왔다. 독수리처럼 큰 까마귀들이 어디서 날아왔는지 기분 나쁜 울음 소리를 냈다. '골락솁'이라는 이 고장의 이름이 생각났다. 골락솁은 바로 '까마귀의 무덤'이라는 뜻이다.
 골락솁을 지나면서부터 쿰부 빙하 지대다. 돌과 얼음으로 뒤섞인 삭막한 빙하에 채 녹지 않은 크고 작은 얼음산들이 여기 저기 줄지어 서 있었다. 주위는 온통 만년설에 덮인 산으로 둘러 있었다.
 8월 9일이 됐다. 카트만두를 뒤로한 지 21일째, 험산 준령과 심산유곡을 뚫는 도보 행진으로 표고 5,400미터 지점에 올라온 것이다. 에베레스트 산록 쿰부 빙하, 베이스캠프 예정지에 드디어 진입했다.
 먼저 주위를 둘러본다.
 오른쪽에 칼날같은 눕체 능선이 시작하고 왼쪽으로 로라 능선이 에베레스트 웨스트 숄더로 이어졌다. 로라 능선은 영국의 초기 원정 때 말로리가 북쪽에서 올라와 아이스폴을 처음으로 내려다본 곳이며 뒤에는 프랑스 원정대가 대장 이하 다섯 명의 희생자를 낸 곳으로도 유명하다. 눕체와 웨스트 숄더 사이가 마의 지대로 알려진 아이스폴이다. 고층 빌딩이 수없이 부서진 듯 하다고 평한 사람이 있었는데, 높이 800 미터 넓이 2 킬로미터나 되는 세락과 크레바스 지대다. 이러한 세락이 갑자기 무너져서 한때 세르파 여섯이 몰사한 일도 있었다. 지구 위에 고산 지대도 많고 이런 곳에는 으례 빙하가 발달하고 있지만 그 규모와 양상이 여기에 비할 만한 데는 한 곳도 없다. 오늘날 세계 최고 알피니스트로 알려진 라인홀트 메스너가 가장 두려워한 곳이기도 하다.

이곳은 에베레스트 산록에 틀림없다. 여기서부터 세계 최고봉에 대한 공략전이 벌어진다. 그리고 에베레스트 정상까지의 표고차가 3,300미터니 숫자적으로는 비교적 가까운 거리다. 그러나 여기서 에베레스트는 보이지 않으며, 이 고도를 오르려면 보통 한달 안팎이 걸린다.

야크 떼가 짐을 부리고 빙하 지대를 내려갔다. 우리는 눈과 얼음과 돌을 치우고 앞으로 30여 일 살 터전을 마련했다. 히말라야 오지에 지구의 벽촌이 나타났다. 빙하의 물은 손을 담글 수 없을 만큼 차다. 저녁 노을이 아름답고 밤하늘의 별들은 수정같이 맑고 빛났다. 그러나 밤새 들려오는 돌사태 눈사태 소리가 자장가로 들릴 때까지 우리는 며칠 동안 밤잠을 설쳤다.

우리 원정대가 9월 15일 에베레스트 등정에 성공하고 베이스캠프로 내려오니 미국 사람 넷이 찾아왔다. 카트만두에서 루쿨라까지 비행기로 오고 거기서부터 일주일을 걸어서 올라온 사람들이다. 이렇게 여행하는 것을 '트레킹'이라고 하고 그런 여행자를 '트레커'라고 부르는데, 원정대는 이들에게 침식을 제공하기로 되어있다.

그런데 이 네 명의 미국인들은 침구는 고사하고 식기류도 없었다.

우리는 히말라야에 도전하기 위해 이 380 킬로미터를 걸어왔으나, 그들은 문명사회에서 도망치려고 이렇게 걸어왔다. 그리고 우리와 같이 식사할 때 맨손으로 집어먹었다. 우리는 문명에서 도망쳐 온 이들을 보고 자연과 문명의 관계를, 그리고 380 킬로미터의 탈문명 지대를 다시 생각했다.

나는 알피니스트인가

알피니즘이란 눈과 얼음에 덮인 알프스와 같은 비교적 높은 고소에서
하는 등반 활동을 말한다.

— *Encyclopedia of Mountaineering*

언젠가 스위스에 갔다가 문득 이래도 나는 알피니스트라고 할 수 있을까 하는 의문이 생겼다. 그리고 우리나라의 등산가들이 걸어온 길을 생각했다.

나는 한국에서 태어나 지금까지 국내 산을 두루 오르며 살아왔다. 삼복 더위에도 엄동 설한 때에도 산 속을 헤맸다. 높은 산과 깊은 계곡을, 긴 능선과 가파른 암벽을 기회가 있을 때마다 더듬었다.

나는 멀리 히말라야 고산에도 갔으며, 북극의 아이스캡 지대에서도 여러 날 묵은 적이 있다. 이러한 대자연과의 접촉은 그렇게 흔하지 않고 쉽지도 않은 일이다. 그리하여 내가 산악인이라는 것을 아는 사람이 많다.

이것은 내 이야기가 아니다. 나만의 이야기는 더욱 아니다. 오늘의 한국 알피니스트들이 지금까지 걸어왔고 지금도 걸어가고 있는 모습이다. 그리고 이렇게 자기를 알고 있는 사람이 오늘날 우리 가운데 적지 않으며 그런 사람들이 날로 늘고 있다.

우리 등산계는 지난 20, 30년 사이에 엄청난 전진을 거듭했다. 누가 보아도 놀라운 도약을 해냈다. 이 짧은 기간에 우리는 200년을 걸어간 등산 선진국의 대열에 따라붙은 셈이다. 뿐만 아니라 남들이 오르지 못한 데를 우리가 해낸 적도 있다. 그 주역들이 오늘의 한국 알피니스트들이다. 이것은 사실이다.

그런데 스위스에 가서 높은 산들이 어디를 가나 도시 가까이 또는 그리 멀지 않은 데 있는 것을 보고 일찌기 느껴본 적이 없는 감회에

젖었다. 그리고 알피니스트로서의 자기 모습이, 우리가 놓인 처지가 그토록 초라하게 느껴졌다.

등산가에게 필요한 것은 산이다. 산을 가까이 둔 생활 환경이다. 그 산은 드높은 산이고 거치른 산이다. 적어도 등산가는 언제나 이러한 높고 거치른 산을 바라보고 살며 거기를 올라 가야 한다. 어렵고 위험할 수록 그것에 끌리는 것이 등산가다운 기질이고 자격이다. 이렇게 볼 때 우리는 어떻게 살아왔는가? 말하자면 우리는 한국 알피니즘이라는 온상에서 가냘프게 자라지나 않았을까?

나는 산과 사람이, 자연과 도시가 한 덩어리가 되어 살고 있는 스위스의 모습을 보고 어깨가 좁아지는 것을 느꼈다. 우리 산과 너무나 거리가 먼 그들의 산 앞에서 산에 대해 여태까지 지녔던 나의 왜곡된 인식과, 산과 나의 빈약하고 소원한 관계를 새삼스럽게 깨달았다. 그러자 내가 지금까지 자신있게 두 다리를 버티고 서있던 땅덩어리가 갑자기 흔들리는 듯한 느낌을 받았다.

지난 1977년 9월, 에베레스트에서 내려왔을 때 일이 생각난다. 우리 원정대가 카트만두 객사에 묵었을 때 히말라야를 구경온 서양 사람들이 우리 소식을 듣고 찾아온 것이다. 그런데 그들은 우리를 보자 한국의 산이 높으냐고 물었다. 첫 마디의 물음이 그것이었다. 높이가 2,000미터가 안된다고 하자 그들의 표정이 달라졌다. 한결같이 의아하다는 얼굴들이었다. 알프스를 알고 알피니즘의 역사를 아는 그들로서 한국처럼 낮은 산과 알피니즘의 관계를 이해할 수가 없었던 모양이다.

우리는 알피니즘이 알프스에서 시작되고 알피니스트가 그 고소를 무대로 태어나고 성장한 것을 알고있다. 고산과 칼날 능선, 깎아지른 벽과 밑이 안 보이는 낭떠러지, 눈과 얼음의 세계가 바로 알피니즘과 알피니스트의 세계인 것을 우리도 잘 알고있다.

　서양과 동양의 차이는 어디 있는가? 서구 알피니스트와 한국 알피니스트의 입지 조건은 무엇이 다른가? 그네들은 이러한 무대를, 환경을 바로 생활 주변에 가지고 있다. 만년설에 덮인 준봉을 언제나 멀찌감치 바라보고 가까이 2,000미터가 넘은 알프스 앞산 지대에 둘러싸여 살고 있다. 자기가 어려서 우연히 그린 산은 마터혼이었다고 토니 히벨러가 그의 책에 썼다. 우리나라 탄광촌 어린아이들이 강물을 시커멓게 그린다는 이야기와 비슷하다.

　스위스는 국토의 60퍼센트가 산이라고 한다. 우리는 그들보다 많은 70퍼센트다. 그들이 산속에서 살고 있듯이 우리도 산에 둘려 살고 있다. 서울이 북한산과 도봉산……, 대구와 광주가 팔공과 무등을 끼고 있다. 그러나 그들과 우리는 처음부터 비교가 안된다. 알피니즘의 무대, 알피니스트의 조건…… 그 어느 면에서도 비교가 안된다. 그것은 높이와 험함이다.

　프랑스 샤모니에 유명한 '국립 스키 등산학교'가 있다. 이러한 권위있는 알피니스트 양성 기관이 거기 있는 까닭은 무엇일까? 몽블랑과 그랑드 죠라스와 샤모니 침봉들이 둘러 있기 때문이다. 보쏭 빙하와 메르 드 글라스 빙하가 있기 때문이다. 알프스 중의 알프스를 끼고 있기 때문이다. 북한산과 도봉산에서, 무등산과 팔공산에서 그리고 금정산에서 등산학교를 열지 않을 수 없는 우리의 처지와는 숙명적으로 다르다. 한국의 알피니스트의 가슴을 아프게 하는 까닭이 아닐 수 없다.

　스키가 해마다 성행하고 그 인구가 무섭게 늘고 있다고 한다. 얼마나 다행스럽고 희망적인 이야기랴. 그러나 여기에도 문제가 있으며 그 문제를 생각하면 서글퍼질 뿐이다.

스위스에서는 스키가 초등학교의 교과목에 들어있다는데, 우리는 짧은 겨울 한 철을 고도도 심설도 없는 곳에 간신히 겔렌데를 닦아 놓았다. 그들은 리프트에서 뛰어 내리고 급사면을 굴러가며 숲속을 뚫고 이따금 허공을 난다. 마치 죽으려고 하는 짓같다. 그런데서 그렇게 하면서 죽지 않는 것이 이상할 정도다. 그러니 그들과는 처음부터 경쟁이 안 된다. 영원히 경쟁이 안 될 것이라면 내 자신이 너무 처참하게 느껴져 그런 표현은 그만 하더라도.

　그전에 스위스의 스키어가 히말라야 8,000미터 고소에서 밑의 베이스캠프까지 3,000미터 고도차를 3,000 번이나 스텝턴을 하며 내려간 글을 읽었다. 어려서부터 깊은 눈과 싸우지 않고서야 그런 도전이 가능할 리가 없다.

　우리는 좋은 날씨에 고작해서 표고차 200미터 안팎의 암벽을 오르고, 2,000미터를 밑도는 산에 도전한다. 엄동기에 빙설과 싸우기는 하지만 그것도 정이월 한두 달이다. 그러면서 히말라야의 꿈을 키우고 있다. 우리 산에서도 해마다 사고가 나며, 자연의 공포와 위험이 언제나 도사리고 있다. 그러나 그토록 빈약한 조건 아래서 알피니스트들이 구도자처럼 정진하는 것이 우리 현실이다.

　그런데 여기 좀체로 이해하기 어려운 일이 벌어졌다.
서구의 알피니즘은 4,000미터 고소에서 태어나 백년을 보내고 6,000미터 지대를 거쳐 8,000미터 고도에 도전했다. 그리하여 비로소 세계 등산계를 주름잡았다. 이에 비하면 우리는 만년설도 없는 낮고 낮은 야산 지대에서 시작하여 그것도 10년 20년 사이에 세계의 지붕으로 도약했다.

　산 속에 생활이, 생활 속에 산이 있는 스위스에서 위축될대로 위축된 마음을 스스로 달래보려는 약자의 변인지도 모른다.

산을 우리에게 돌려달라

　산에서 마음대로 야영하지 못하고 취사도 할 수 없게 된 지 벌써 몇 해가 됐다. 그래서인지 요즘 산이 확실히 깨끗하고 조용해졌다.
　한때 서울 근교의 북한산이나 도봉산에 가면 곳곳에 쓰레기가 쌓이고 고기 굽는 냄새가 코를 찔렀다. 여름 한철 지리산 기슭 반선에서 14킬로미터 이어지는 뱀사골 골짜기는 어떠했는지 가본 사람은 안다. 몰려든 캠핑족들로 지나가기가 불쾌할 정도로 더럽고 무질서했다.
　몇 해 전 매스컴에서 산과 계곡이 오염되어 가는 꼴을 집중적으로 취재 보도했다. 그러자 얼마 뒤에 입산 금지니 등산로 폐쇄니 하는 극단적 용어가 나오면서 끝내 산에서 천막을 치거나 음식을 만들어서는 안 된다는 강한 조치가 취해졌다. 관계 당국에서 보다 못해 그렇게 했을 터이니 누가 무슨 말을 하겠는가?
　그뒤 사람들의 발걸음이 마치 약속이나 한 듯이 산에서 멀어졌다. 그 무렵 텔리비전에 우리 산천의 깨끗해진 영상이 자랑스럽게 비쳤다. 강경 조치를 취한 당국의 어깨가 보라는 듯이 으쓱했으리라.
　그래도 틈이 생기면 마음이 산으로 끌린다. 예전에는 산행을 앞두고 흥분하기 일쑤였는데, 지금은 어떤가? 굳이 친구를 꼬드길 것도 없고, 요란하게 짐을 꾸리지 않아도 된다. 어차피 가벼운 차림으로 한 바퀴 돌아올 일에 신바람이 나지 않는다.
　그런데, 산을 오르다가 문득 느껴지는 것이 있다. 쓸쓸함이다. 모두 어디 갔을까? '공산불견인(空山不見人)'이라는 당나라 시인의 글귀가 있지만, 그러한 공산이 아니다. 등산장비점을 열고 있는 이가 이런 푸념을 했다. 도무지 손님이 없어 장사 다 했다는 것이다. 그토록 잘 나가던 막영구와 취사 용품들이 그대로 쌓여 있다는 이야기고 먹는 장사밖에 되는 것이 없다는 것이었다. 불경기 탓일테니까……

조금 기다려 보라고 말꼬리를 흐렸다.
　장비 업계의 침체는 경제 불황과 관계가 없다. 실은 경제 운운하는 것도 우스꽝스럽다. 주중에 골프장이 붐비며 연휴에 콘도와 고속도로가 초만원인 것이 오늘날 우리 사회의 모습이니까. 그러니 등산계에만 찬 바람이 휘몰아친 셈이다.
　산은 '천연자연'이라는 말 그대로 하늘이 그렇게 해서 스스로 그렇게 돼 있는 존재다. 따라서 산은 문명의 소산이 아니며, 사회처럼 조직이나 규제가 없고 개방적이고 자유로운 세계다. 그러니 산에서는 사회 신분이 통하지 않고 물권, 금권 따위가 행세를 못한다. 서로 스쳐가며 인사하고 음식 나누고 돕는 곳은 산 뿐이다. 그러던 산이 닫혔으니 잃은 인간성을 어디서 도로 찾겠는가?
　등산 형식에 '단독행'이라는 것이 있는데, 외국에서는 '솔로'니 '알라인강'이니 하며 그 정신을 높이 평가한다. 그렇다고 입산 규제로 사람이 없는 텅빈 산속을 혼자 가는 것은 단독행이라고 하지 않는다. 단독행은 산중에서 사람의 흔적을 볼 때 더욱 그 진가가 느껴진다. 세계 최강 등산가의 한 사람이었던 예지 쿠쿠츠카의 글에 그가 길을 찾다가 짐승의 발자국을 만나 힘을 얻는 대목이 있다. 사람이 없고 짐승이 살지 않는 산은 죽었고 의미가 없다.
　빅토르 위고가 신은 산에 내리고, 사람은 산에 오른다고 했다. 서양인은 고독을 찾아 거리로 나오고, 동양인은 산으로 들어간다고 말한 철학자도 있다. 그들은 자연을 사회처럼 보는데 우리는 인간과 대립하는 존재로 여긴다. 여기에 산과 사람 사이를 마음대로 차단해도 좋다는 발상의 소지가 있는 것같다.
　과학 기술 문명이 난숙한 20세기도 머지않아 막을 내리고 상상을 넘는 첨단 과학 기술 문명의 시대로 옮겨가려 하고 있다. 그러나 그것이 무슨 자랑인가? 필경 인간은 문명 없이는 살 수 있어도 자연 없이는 살지 못한다. 그래서 세계가 온통 지구를 살리자, 자연을 보호하자……고 야단이다.

자연 보호라는 말은 독일의 '나투어슈츠'에서 온 것인데, 그들은 이 말을 반드시 '움벨트슈츠'와 함께 쓴다. 즉 환경 보호 없이 자연 보호가 있을 수 없다는 생각이리라. 우리는 주로 산의 쓰레기를 염려하나 그들은 공해로 숲이 죽어가는 것을 우려한다.

독일을 포함한 등산 선진국에서는 자연의 아름다움을 지키려고 갖은 애를 쓴다. 그중에서도 미국의 국립공원에는 레인저가 배치되어 자연과 등산가들을 보호하고, 유럽 알프스에는 도처에 유료 캠핑장과 산장을 갖추고 있다. 그리고 등산로마다 안내 푯말을 세우고 다음 산장까지의 시간 거리를 자세히 밝히고 있다. 그들도 함부로 텐트를 치지 못하며 아무데서나 음식물을 만들지 못하도록 하고 있는데, 그 이면에는 이런 빈틈없는 배려가 있다.

우리 사회는 옛날부터 '하라'는 말보다 '하지 말라' '못한다'는 말이 판쳐왔다. 이것은 사람을 안내하고 지도하는 것이 아니라 지시하고 명령하는 일이다. 남의 의견이나 입장을 무시하고 자기쪽 편의만 생각하는 일방적인 주장이요 강요다. 국민 대중이 못나고 덜 깬 탓이라면 할 말이 없다. 하기야 주차장으로 돌변하는 황금 연후의 고속도로가 동시에 쓰레기장으로 둔갑한다는 우리나라니 누가 누구를 탓하랴!

지구촌은 지금 불경기로 몸살을 앓고 있으며, 곳곳에 민족·종교 분쟁이 꼬리를 이어 온통 먹구름에 덮여있다. 또한 뚜렷한 이유없이 벌어지는 테러와 파괴 사건은 어떤가? 미래가 보이지 않는다는 다니엘 벨의 말을 새삼 빌릴 것도 없이 그야말로 캄캄한 느낌이다. 그런

가운데 우리는 매일을 살고 있으며 내일도 살아야 한다. 그러나 이렇게 사는 길은 한낱 정부의 상투적 구호나 국민의 기분으로 열리지 않는다. 그야말로 새로운 비전과 이에 따른 과감한 조치가 있을 때 비로소 그 길이 트인다.

산이란 무엇인가? 등산을 의·식·주의 이동이라고 하지만, 산은 단순한 자연으로서의 산이 아니며 바로 개인이나 직장과 이어지는 생활권이다. 경쟁으로 시달리는 개인이나 국가가 오늘을 생존하려면 날로 쇠퇴하고 있는 우리의 기력을 회복하는 수밖에 없다.

산사람은 골프를 치지 않고 콘도에 누워있지 않는다. 산사람은 사치와 낭비와 허영을 모른다. 산사람은 나태하거나 허약하지 않으며 실의에 빠지지 않는다. 프랑스 등산가 뽈 베시에르가 등산을 지식욕과 탐구욕과 정복욕의 소산으로 여기는 까닭이리라.

이제 산사람들에게 산을 돌려줄 때가 왔다고 본다. 새시대가 눈앞에 있으니 산을 막아온 고식적인 사고와 편파적인 방법에서 벗어날 때가 왔다고 본다.

등산 윤리에 대하여

프랭크 스마이드가 남긴 글 가운데 'Expediency'라는 제목으로 쓴 것이 있다. 등산의 '편의함'에 관한 격조 높은 논문인데, 반 세기 전의 글이니 지금은 읽는 사람이 적겠지만 글의 내용은 오늘날 도리어 설득력이 있다.

스마이드는 금세기 초엽, 영국이 에베레스트에 초등을 시도하던 무렵 여러 차례 그 원정에 참가한 당대에 뛰어났던 등산가의 한 사람이다. 그는 그때부터 에베레스트에 산소 기구를 이용해서 오르는 일에 반대했는데, 그것은 시대에 거슬리는 완고한 생각이 아니었다. 그는 등산이란 자연을 사랑하고 자연의 어려움과 끝까지 싸울 때 그 가치와 의의가 있다고 보았던 것이다.

그런데 오늘날 등산계는 문명이 가져오는 온갖 편의함 속에 젖어들어 등산 정신이 속화 타락하고 있다. 그리하여 새삼 '등산윤리' 문제가 제기되기 시작했는데, 이것은 다름아닌 스마이드의 '편의함'에 대한 경고 주장과 깊은 관계가 있다.

'윤리'라는 말을 사전에서는 '사람이 지켜야 할 도리'로 풀이하고 있다. 따라서 등산 윤리는 등산가들이 등산하며 지켜야 할 일들을 말하리라.

오늘날 등산은 200년이 훨씬 넘는 역사를 가지고 있으며 수많은 등산가들이 수많은 글을 남기고 있다. 그러나 그러한 문헌들 가운데 등산 윤리에 대해 쓴 글은 일찍이 없었다. 이 문제가 나타나기 시작한 것은 문명의 영향이 깊이 등산계에 침투하기 시작한 20세기 후엽에 와서다.

이렇듯 등산 윤리는 처음부터 있었던 것은 아니다. 등산의 세계가 오염되고 무질서 해지면서 등산 방식의 규제와 등산 정신의 긴장이 필요하게 되어 거론되기 시작한 셈이다. 등산계의 이러한 오염과 탈선은 오직 인간이 타락한 탓이며, 이러한 타락은 문명이 온갖 편의성을 제공하면서 지구 위 도처에서 나타나고 있다.

만고의 비밀을 간직했던 히말라야가 해마다 계절 없이 밀어닥치는 등반대로 신음하고, 우리나라의 설악·지리산의 능선길이 쓰레기 더미와 샘터의 오염으로 몸살을 앓고 있다. 한편 자동차의 물결이 깊은 계곡까지 밀려오고 곳곳에 천막촌이 무질서하게 펼쳐지고 있다. 그리하여 드디어 산에서 취사를 금지하고 야영도 못하며 입산이 제한되는 지경에 이르렀다.

1,950미터의 높이를 자랑하는 남한의 최고봉인 한라산은 등산로 개발로 자기가 걷는 높이가 고작 700여 미터로 줄어든 지 오래지만, 근자에는 지리산의 비밀을 간직한 노고단 마루턱에 대형 주차장이 생기는가 하면, 설악산 미시령이 뚫리면서 태고 적 정적이 감돌던 울산암의 비경이 영원히 자취를 감추었다. 그나마 취약한 우리 등산계의 활동 무대였던 이들 3대 명산의 오늘날 모습이다.

'등산윤리'에 대한 거론은 역시 알피니즘의 발상지인 유럽에서 시작했다. 로빈 캠벨이라는 사람은 'Climbing Ethics'에서 등산가가 지켜야 할 지상 명령으로 1)산을 오르라, 2)자기 기술을 시험하라, 3)자기 신경을 시험하라, 4)산을 사랑하라는 네 가지를 들었다.

이러한 명령들이 구체적으로 어떤 것인지 알기는 어렵지 않다. 그러나 그 하나 하나를 깊이 파고 들면 이야기는 간단하지 않을 것이고 이것들이 또한 서로 깊은 연관성을 가지고 있을 것도 쉽게 알 수가 있다. 캠벨 스스로도 이 지상 명령들을 지키노라면 다음 세 가지 명령은 무시하거나 희생시키게 된다며 지난날 쎄로 토레를 볼트 공세로 올라간 등반대의 행위를 지적하고 있다.

알프스의 황금시대가 가고 철의 시대가 열리면서 인공 보조 수단이 나타났지만, 배리에이션 루트를 뚫어야 하는 모던 알피니즘에서 이러한 보조 수단의 사용은 당연한 것으로 알았다. 그러나 클라이밍의 기술이 늘고 행위가 활발해지면서 자연이 심하게 오염되고 파손되기 시작했다. 그리하여 그뒤 자유 등반이니 클린 클라이밍이니 하는 새로운 등반 정신과 형식이 등산계에서 일어나게 됐다.

등산의 역사를 보면 초창기의 개척자들은 그 무서운 미지의 세계에 거의 맨 주먹으로 도전했다. 이를테면 스마이드가 말하는 '편의함'이 없었다. 훗날 메스너같은 사람은 볼트를 쓴다면 이 세상에 못 오를 데가 없다고까지 말했다. 인간의 힘으로 넘어서기 어려운 곳에서는 볼트같은 보조구도 있어야 하겠지만, 오늘날 클라이머들은 이런 보조 수단이 편리하고 유용한 것만 알고 지나치게 남용하고 있다는 이야기다.

캠벨은 특히 산을 사랑하라는 명령에서 많은 문제점을 지적한다. 오늘날 산이 차도와 색도, 각종 표지, 고정 로프와 말뚝, 쓰레기와 먼지에 덮인 등산로 등등…… 이 모두가 인간 공해라고 개탄한다. 그는 또한 레져 산업이 사람들을 산으로 몰아오고 매스컴이 이를 부추긴다고 했다.

이제 동과 서를 가릴 것 없이 사람들은 자연과 만나며 똑같은 고민에 시달리게 됐다. 산마다 사람들이 몰리고 편의 시설이 생기고 산과 계곡이 온통 더러워졌다. 모두 문명 즉 개발에 그 원인이 있는 것이다. 일찌기 개발을 무덤 파기라고 했던 괴테의 예언을 오늘날 우리 눈으로 직접 확인하는 셈이다.

문명의 위기가 인간의 생존을 위협하기 시작하자 사람들은 이 위기를 벗어나려고 몸부림 치며 사회에서 탈출하려 들지만 이제 갈 곳이 없다. 이른바 탈문명은 자연으로 돌아감을 뜻하는데 돌아갈 자연이 없다는 것이다.
 인간은 태초에 '에덴 동산'에서 쫓겨났다고 했다. 그것은 「성서」에 나오는 이야긴데, 이 창세기의 기록을 이제 우리는 무심코 넘길 수 없게 됐다. 옛날에는 인간의 조상이 금단의 열매를 따먹고 그 죄값으로 낙원에서 추방됐지만, 지금은 낙원을 살 수 없게 만들고 스스로 거기서 도망치려 하고있다.
 문명의 병은 사람들이 편의를 추구하는 데서 생기고 등산계의 병폐도 등산가들의 편의 추구에 기인한다. 편의의 장점과 필요성이 없는 것은 아니다. 편의 의식의 팽배가 인간의 의지를 약하게 하고 편의 시설의 과잉이 삶의 터전을 기형화 하는 데 문제가 있다.
 등산 윤리 문제는 실은 등산 이전의 문제다. 등산 초창기에는 오늘날 심각하게 된 그러한 윤리 의식이 싹틀 소지가 없었다. 금세기에 알프스의 고산을 무대로 활약한 루이스 트렌카의 글이 있다.

 "등산가는 궁극적으로 위험을 찾아간다. 그가 위험과 싸우며 위험을 이겨내는 일이 산에서 체험하는 일 가운데 중요한 부분이다. 그것이 등산에 내용을 준다."

 색다른 이야기가 아니지만 이 글에서 우리는 세속에 물들지 않은 맑은 알피니스트의 마음과 자세를 본다. 이렇게 사고하고 행동한 등산가가 어찌 트렌카 뿐이랴? 지난날의 위대한 알피니스트들은 모두 그러했다. 그래서 그들이 돋보인다.
 그런데 이들에게 공통적인 점이 있었다면 그것은 한결같이 등산 윤리 따위가 문제되지 않았다는 것이다. 그들은 언제나 소박한 차림과 자연에 대한 외경의 태도로 각자의 세계를 지켰다. 그들의 성취는 오늘의 수준으로 볼 때 미비했을지 몰라도 그들의 체험은 오늘의 놀라운 업적으로도 미치지 못하는 심오함이 서려있다.

등산은 높이와 어려움과 위험을 지향하며 극복하는 과정이다. 이 때 중요한 것은 장비나 기술이 아니고 등산 정신이다. 그 정신에는 편의 의식이 낄 여지가 없다.

자연벽과 인공벽 사이

1. 아르코 대회

'록 마스터 '90'이라는 국제대회가 있었다. 옥내나 야외에 벽을 오르기 어렵게 만들어 놓고 클라이머들이 서로 등반 기량을 겨루는 모임이다.

'록 마스터'를 우리말로 하면 '암벽왕'이라고나 할까. 이를테면 그 대회에서 우승하여 타이틀을 얻은 챔피언을 말한다.

등산 세계에 스포츠 클라이밍이 등장한 지는 오래다. 젊은이들이 팬츠 차림으로 가벼운 특수 암벽화를 신고 손에 횟가루를 묻혀가며 깎아지른 암벽을 올랐다. 그런데 이러한 바위타기가 어느새 그 무대를 자연의 암벽에서 인공벽으로 옮겨지더니, 요즘 와서는 등산을 하는 나라라면 어디에나 인공벽이 서고 젊은이들이 여기에 모여들고 있다.

근년에 유럽에서는 일년 내내 거의 날마다 장소를 바꾸어 가며 이러한 인공벽 등반 경기가 열려왔는데, 그 가운데 가장 큰 대회가 이탈리아의 아르코 지방에서 열렸다. '록 마스터 '90'이 그것인데, 이 대회를 보는 사람마다 클라이밍이란 무엇인가 다시 한번 생각하지 않을 수 없게 했다.

아르코 대회는 지금까지 열린 인공벽 등반 대회보다 한층 더 그 차원을 달리하고 있다. 이른바 클라이밍 스타디움이 옥내나 운동장 같은 제한된 공간이 아니라 호수 가까운 넓은 야외에 마련되었다. 그리하여 이탈리아의 맑은 하늘과 밝은 햇살 그리고 가르다 호수를 스쳐오는 시원한 공기를 제공했다.

경기장의 규모는 정확히 알려지지 않았으나 운집한 군중의 수로 보아도 수만 평에 이를 것 같다. 뿐만 아니라 여기에 세운 인공벽의 구조 또한 볼 만하다. 높이와 오버행의 길이를 제한하지 않았다는 이 벽은 4,000 개의 튜브와 2,000 개의 죠인트 그리고 200 장의 판넬이 들었다.

경기 규칙도 까다로왔다. 즉, 경기 일정은 전날 발표하고 출전 선수들은 자기 차례가 올 때까지 경기장에서 떨어져 있어야 한다. 그러나 그들은 경기가 시작하는 전날 30분 동안 등반 루트를 살피고 한번 올라볼 수 있었다.

등반 방법에는 '온 싸이트 루트'와 '아프터 워크 루트'의 두 번이 있는데, 전자는 첫눈에 오르고 후자는 시등을 해보게 되어 있다. 아르코 대회의 마스터는 이 두 가지 루트를 '레드 포인트' 스타일로 가장 높이 오르는 자가 차지한다.

대회장에는 각종 언론 매체가 동원되고 신문 기자실, 무전실, 통역실 등이 마련되고, 모든 경기를 TV 카메라가 쫓아가며 클라이머들의 움직임을 한 순간도 놓치지 않고 기록한다.

인공벽을 오르는 스포츠 클라이밍은 이제 철저하고도 완벽한 등반 기술의 경합장이 되었고, 그러다 보니 대회의 운영과 관리를 철두철미하게 과학적 방법에 맡기고 있다.

이제 인공벽 등반은 아르코 대회를 계기로 스스로의 운명을 열어야 할 것같다. 인공벽 등반은 자연벽 등반에서 파생된 또 하나의 등반 방식이요 기술임에는 틀림없다. 그러나 그 무대가 자연을 떠난 이상, 그리고 경기장이 된 이상 인공벽 등반은 정통적 등산계와 아무런 관계가 없다. 그리하여 그것은 차라리 일반 스포츠의 장르로 새로운 기치를 내거는 것이 좋으리라.

2. 등산이란 무엇인가

프랑스의 등산가 뽈 베시에르는 「알피니즘」이라는 그의 저서에서 등산을 명쾌하게 정의하고 있다. 일반 스포츠와 달리 등산에는 루울과 심판과 관객이 없으며, 그 무대는 깎아지른 암벽과 톱날 같은 능선, 눈과 얼음, 고도와 허공 그리고 넓은 공간이라고 말했다. 베시에르의 이러한 견해는 물론 230년에 걸친 등산의 발자취에서 도출되었으리라.

그렇다면 등산이란 무엇인가? 사람은 왜 산에 가는가? 이에 대해 죠지 말로리의 유명한 말이 생각난다. 아무도 가본 일이 없는 세계의 최고봉 에베레스트에 오르려는 말로리에게 그 동기를 묻자 그는 "에베레스트가 거기 있으니까" 간다고 대답했다. 우리는 이 짧은 일화가 시사하는 깊은 뜻을 알 것 같다.

등산은 사람과 산이 만나면서 시작한다. 그런데 이러한 양자의 만남이 그냥 이루어지는 것이 아니다. 산이 있고 사람이 있는 곳에 언제나 등산이 있다고 할 수는 없다. 우리는 산을 옆에 두고도 평생 산에 오르지 않는 삶을 흔히 보며, 높고 험한 산을 찾아 먼 길을 가는 등산가들을 또한 잘 알고 있다.

사람이 산에 오르는 데에는 뚜렷한 동기가 있다. 그러나 그 동기가 높이에 대한 지향성이나 어려움에 대한 도전성과 무관할 때, 그러한 클라이밍은 알피니즘이라고 부르지 않는다. 산을 잘 타는 심마니나 승려를 등산가라고 하지 않는 까닭도 여기에 있다.

이러한 등산의 개념을 분명하고도 엄격하게 정립한 사건이 1760년에 일어났다. 제네바 출신의 드 소쉬르라는 자연 과학자가 몽블랑에 오르는 길을 찾는 사람에게 상금을 주겠다고 한 것이 그것이다.

문제의 몽블랑은 알프스에서 가장 높았고 그때까지 아무도 오를 생각을 한 사람이 없었다. 높이 4,807미터나 되는 이 산은 사철 눈과 얼음을 쓰고 허공을 찌르 듯 솟아있을 뿐만 아니라 때때로 폭음이 따르는 눈사태를 일으켜 마을 사람들에게는 공포의 대상이었다.

몽블랑의 초등이 그로부터 25년이라는 시간이 흐른 것만 보아도 우리는 그간의 사정을 알 수가 있다.

그런데 알프스의 대자연에 대한 도전과 때를 같이해서 유럽의 근대가 시작됐다고 보는 사람들이 있다. 즉, 몽블랑에 도전하던 날인 1786년 8월 7일, 제임스 와트의 증기 기관이 완성되고 카트라이트의 역직기(力織機)가 발명됐다. 그래서 서구의 사상가들은 자연에 대한 도전이나 과학 문명의 개척은 모두 인간에 내재하는 디모니쉬한 활동의 양극을 대표하는 사건이라고 말한다.

이렇게 시작된 알피니즘 운동은 그 뒤 80년 사이에 알프스 산군의 표고 4,000미터 고봉들의 완등을 거쳐 19세기 말엽에는 그 행동 반경을 다른 대륙의 고산군으로 넓혀 나아갔다. 유럽의 한 지식인이 점화한 도전 의식이 그 짧은 기간에 그토록 무서운 전파력을 발휘했다. 이러한 사실에서 우리는 등산 즉, 사람과 산의 만남이 단순한 여가 선용이나 일반 스포츠와 다른 특성을 지니고 있음을 알게 된다.

등산은 물론 세월이 흐르며 그 무대를 바꾸고 따라서 형식과 기술도 큰 변화를 가져왔다. 그러나 험준한 자연, 미지의 세계에 대한 탐구와 도전 정신에는 조금도 변함이 없음을 우리는 어떻게 보아야 할 것인가?

3. 클라이밍의 조건

말은 시대의 산물이다. 그래서 때에 따라 그 뉘앙스가 다르기도 하다.

등산은 유럽 알프스에서 시작하면서 어느새 '알피니즘'이라고 부르고 이제 국제어가 됐지만, 흔히는 '마운티니어링'이나 '마운틴 클라이밍'이라고 한다. 그러나 지금 젊은이들이 이것을 줄여서 '클라이밍'으로 해버렸다.

개척기의 위대한 등산가였던 롱 스태프는 등산은 미지의 세계를 탐구하려는 근원적인 본능이라고 했고, 조지 휜치는 삶의 방법으로 등산을 보았다. 알피니즘이나 마운티니어링이라는 용어에는 확실히 그런 뜻이 있다. 그런데 클라이밍이 풍기는 것은 그런 정신적인 것보다는 오히려 기술적인 면이 강하다.

현대적 등산에서 등반 기술은 필연적 요소다. 그러나 산에 오르는 데 이런 기술이 처음부터 필요했던 것은 아니다. 고도가 높아지고 루트가 험해지면서 제일 먼저 요구되는 것은 강인한 의지와 체력이었다. 등산의 역사에서 황금기라고 했던 알프스 초기 등산은 선구자들의 이러한 의지와 체력으로 이루어졌다.

그러나 이렇게 해서 알프스의 드높은 주봉들이 완등되자 A.F. 머메리가 나타나서 "의지 있는 곳에 길이 있다"며 능선에서 벗어나 벽이나 험한 측면에 새로운 길을 뚫었다. '배리에이션 루트'의 등장인데, 등산에 기술이 필요하게 된 것도 이 무렵이다. 그리하여 로프 외에 나무 쐐기나 줄사다리 같은 초보적인 보조 수단이 쓰였다. 이른바 '인공등반'의 시작인 셈이다.

등산의 세계는 그때그때 무대가 바뀌고 형식이 달라지고 기술이 발전하면서 지구상의 고산군이 답파되어 갔다. 그러나 그 긴 과정을 살펴보면 오직 두 가지 흐름으로 요약되는데, 하나는 '피이크 헌팅' 주의고 다른 하나는 '배리에이션 루트' 주의다. 그리고 이 두 가지 흐름의 연장 선상에서 스포츠 클라이밍이 나왔고 그것이 오늘날 변칙적인 인공벽 등반을 가져왔다고 할 수 있다.

인공 등반이 스포츠 클라이밍을 거쳐 인공벽 등반까지 간 것은 클라이밍의 하나의 숙명인지도 모른다. 등반 기술의 발달로 활동 무대는 좁아지고 이제 남은 것은 남이 오른 곳을 속공으로 하는 길 밖에 없게끔 되었다. 그리하여 사람들은 점차 자연에 매력을 잃게 되는 한편 자연에서 기른 자기의 체력과 기량을 부딪혀 볼 새로운 대상을 찾아 나섰다.

클라이머들이 인공벽에 접근하게 된 데는 또다른 이유가 있음직하다. 즉 시간적 공간적 제약 속에서 살고 있는 오늘의 클라이머가 자연벽과 접하는 기회는 날로 줄어들고 있다. 결국 일반 사회인이 쉬는 시간에 헬스 클럽을 찾 듯이 클라이머가 인공벽을 찾아간다.

그러나 인공벽의 논리가 이것으로 풀리지는 않는다. 오늘의 인공벽이 클라이머들의 등반 기술 경기장이 되고 여기에 출전하기 위해 오히려 자연벽을 연습장으로 삼게 되었다는 데 문제가 있다.

자연벽과 인공벽 사이에는 넘을 수 없는 간격이 있다. 클라이머는 인공벽을 대할 때마다 이 간격을 의식해야 할 것으로 안다. 그것은 자기가 스포츠 클라이머와 순수 알피니스트의 갈림길에 서는 순간이기 때문이다. 물론 양자 택일은 스스로 결정할 일이지만.

자일샤프트

 자일샤프트는 자일을 같이 매는 사람들을 말한다.
 주로 등산에서 위험한 곳을 갈 때 으례 몇 사람 씩 한 자일에 같이 몸을 묶고 움직인다. 물론 서로의 안전을 위해서 이렇게 하지만, 오히려 이것 때문에 운명을 같이하는 일도 적지 않다.
 자일샤프트라는 등산 용어는 독일에서 왔는데, 우리나라에서는 '자일'이라는 말은 흔히 쓰면서도 이 용어를 아는 사람이 거의 없다. 그리고 이것을 써야 할 때에는 누구나 '자일파티'라고 한다. 그러나 이 말은 독일어와 영어를 적당히 붙여 만든 것으로 옳은 용어가 아니다.
 자일샤프트는 등산가들 사이의 깊은 우정의 표시다. 그러한 두터운 우정이 없이는 서로의 운명을 같이 하는 '안자일렌'을 하지 못하기 때문이다.
 '안자일렌'은 생명줄인 밧줄을 같이 묶는 것을 말하는데, 이렇게 하는 것은 남을 끌고 가거나 다른 사람에게 매달려 가겠다는 이야기가 아니다. 힘에 부치면 끌어올리기도 하고 매달리기도 하지만 그렇게 하려고 하는 것이 아니다. 자일샤프트는 클라이밍의 능력과 기술이 맞먹고 생각을 같이 하는 사람들이 서로 힘을 모아서 어려운 고비를 빨리 무사히 넘어서는 것을 예상하고 전제로 한다.
 산을 오를 때 자일을 쓰기 시작한 지는 등산의 역사 만큼이나 오래다. 그리고 자일샤프트의 공과 과도 등산 초기부터 논란의 대상이 되었다.
 등산 역사에서 등산의 효시로 되고 있는 1786년의 몽블랑 초등 때, 파카르와 발마 두 사람이 같이 자일을 매고 올라갔는데, 이 때 파카르는 지쳐버린 발마를 끌고 가다시피 했다. 1865년의 역사적 마터혼 초등에서는 산을 내려오다 자일이 끊어져 한 줄에 매달렸던 일행 일곱 가운데 넷이 1,000여 미터 절벽을 떨어져 희생되는 참상을 빚었다.

여럿이 같이 산행을 할 때에는 언제나 리더쉽과 파트너쉽이 중요시 된다. 지도력이 강하고 우수해야 할 것은 물론이지만 구성원들의 사심없는 협력도 잘 이루어져야 한다. 이점에서 자일샤프트의 경우도 예외가 아니다.

1950년 프랑스의 알피니스트인 모리스 에르조그가 이끄는 안나푸르나 원정은 파트너쉽이 가장 돋보이는 원정이었다. 이때 정상에 섰던 대장 에르조그와 한 조가 된 라슈날 대원이 역사적 등정을 이룩하고 내려오다가 손발에 심한 동상을 입고 더이상 몸을 가눌 수 없게 되었을 때, 두 번째 등정을 노리던 리오넬 테레이와 가스똥 레뷔화가 죽음에 직면한 이들을 극적으로 살려냈다. 테레이와 레뷔화는 훗날 세계 등반사에 이름을 남기게 되는 뛰어난 등산가들이었는데, 이날의 시련을 헤쳐나간 뒤 그들은 일생에 다시 얻기 힘든 8,000미터 도전의 기회를 영영 놓치고 말았다.

그런데 이와는 달리, 두 사람 때문에 다른 두 사람까지 목숨을 잃은 일도 있었다. 1935년 알프스의 마지막 과제로 알려진 아이거 북벽의 초등을 노리고 오스트리아의 클라이머 둘과 독일 등산가 둘이 서로 그 마의 벽을 오르기 시작하자 벽 한가운데서 만났다. 그런데 오스트리아 팀이 능력의 한계를 느껴 독일 팀에게 같이 가자고 했다. 그래서 2 인조가 4 인조로 올라갔는데, 오스트리아 조가 처지면서 한 명이 떨어지고 다른 한 명도 돌에 맞아 크게 다쳤다. 앞서 가던 독일 팀이 이들을 두고 갈 수는 없었다. 그러는 와중에서 결국 넷 모두 희생 당하는 아이거 최초의 일대 불상사를 자아냈다.

실력이 월등했던 독일의 자일샤프트가 같이 가자는 오스트리아의 자일샤프트의 청을 산악인의 의리와 우정으로 거절하지 못해 벌어진 참사였다.
 자일샤프트는 파트너 한 사람 한 사람이 아무리 뛰어나도 그들 사이에 파트너쉽이 결여되면 차라리 처음부터 안자일렌을 하지 않는 것 만 못하다. 그 전형적이고 대표적인 예가 1971년 에베레스트의 가장 어렵다는 남벽에 도전한 국제대가 부딪친 파극이다.
 열 세 나라에서 뛰어났다는 등산가들이 모인 실질적인 국제대였는데, 저마다 자존심이 강한 참가자들은 처음부터 남의 지시를 받거나 남을 위해 일하기를 거부했다. 그러니 대원들 사이에 협력을 기대하기는 어려운 일이었다.
 당시 이 국제대의 내분 즉, 대원들의 불화 대립과 이탈은 일찌기 세계 등반사에 없었던 양상을 빚었다. 한마디로 리더쉽도 파트너쉽도 찾아보기 드물었던 원정대였다.
 인류의 역사가 한 사람의 천재 또는 많은 사람들의 협력으로 이루어져 왔음을 잘 알고 있다. 등산의 세계도 뛰어난 등산가 한 사람의 공보다는 등반대가 남긴 성과가 두드러진다. 세계 등산 230년의 성과를 일일이 훑어볼 필요도 없이 금세기 중엽에 이룩한 히말라야 최고봉급 14봉에 대한 초등은 모두가 큰 원정대의 대원들의 협력이 가져온 성과였다. 리더쉽도 뛰어났겠지만 파트너쉽에서 차질이 있었더라면 그와같은 성과를 기대하기 어려웠으리라.
 자일샤프트란 결국 파트너쉽을 떠나서 생각할 수 없다.

코펠과 버너

산에 다니는 사람으로 코펠과 버너를 모르는 사람은 없으리라. 등산가라고 하는 사람치고 코펠과 버너 한두 가지를 안가지고 있는 사람도 적으리라.

코펠과 버너는 실과 바늘처럼 언제나 같이 붙어다니는 등산 장비다. 산에서 버너에 불을 붙여 그 위에 코펠을 올려놓고 음식을 만드는 것은 산에 가는 사람이라면 누구나 하는 일이다.

등산 장비점에는 으례 코펠과 버너가 선을 보이고 있다. 그것도 가지 가지여서 처음 산에 가는 사람은 어떤 것을 골라야 할지 망설이게 될 정도다.

얼마 전까지 만해도 산에 갈 때 배낭 속에는 코펠과 버너가 필수품처럼 들어 있었고, 가까운 데 가면서도 산에서 음식을 만들어 먹는 일을 커다란 낙으로 여겼다. 그런데 요새는 자연을 더럽힌다고 산에서 코펠과 버너의 사용을 금하고 있다. 그러나 의·식·주의 이동이라고 할 수 있는 장거리 장기간 산행에서는 코펠과 버너는 천막과 침구와 함께 없어서는 안되는 장비 중의 장비다.

그런데 그토록 등산하는 사람들이 애용하고 친밀감을 갖는 코펠과 버너가 그 이름 하나는 완전히 잘못 알려져 있고 또 하나는 제대로 불리지 않고 있으니 이상한 노릇이다.

등산이 처음에 유럽 알프스에서 일어나고 알프스를 둘러싼 나라 사람들이 오랜 세월 그 세계에서 활동하며 오늘에 이르렀기 때문에 등산에 쓰이는 말들이 모두 그들의 것으로 돼있다. 오늘 우리가 쓰고 있는 등산 용어들이 영어·독어·불어·이탈리아어 등 여러 나라의 말로 뒤섞여 있는 까닭이 여기 있다.

문제의 코펠과 버너도 물론 서양에서 왔다. 코펠은 독일어고 버너는 영어다. 그런데 독일어 코펠(KOCHER)은 우리가 알고 있는 냄비나 국그릇이 아니다. 우선 발음이 '코펠'이 아니고 '코허'야 하겠지만, 이것은 가스나 가솔린을 태우는 기구를 말하며 영어에서는 '쿠킹 스토브' 또는 줄여서 '스토브'라고 한다. 버너라는 말은 쓰지 않는다.

물론 버너(burnner)는 영어에 있지만 이것은 공업용이거나 또는 가정용 보일러에서 불꽃을 튕기는 장치를 말한다. 만일 쿠킹 스토브에 그러한 불꽃 튕기는 장치가 두 개 붙어 있으면 '더블 버너 스토브'가 된다. 버너가 곧 스토브는 아니라는 이야기다.

그런데 우리가 지금까지 코펠이라는 말을 잘못 쓰고 있는 것은 우리나라 등산이 처음에 일본에서 건너온 데 원인이 있다. 일본은 모던 알피니즘을 역시 유럽에서 수입했는데, 그때 그들은 독일어 KOCHER를 솥 냄비같은 취사 용구로 알았으며 발음도 〈コツヘル〉(코펠)이라고 했다.

일본은 일찌기 서구 문명을 모방하고 외국어를 옮기는 솜씨도 좋은 것으로 알려져 있다. 그런데 어찌된 일인지 이 독일어 낱말 만은 잘못 알고 지금까지 그대로 쓰고 있다. 그러나 일본에서도 이 잘못은 깨달았던지 최근에 나온 책에서는 고친 부분이 눈에 띈다.

언어는 서로 약속한 것이니 그렇게 알고 쓰면 됨직도 하다. 하기야 코펠과 버너를 바로 알고 고치려 해도 그것이 고쳐질 가망은 거의 없어 보인다. 장비점에 있는 냄비를 보면 그 뚜껑에 버젓이 KOCHER 자모가 적혀있다. 그러나 만일 외국 등산가들과 어울렸을 때 이런 말을 쓰면 상대방이 알아듣지 못할 것은 뻔하다. 그리고 외국 등산 서적을 읽을 때 우리는 으레 수많은 등산 용어에 부딪치기 마련인데, 그때 낱말의 뜻을 제대로 알지 못한다면 어떻게 되겠는가 한번 생각해 볼 일이다.

코펠과 버너의 경우가 그렇다. 만일 지금까지 우리가 알고 있는 뜻으로 아래 글을 읽는다면 그때 벌어진 정경을 눈앞에 제대로 그리기는 어려울 것이다.

Horst liegt an der Eingangsseite und betätigt den Kocher.
　　Das Zelt ist klein und eng. Neben mir steht bereits ein Kocher, auf dem in einem Topf Wasser erwärmt wird. Beim zweiten Kocher geht das Gas aus. Horst steckt seine Hände aus dem tunnelförmigen Zelteingang, um draussen die Kartusche zu wechseln.
　　호르스트는 천막 입구에 누워서 '코펠'을 작동했다. 천막은 작고 비좁았다. 내 옆에는 이미 '코펠' 하나가 불타고 있었고, 그 위에 올려 놓은 '토프'에서는 물이 끓었다. 두 번째 '코펠'이 가스가 떨어져 호르스트가 터널같이 생긴 천막 입구로 손을 내밀고 가스 카트리치를 바꾸려고 했다.

이 글은 1978년 라인홀트 메스너가 에베레스트 무산소 등정을 시도했을 때 오스트리아 원정대 대장이었던 나이르츠가 쓴 그의 등반기에 나오는 한 토막이다.
　　이 짧은 글 가운데 '코펠'이라는 낱말이 몇 번 나오지만, 문맥으로 보아 그것이 가스 스토브라는 것은 바로 짐작이 간다. 그리고 그 위에 '토프'를 올려놓고 물을 끓이고 있다고 했으니 이 '토프'가 물 주전자라는 것도 알기 어렵지 않다.
　　이 글을 통해서 우리는 '코펠'이 밥을 짓거나 찌개를 끓이는 솥이나 냄비가 아니고 바로 영어에서 말하는 쿠킹 스토브며, 따라서 여태까지 입에 익었던 「버너」도 정확한 용어가 아니었다는 것을 한꺼번에 알게 된다.

　크리스 보닝턴이 쓴 「에베레스트-더 하드웨이」 뒤에 붙은 장비 목록 가운데 'single burnner gas stove' 'double burnner gas stove'라는 것이 나온다. 난로에 불판이 하나 달린 것과 둘 달린 것을 말한다. '버너'가 스토브가 아니라는 것을 말해주는 좋은 예다.

한 장의 사진

　책을 읽거나 그림을 좋아하는 사람에게는 그의 '한 권의 책'이나 '한 폭의 그림'이라는 것이 있을 수 있다. 많은 책 중에서, 많은 그림 가운데 자기가 어떤 의미에서 가장 소중히 여기거나 잊지 못하는 것을 하나 가리켜서 하는 말이다.
　물론 이러한 선택의 기준은 어디까지나 상대적인 것이며 따라서 여기에는 반드시 '나의……'라는 단서가 붙는다. 그리고 이런 선택에서는 대상도 대상이지만 대체로 선택하는 사람이 더 중요하다. 그 책과 그 그림에 그 사람이 어떻게 투영되어 있는가 보는 데 의미가 있고 가치가 있다.
　한 권의 책과 한 폭의 그림을 따라 '한 장의 사진'도 있을 수 있다. 그런데 만일 나더러 그러한 사진이 있는가 묻는다면 나는 서슴치 않고 로버트 캐파의 '한 병사의 죽음'을 내놓으리라. 세계 보도사진 작가 조직으로 유명한 마그남 파의 회원인 캐파가 1930년 스페인 내란에 종군했을 때, 한 병사가 총탄에 쓰러지는 순간을 잡은 사진이다. 카메라의 초점이 맞지 않은 피사체처럼 약간 흐려진 이 사진은 흔히 말하는 결정적 순간을 넘어선 절대적 순간을 포착했다.
　로버트 캐파는 2차 대전 때 노르망디 상륙 작전에서도 뛰어난 기록을 남겼으나, 그뒤 베트남 전쟁에 뛰어들어 결국 본인도 스페인 병사처럼 유탄에 쓰러지고 말았다. 결정적 순간의 포착을 생명으로 하던 보도 작가다운 최후였다.
　사진은 영상적인 것보다 사실적인 것이 사람의 마음을 끈다. 시보다 생활이 담긴 것이 좋고 조형적이거나 회화적인 것은 보기에 아름답지만 동적이고 사실적인 것이 호소력이 있다. 보도 작가의 사진들이 대체로 사람의 눈길을 끌고 감동을 주는 것은 그들의 카메라 아이가 언제나 집요하게 사건의 현장을 그리고 결정적인 순간을 추구

하기 때문이다. 널리 알려진 퓰리처 수상 작품들이 그런 사정을 잘 말해준다. 6.25 때 이북의 피난민들이 파괴되어 내려앉은 평양의 대동강 철교에 개미떼처럼 매달린 사진같은 것이 그 좋은 예다.

그런데 내게도 '한 장의 사진'이 있다. 단지 남의 것이 아니라 자기가 찍은 사진이라는 데 관례를 벗어났다.

히말라야의 산악 지대를 가는 트레커들이 누구나 놀라는 것은 멀고 먼 길을 걷다가 어느날 갑자기 눈앞에 설산이 나타날 때다. 산 속을 가니 산 넘어 산이지만 그러한 산의 세계가 일정한 고도부터는 설선이 나타나면서 지금까지의 세계와 다른 양상을 펼친다. 특히 카트만두를 떠나고 두 주일 가까이 될 무렵에 칸데가와 담세르크가 동시에 구름과 구름 사이로 보일 때 트레커들은 뜻하지 않았던 행운을 맞는 셈이다. 함성을 올리기보다는 숨을 죽이는 순간이다.

칸데가와 담세르크는 히말라야의 고산으로서는 7,000 미터가 안되는 낮은 편이지만 그 칼날 능선과 깎아지른 측면 등 생김새로 치자면 결코 다른 명봉에 뒤지지 않는다. 히말라야의 산들은 한마디로 우리가 알고 있는 산과는 다르다. 그때 사람들은 비로소 히말라야에 왔다는 것을 실감하게 된다.

그런데 산이라고 해서 모두 그림이 되지는 않는다. 우선 생김새가 중요하지만 광선과 앵글이 그 그림을 완성시킨다. 그래서 산 사진을 주로 하는 사람은 이리저리 자리를 옮기고 때를 기다리다 보니 테마 하나에 쏟는 노력은 이만저만이 아니라고 생각된다.

'로부체'는 고작해서 6,000여 미터. 에베레스트, 로체, 눕체, 푸모리 등 히말라야에서도 이름난 명봉들 사이에 끼어 지긋지긋하게 긴 세월을 보내다가 내려오는 길이었는데, 오를 때 전혀 보지 못했던

'로부체'가 구름이 걷히면서 하늘 높이 나타났을 때 나는 자기도 모르게 걸음을 멈추었다. 그리고 거의 무의식 중에 카메라에 손이 갔다. 조리개와 셔터 스피드를 어떻게 조절했는지도 기억에 없다.

 히말라야의 여신이라는 말을 흔히 듣지만 흰 구름이 걷히면서 그 우아하고 고결한 설봉이 나타났을 때 나는 히말라야의 여신이라는 말의 뜻을 안 듯 했다. 이 '한 장의 사진'은 다름아닌 나의 자기증명이다.

여름이 오면

여름은 사 계절 가운데 하나다.

초목이 무성하고 생명이 약동하며 더운 때다. 여름을 이렇게 보는 것은 교과서에 나오는 이야기고 하나의 상식이다.

교과서나 상식은 사람들이 그대로 믿고 의심하지 않는다. 이것이 우리가 사는 세상이다. 그런데 이 세상에는 우리만 살고 있지 않으며 우리가 사는 곳만이 세상은 아니다.

탄광촌의 어린이들은 강물을 시커멓게 그린다고 한다. 그러나 그것은 웃을 일이 못된다. 서양에서도 사정은 비슷하다. 그곳 어린이들은 대체로 산을 마터혼처럼 그린다는 이야기다. 서양의 산과 동양의 산을 구별 못하는 사람으로서는 이해하기 어려운 이야기다.

추운 겨울에는 더운 여름을 생각하고 여름이 오면 더위에 못이겨 피서간다고 야단하는 것이 인간이다. 가난한 사람들에게는 여름이 낫고 돈많은 사람들에게는 겨울이 낫다고도 한다. 그런데 이 모두가 옛날 이야기로 되어버렸다. 냉방이니 난방이니 하는 장치들이 생기면서 춘·하·추·동의 계절다운 특색은 사라지고 오늘날 우리는 이른바 전천후 생활을 하고 있다. 그러나 이것도 문명 세계를 두고 하는 이야기다.

인간은 오래전부터 양력과 음력을 사용하고 있다. 우리는 누구나 이런 달력들을 바라보며 1년 열두 달 365일을 살고 있다. 게다가 농사짓는 사람들은 음력을 더욱 소중히 여겼다. 그런데 영농 방법이 바뀌면서 반드시 음력이 있어야 했던 시대도 지나갔다. 온실 재배하는 데 무슨 파종기니 수확기가 따로 있겠는가?

그러나 옛날부터 이런 달력도 계절도 관계 없는 곳이 이 세상에는 있다. 극지가 그런 곳이다. 극지라고 하면 원래 북극과 남극을 말한다. 여기에 다이렌훠드가 양극을 수평 상의 극지로 보고 이에 대해

수직상의 극지를 추가했다. 즉 히말라야의 8,000미터 고소를 '제3의 극지'라고 부른 것이다.

　사계절을 모르는 곳은 겨울 뿐인 한대 지방만이 아니다. 여름밖에 없는 열대 지방도 사계절과 관계가 없다. 상하(常夏)라는 말이 그래서 생겼다.

　그런데 상하의 겨울은 없어도 극지의 여름은 있다. 물론 내가 만든 말이니 상하의 겨울도 내세우려는 사람이 있을런지 모르겠다. 그러나 아무리 생각해도 상하의 겨울은 공허할 뿐 매력도 특색도 있어 보이지 않는다.

　이에 비하면 극지의 여름은 계절 치고는 이단이고 반역자임에 틀림없다. 그러나 교만하고 우쭐대는 문명 사회에서 찾아볼 수 없는 풍물도와 자연시가 거기 있다.

나는 한 때, 두 해 여름을 양극의 하나인 북극과 제3의 극지에서 지냈다. 그래서 해마다 여름이 오면 극지의 여름이 생각나고 멀리 히말라야의 빙하와 그린란드의 광막한 설원이 눈앞에 떠오른다.

때는 8월 한여름, 넓이가 2 킬로미터 높이가 800 미터 가량 되는 장대한 아이스폴이 눈앞에 펼쳐지고 표고 5,400미터 부근을 흐르는 쿰부 빙하의 물은 손을 담글 수 없을 만큼 찼다. 그리고 북위 80도 가까운 그린란드의 망망 대해같은 설원의 기온은 영하 37도였다.

여름은 초목이 푸르고 만물이 약동하는 더운 계절로만 알고 있었는데 이 지구의 오지 극한의 세계에는 느닷없이 찾아간 우리 외에는 생명이 없었다.

그치지 않고 불어오는 바람과 밤새도록 들리는 얼음 갈라지는 소리를 태고의 선율로 알아들었을 때 나는 윌더니스 시티즌쉽이 무엇인가 알 듯 했다.

2

등산의 내일
산으로 만난 사람들
산과 책과 글과
1994년 여름
겨울이 오면
화이트랜드
제3 슬럼프
키친 보이
이런 책이 있다
아문센과 스코트
머메리와 「알프스·카프카즈 등반기」
「8000미터 위와 아래」에 대하여
라인홀트 메스너의 세계
16년 걸린 드라마
예지쿠쿠츠카라는 등산가
가스똥 레뷔화와 「눈과 바위」
글을 잘못 옮기면 - 산책을 중심으로 한 인간의 분노

등산의 내일

마터혼에 사람이 처음 오른 것은 1865년이었다. 높이 4,478미터의 마터혼은 그때까지 알프스에서 오르는 사람이 없어 그대로 남아있었는데, 에드워드 웜퍼가 5년 동안 일곱 차례나 도전한 끝에 등정에 성공했다. 그러나 내려오다 밧줄이 끊어져 같이 오른 일행 일곱 가운데 넷이 1,000미터 낭떠러지를 떨어지는 참사를 빚었다.

이 마터혼은 스위스와 이탈리아 국경 선상에 있지만 스위스 쪽이 더욱 이름이 나서 오늘날 수많은 등산가와 여행자가 그 아랫 마을로 모여들고 있다.

세상 사람들이 등산을 알게 된 것은 알프스의 몽블랑을 오르고부터고, 그전까지 사람들은 산을 무서워하고 가까이 하지 않았다. 그러던 인간이 오늘날 지구 위에 산이라는 산은 모두 올라가서 더 오를 곳이 없게 됐다. 문명의 발달에 따라 등산도 발달한 것이다.

사람이 산에 오르기 시작하기는 산이 높고 아직 올라보지 못한 데 마음이 끌렸던 것이다. 그 무렵 이러한 미지의 세계에 도전한 선구자들의 무기라고는 그들의 정신력과 체력뿐이었다. 요새같은 장비는 물론 산에 대한 지식도 등반 기술도 없었다. 그러나 그때 그런 식으로 산에 부딪힌 사람들의 등산이 가장 멋있고 보람 있었다. 이러한 초창기 개척자들이 무엇을 생각하고 산에서 무엇을 얻었는지 그들이 남긴 글에 잘 나와있다.

그런데 문명의 혜택으로 등산은 그 양상이 바뀌면서 그전과 같은 매력을 잃고 있다. 요새 나도는 등반기나 탐험기가 내용이 얄팍하고 감명을 주지 못하는 것은 등산가나 탐험가들의 체험이 빈곤한 탓이다. 지난날과 오늘날의 그러한 체험의 차이가 다음과 같은 글 가운데 그대로 나타나 있다.

몽뻴부(3,946m)로 나의 마음을 치닫게 한 것은 미지의 세계를 들여다보고 싶은 인간이 지닌 신비한 충동이었다. 이 산은 프랑스에서 제일 높은 봉우리라는 소문이 파다했으며, 그것만으로도 나에게는 매력이었다. 이 산은 그림처럼 아름답고 사람의 마음을 끌지 않고서는 못배기는 도피네 지방의 최고봉으로 사실상 그때까지 발을 들여놓은 사람이 없었다. 한편 마터혼에 내가 끌린 것은 그 웅대한 모습 때문이었다. 다른 산은 모르겠는데 이 산만은 도저히 오를 수 있을 것같지 않았다. 분명히 나보다 산을 더 잘 알고 있는 사람들마저 그렇게 생각하고 있었다. 이 산에 나는 여러 번 도전했으나 그때마다 패했다. 그러나 그럴수록 새로운 의욕이 솟아올라 해마다 기회를 노렸다. 그리고 어떻게 해서라도 정상으로 가는 길을 찾던가 그렇지 못하면 정말 오를 수 없다는 것을 확실히 해서 가부간 끝장을 내기 전에는 그대로 물러서지 않기로 했다.

에드워드 윔퍼 ;「알프스 등반기」

이런 글도 있다.

그 넓고 아름다운 곳을 처음으로 찾아온 인간이 기뻐 날뛰며 거기를 자기 것으로 삼고 사람이 살지 않는 대지를 지나가며 언덕을 넘고 고개를 돌아갈 때마다 처음 보는 공간이 눈 앞에 벌어지던 시대는 얼마나 멋있었을까. 장엄하고 신선한 정막경 속에서 숲이 우거지고 나뭇잎이 신비스럽게 살랑거리며 바위와 바위 사이를 물이 소리내며 힘차게 흐를 때 그 사람의 마음은 어떠했을까. 한없이 넓은 세상, 자연의 무한한 풍요로움을 느낄 때 그의 사상은 고양되고 위대한 영혼을 함양하는 순수한 열광 속에 자기도 모르게 빠져들었으리라.

에밀 쟈벨 ;「한 등산가의 회상」

그런데 이러한 시대는 영원히 갔다. 지구 위에 자연은 그대로 있다지만 그 자연은 옛날 자연이 아니다. 등산 초기에 몽블랑 초등에 25 년, 몽블랑에서 마터혼까지 80 년이 걸렸고, 20세기에 들어와서도 등산의 신비와 위엄은 그런대로 남아 있었다. 그 상징적인 예가 낭가 파르바트와 에베레스트 도전이다. 인간으로 처음 시도하는 8,000 미터 고봉에 대한 도전이기는 했지만, 모두 1920년대 1930년대 초부터 또 20~30 년 이라는 긴 세월을 싸운 뒤에야 그 일을 해냈다.

그러던 등산이 금세기 후반에 들어와서 그 형식과 내용에 엄청난 변화가 일고 등산이 현대인의 생활 속에 번지면서 **빠른 속도로** 세속화 했다.

지난 여름 어느날 그랜드 티톤 정상에 65 명이 섰다. 이들은 로워 쌔들이나 가네트 캔온에서 막영했으리라. 그러면 아마도 100 명 정도가 천막을 쳤을 것인데, 이 일대는 열 팀 이상을 수용하기 어려우며 그렇게 되면 그 근처 목초장과 꽃밭이 그대로 남아 있을 수가 없다.

표고 4,196미터의 그랜드 티톤이 첫 도전을 받은 것은 19세기 중엽이고 그 북벽 루트가 개척되고 동계 초등이 이루어지기는 알프스의 벽의 시대와 비슷하다. 이러한 곳이 지난 70년대에 이미 이 지경이 됐다고 이반 슈나드가 개탄하고 있다.

20세기 후반에 이르러 세상은 대중 소비·여가 시대를 맞았다. 인간의 생활이 이처럼 여유있게 되었으니 누구나 바라던 일이요 다행한 일로 여길 것이다. 그러나 이에 따라 예기치 않았던 폐단이 전 세계를 덮기 시작했다. 한마디로 현대문명의 병폐, 고도 산업화 사회의 병리 현상이라고 하지만 이와 또다른 일들이 한쪽에서 진행하고 있다.

　에베레스트 산기슭에 나있는 길을 따라가노라면 도보 여행자와 그들의 안내자들이 앙상한 나무가지를 모아 불을 지피고 그 주위에 둘러앉아 있다. 에베레스트 가까이 올라가면 곳곳에 쓰다 버린 산소통들이 마구 뒹굴고 더러운 휴지 뭉치며 깨진 유리잔들이 널려있는가 하면, 못쓰게 된 밧줄과 침낭, 천막 그리고 먹다 남은 식량 등이 산재해 있다. 그곳은 세계에서 가장 높은 폐기물 수집 장소인 셈이다.
1992년 7월 「뉴스위크」지

　1993년은 에베레스트가 초등된 지 40주년이 되는 해이자 북미의 최고봉 매킨리 초등 80주년을 맞는 해다. 그런데 이 해 세계 최고봉에는 하루 35명이 오르고 매킨리에는 한 주일 동안에 500명이 몰려들었다. 일이 이쯤 되자 에베레스트 초등자인 힐라리가 네팔 당국에 히말라야 입산을 5년간 금지하도록 요청했다. 그러나 다른 돈벌이가 없는 가난한 네팔로서는 세계 각지에서 모여드는 등산가 여행자들의 호주머니를 마다하기가 어렵다.
　만고의 비밀과 매력을 간직한 대자연이 이토록 오염, 파괴되고 있는 데는 투어리즘이 부추긴 레저붐에만 책임이 있지 않다. 문명에 병들면서 등산의 세계가 세속화하고 타락한 탓도 크다. 그 이유는 간단하다. 유산객이나 여행자의 발길은 고산과 오지까지 미치지 못하니 이러한 대자연은 경박한 관념의 유희를 일삼는 저질 등산가들의 발이 무자비하게 밟고 있기 때문이다.

　오늘날 등산은 날로 기술이 늘고 어려움이 줄어들며 사람들이 너무

몰려서 모험이 자꾸만 줄어들고 있다. 따라서 등산의 순수성과 불확실
성 그리고 자연적인 것과 그 정신 등 모두가 변질하고 말았다.

　슈나드는 이 글에서 등산 조건으로서의 불확실성을 지적한다. 등
산의 세계에서 '미지'의 요소가 점점 사라지고 있다는 이야기다. 그
무서운 요세미테의 엘 캐피턴 등반도 길이 뚫린지 오래고 게다가 국
립공원의 구조대가 언제나 대기하고 있다고 그는 말한다.
　등산은 진정 어려움과의 싸움이라고 누구나 알고 있다. 그 예로
크리스 보닝턴의 안나푸르나 남벽과, 그리고 라인홀트 메스너의 낭
가 파르바트 루팔벽 공격을 들 수 있다. 1930년대에 벌어졌던 그랑
드 죠라스 북벽과 아이거 북벽을 둘러싼 처절했던 산사나이들의 투
쟁과 1950년대 60년대의 드뤼 남서릉과 몽블랑 프레네이 중앙릉의
고투를 또한 잊지 못한다. 오늘날 이른바 alpinism of style 이나
sporting alpinism 따위로서는 감히 상상하거나 흉내내기 어려운 준
엄한 세계가 거기 있다.
　빌로 벨첸바하가 생각난다. 그는 1차 대전 후의 가장 위대했던 등
산가로서 어느 의미에서나 나무랄 데 없는 능력의 소유자였다. 그는
바위와 얼음에 모두 강한 완벽한 등산가로, 외부에서 오는 어떤 위
험에도, 악천후와 악조건 등이 그에게 장애가 될 수 없었다. 암벽에
서 악천후를 만날 때마다 끝까지 참고 기다렸다가 정상으로 올라갔
다. 게다가 그는 고정 로프나 볼트, 헬멧, 루트 해설도, 무전기며 심
지어는 방한구조차 없이 이런 등반을 해냈다고 그의 평정이 전한다.
　오늘날 우리는 산에 가고 싶어도 갈 곳이 없다. 읽고 싶어도 읽을
만한 책이 없다. 같이 산에 가고 배울 등산가도 없다. 산은 옛날 그
대로 그곳에 있고 산책과 새로운 산행 기록이 쏟아져 나오는데 우리

마음은 허전하다.
 얼마나 눈부시게 달라진 등산계냐! 풍부한 정보, 우수한 장비, 영양가 높은 식량, 편하고 편한 교통편, 놀랍도록 향상한 체력과 건강, 넉넉해진 호주머니와 자유로운 여행…….
 지난 1977년 에베레스트에 갔을 때 우리는 아이스폴 지대에 길을 뚫느라고 길이 3 미터 무게 15 킬로그램 되는 알미늄 사다리 100 개를 썼다. 그리고 새벽 세 시에 일어나는 루트 공작 활동이 한 주일 가까이 걸렸다. 에베레스트 등반 첫 난관이라는 아이스폴은 이런 곳이며 그전까지 에베레스트에 도전했던 원정대치고 이런 고생을 하지 않은 대가 없었다.
 그런데 요새는 루트 공작을 걱정하는 이야기가 아예 없다. 남이 뚫어놓은 길을 통과료를 내고 지나다닌다는 어처구니없는 이야기가 그 대신 들린다. 뿐만 아니라 베이스캠프에서 에베레스트 정상을 24 시간 안에 오른 놀라운 기록도 나왔다. 이와 비슷한 사태가 알프스에서도 일고 있다. 그 무섭던 3대 북벽도 24 시간 안에 연속해서 완등한 사람, 한 해에 남과 북의 극점에 선 탐험가도 나왔다.
 그러나 여기 무엇인가 빠진 것들이 있다. 그 옛날 마터혼을 5년 동안 일곱 차례 도전한 윔퍼, 낭가 파르바트를 혼자 오르고 하루 사이에 늙은이가 된 헤르만 불, 아이거 북벽에서 3일 동안 매달렸다 끝내 숨진 쿠르츠, 그리고 알프스 빙벽을 늘 혼자 오르다가 일생을 마친 윈클러……이들 선구자 앞에는 오직 미지의 세계가 있었다. 그런데 그 미지의 세계가 오늘날 온데 간데 없다. 동시에 준엄도 장대도 외경도 모두 사라졌다.
 19세기 말에 낭가 파르바트에서 자취를 감춘 머메리는 인간의 능력과 지식이 고도화 할수록 산행은 규모가 커지고 더욱 어려워질 것이라고 했지만, 지금은 그 한계를 넘었다. 그리고 도전할 의의와 가치의 세계가 날로 줄어들고 없어지고 있다.

  이것이 등산의 내일이다.

산으로 만난 사람들

　산은 묘한 곳이다.
　산이 묘하다는 것은 산 그것이 묘하다는 것이 아니다. 사람의 만남이 산으로 이루어졌을 때 그렇다는 이야기다.
　산을 모르던 사람이 어쩌다 산에 갔다가 산에 미쳐 평생을 산에서 보내는 사람이 있는가 하면, 산으로 인해 그의 삶이 바뀌는 사람도 있으니 산과 사람의 사이에는 어떤 힘이 작용하는 것일까?
　그러나 세상에는 산을 모르고 사는 사람이 많다. 많을 정도가 아니라 산을 아는 사람에 비해 너무 많다는 이야기다. 그들은 그의 인생에서 부딪칠 수 있는 그 소중하고도 결정적인 체험과 변화의 계기를 놓쳐가며 살고 있는 셈이다.
　근년에 백두산을 다녀왔다는 사람이 많다. 그리고 백두산에 가겠다는 사람 역시 많다. 어째서 저마다 백두산 백두산 하는지 모르겠다. 그것도 이른바 산사나이라 해도 모르겠는데 평소 산을 멀리 하던 사람들이 그러니까 더욱 모를 일이다. 하기야 산을 안다는 산사나이들은 백두산 이야기를 하지 않는다. 그들 입에서 백두산 이야기가 나올 때에는 적어도 방향이 다르기 마련이다.
　백두산은 한반도에서 가장 높은 산이고 지금까지 가고 싶어도 갈 수 없었던 곳이다. 그 이름이나 위치도 우리 마음을 설레게 하지만 백두산의 매력은 역시 그 높이에 있다. 표고 2,744미터라면 그다지 높지도 않는데 제법 고산의 맛과 멋을 우리에게 안겨준다.
　산사나이가 아닌 보통 사람들이 산과 얼마나 떨어져 살고 있는가는 간단히 알 수 있다. 남한의 3대산의 이름과 높이를 제대로 아는 사람은 많지 않다. 금강산과 설악산이 어느 쪽이 높은지 알려고 하지도 않는다. 뿐만이랴! 평생 산다운 산 한 번 오르지 못하고 죽는 사람이 부지기수 일테니까.

이야기는 간단하고 더욱 심각하다. 서울 북녘에 북한산과 도봉산이 우뚝 솟아 있다. 높이라야 고작 700~800미터, 그러나 언제 보아도 우뚝 솟은 느낌이다. 그런데 그 산 가까이 살고 있는 수 많은 사람들 가운데, 수 십년을 한곳에서 살고 있는 사람들 가운데 그 산의 이름과 높이를 아는 사람이 거의 없다. 항차 그 정상을 밟거나 그 능선을 걸어본 사람에 있어서랴. 산이 있으면 무엇하며 산 가까이 살면 무슨 소용이 있단 말인가?

인생은 바쁘고 할 일 많다고 하리라. 인생 그런줄 모를 자 어디 있으랴? 사람마다 사는 방식이 다르고 사는 형편이 다르며 사람마다 자기 취미가 있다고도 한다. 그것도 사실이다. 그래서 인생은 재미있고 서로 그런 사람들이 어울려 사는 세상 또한 재미있다. 획일적인 인생, 판에 박힌 듯한 사람 살이, 인습, 제도, 규제, 체면, 눈치. 이 끝없는 눈에 보이지 않는 걸림돌들을 어떻게 하면 좋으랴?

좋은 가정에 태어나, 공부 잘하고 일류 대학에 들어간다. 얼마나 멋진 인생인가!

부모의 유산, 부모가 이룩한 삶의 기반을 본인이 똑똑해서 잘 이어가는 인생 역시 보장 받은 인생이리라.

우리 나라, 우리 사회, 가까운 우리 주변에 큰 일하고 돈 많이 벌고 잘산다는 이른바 성공적인 인생이 얼마든지 있다. 그리고 그들을 부러워하고 그들에게 자극을 받고 그들같이 살아가려고 애쓰는 인생, 인생, 인생……

나라와 나라가 경쟁하고 인종과 인종이 싸운다. 기업인, 정치인, 학자 그리고 사회 각 계층 각 분야에서 저마다 일하고 노력하는 사람들…… 모두가 자기 인생을 개척하려고 애쓴다. 도대체 그 거창한 세계관 인생관 가치관이란 어떤 것일까? 인생은 영원히 풀리지 않는 문제를 안고 있는지 모른다.

  설악산 권금성 산장에서 20년을 하루같이 커피 한 가지 팔며 고집스럽게 살아온 유창서는 언제나 베레모에 턱수염을 기르고 있는데, 그는 산에서 만난 아가씨와 가정을 이루었다고 들었다.
  산꾼이면 지리산 노고단의 함태식 역시 모르는 사람이 없을 것이다. 함씨 또한 털보로 연세대를 나와, 한창 나이에 해발 1,500여 미터 고소에서 산장지기로 있다가 지금은 피아골로 은둔지를 옮겼다. 그가 지키던 산장에서는 화투장이나 술을 팔지 않은 것으로도 이름났고 침구도 빌려주지 않았다. 표고 1,500 고소에 오르는 사람이 침구를 가져오지 않는다는 것은 노고단을 찾을 자격이 없다는 것이 그가 내세우는 이론이다.
  산을 인연으로 알게 된 사람이 어찌 한둘이랴. 에베레스트에 간다고 설악골에서 훈련하다 눈사태를 만나 죽을 고비를 넘긴 박훈규. 그는 고상돈과 함께 북미 최고봉인 매킨리에 올랐다가 떨어져 혼자 목숨을 건졌다. 지금은 고향인 제주도에서 한라산을 자기 것으로 알고 지난날의 기개를 잃지 않고 있다.
  요새 젊은이들이 저마다 일류 대학을 나와 일류 기업에 들어가려고 경쟁을 벌이는데, 산에서 자란 젊은이들은 그러한 틀에 박힌 길을 가려고 하지 않는 것 같다.
  유럽 알프스의 마의 벽 아이거를 오른 정광식은 「영광의 북벽」이라는 체험기를 내고 한때 마음의 고향인 네팔에서 새로운 삶을 시작했다.
  오랫동안 세계 정예 클라이머들의 각축장이었던 파키스탄의 미답봉 바인타 브락을 오른 임덕용은 결혼하자 신부를 데리고 이탈리아로 건너가 밀라노에서 디자인 공부를 하고, 세계에 이름난 독일의 등산 장비 메이커 '살레바'와 손을 잡았다고.

그런가 하면 한국에서 고등학교 밖에 나오지 않은 주영은 그의 타고난 소질로 현재 미국에서 등산학교 강사로 있으며 「암벽등반기술」이라는 책을 펴냈다.

설악 천불동 계곡을 쑥 들어가면 양폭산장이 있다. 여기서 외로운 나날을 보내던 이영식은 흔한 미국 도피 행각에서 일어나 끝도 없는 넓은 농장의 주인이 됐다.

산의 주인공이 언제나 산사나이들 만은 아니다. 누구나 한번은 작심해보는 어느 해 정월 초하루, 한반도 육지의 끝 부산의 금정산을 떠나 76일 동안 혼자 험한 산줄기를 넘고 「하얀 능선에 서면」이라는 태백산맥 종주기를 쓴 아가씨 남난희. 그녀는 흔한 대학 문턱에도 가보지 못했다.

이처럼 일찌기 산에 미친 인간들 아니고도 초로 인생에 산과 만난 중학 동문들, 좋은 자리에 있다가 나이 들어 물러난 소일파가 있는가 하면, 인생의 황금기를 노래하는 여유있는 요산파도 있다.

이들은 저마다 산과의 만남이 다르다보니 산행 태도도 그런대로 특색있다. 그래서 이들과 어울리는 맛도 가지가지다. 산사람들과는 말없이 험산 준령을 넘고, 학교 동문들과는 옛날로 돌아가서 떠들게 되고, 소일파나 요산파들과는 만고 강산 유람하 듯 하다 적당한 곳에 자리 잡고 술잔을 돌리기도 한다.

한때는 등산의 본고장인 알프스를 쳐다보며 살던 어수철 의학박사, 유네스코 사무총장을 지낸 울산대의 김규택 교수, 미국에 처자를 두고 홀아비로 있는 KAIST의 엄성진 박사, 내외가 성악가로 이름난 중앙대 음대의 이병두 교수, 청와대 수석 비서관을 지낸 케냐 명

예공사 한기욱 박사, 그리고 방대한 「李承晩秘錄」을 우리말로 옮긴 국제 로타리클럽 365지구 사무총장을 지낸 박일영 대학 동문 등과 자주 산에 갔다.

어 박사는 한국에 돌아와 비로소 산과 스키를 배웠지만, 그는 설악산 대청봉을 넘다가 무릎을 다쳐 장정들에게 업혀 내려온 화려한 산력을 가지고 있다. 박 총장은 한때 '랑드리 길랑 바레 신드롬'이라는 이상한 병으로 사경을 헤맸지만, 그뒤 설악을 넘고 인생에 자신을 가졌다는 소중한 체험자. 한 박사는 일찌기 설악의 용아 장성을 주파했다며 산악인을 자처하나, 일본에서 「선호흡법」이라는 책을 펴내고 인기를 끈 기인. 이병두 교수는 유학 시절 마드리드에서 로마까지 20여 시간 차로 달렸다는 스태미너를 지금도 산에서 보인다.

그런데 산에서 언제나 내 뒤를 바싹 따라붙는 사람은 김규택 교수다. 남달리 배가 나온 그가 온몸이 땀에 젖어가며 이토록 끈기를 보이는 것은 오랜 테니스 운동 덕분이라고 자백한다.

이들은 거의 가벼운 차림인데 엄 박사 만은 다르다. 그는 시간만 있으면 혼자 멀리 지리산을 찾는 언제나 자신 만만한 학자다.

이들이 사회의 지위와 학식이라는 거추장스러운 겉옷들을 벗고 '나트어킨드'라는 옷으로 갈아입을 때 인간은 서로 새로운 모습으로 만나게 된다. 그러나 이러한 만남은 아무데서나 이루어지지 않는다. 산에서 그리고 산으로 만날 때만이 가능한 인생의 계기다.

산과 책과 글과

사람은 볼수록 재미있고 이상한 동물이다. 그것은 산과의 관계에서도 잘 나타나 있다. 산에 미치는 사람이 있는가 하면 그 긴 평생 한 번도 산에 가지 않은 사람이 있다. 이렇게 극단적으로 보지 않더라도 사람은 대체로 산에 가는 사람과 안가는 사람으로 나뉘는 것만은 누구도 부인하지 못하리라.

그런데 산에 가는 사람들보다는 안가는 사람이 많다. 그리고 산에 가는 사람들을 보면 산에 관한 책을 읽는 사람보다 안읽는 사람이 많다. 또한 산에 가면서도 산에 대한 글을 쓰는 사람보다 쓰지 않는 사람이 더 많다. 산이 좋아서 산에 가는 사람들은 산을 오르내리는 것을 전부로 알기 쉬우나 그들의 생활과 활동은 이렇게 다르다.

사람이 산에 가고 안가고는 자유다. 산에 가는 사람이 책을 읽고 안읽고도 자유다. 그들이 산에 대한 글을 쓰고 안쓰는 일에 있어서는 더 말할 것도 없다. 어차피 인생은 다양하고 사람은 누구나 자기 능력껏 자기 식으로 살아가기 마련이다.

그런데 사람이 산과 만나면서 누구는 책을 읽고 누구는 글을 쓰는 까닭은 무엇일까? 산은 산이고 사람은 사람이라면 모르되 사람 가운데는 산과 만났다가 그저 헤어지지 못하는 사람들이 있다. 그래서 산에 대한 글을 읽고 산에 대한 글을 쓰기도 한다. 산에 갔다가 늘 그대로 돌아오는 사람과 책을 읽고 글을 쓰며 산에 가는 사람 사이에는 차차 크게 그리고 넓게 벌어지는 갈림길이 시작된다. 산을 그저 가기만 하는 사람 눈에는 그 길이 보이지 않는다.

사람들은 산이 좋아 산에 간다고 하고 건강에 좋으니까 산에 간다고 한다. 나무랄 데 없는 이야기다. 그러나 산과 사람의 만남이 그 정도의 이유로 이루어진다면 등산과 인생이 하나의 역사를 창조하지 못했을 것이며 그것이 영원한 기록으로 남지 않았으리라.

산에 가는 것은 안가는 것보다 낫고 책을 읽는 것은 읽지 않는 것보다 낫다. 글을 쓰는 일에 있어서는 안쓰는 것과 굳이 비교할 문제가 아니다.

그러니 산에 다니면서 책을 읽지 않고 글을 쓰지 않는다면 같이 산에 다니면서 책도 읽고 글까지 쓰는 사람과 비할 때 그들의 산과의 만남은 질적으로 다를 것은 자명한 일이다.

사람은 왜 산에 가고 책을 읽으며 글을 쓰는가? 산에 가고 책을 읽고 글을 쓰는 것은 남을 위해서가 아니다. 그렇게 하지 않을 수가 없기 때문이다. 그러한 내적 충동이 강하게 일어나기 때문이다.

산이 있고 사람이 있는 곳에 등산이 있다고 생각하는 사람이 많다. 그러나 산과 가까이 살면서 평생 산에 가지 않는 사람이 한 둘이 아니다. 그런가 하면 산과 멀리 떨어져 사는 사람 가운데 그 먼 길을 마다하지 않고 산에 가는 사람이 얼마나 많은지 모른다. 모두가 관심과 의욕의 문제다. 이 관심과 의욕이 한 인생을 크게 갈라 놓고 결정한다.

그러나 산과 사람의 관계에도 자연 한계가 있다. 시한이 있는 것이다. 산에 가는 사람이 산책을 읽고 산에 대한 글을 쓸 경우 그것은 어디까지나 자기 목적이다. 인생의 책임을 스스로 지는 것이 등산정신의 요체이기 때문이다. 또한 산이 그리워도 산에 가지 못하는 날이 온다. 등산가로서의 정년이 그것이다. 그때 산사람은 주저하거나 실의에 빠지지 않고 조용히 자기 방에 들어앉는다. 이른바 '서재의 등산가'가 되는 것이다.

등산가에게는 은퇴가 없다. 그는 지난날의 자기 산행을 회상하고 남의 글을 읽는다. 애써 모았던 책들을 정리하며 읽어나간다. 그것은 행동의 세계보다 한 차원 높은 사색의 세계다. 이때 윔퍼와 쟈벨, 기도 레이와 헤르만 불같은 위대한 선구자들과 다시 만나게 된다.

만일 서재의 등산가에게 자기가 써놓았던 글이 있다면 그것은 어느 산악 명저에서도 맛보지 못하는 충족과 희열과 도취의 순간이 그에게 찾아 오리라.

산에 가며 책을 읽고 글을 쓰는 등산가에게는 세상의 학식과 부유와 지위로도 사지 못하는 특권이 주어진다.

위대한 선구자들은 모두가 그런 특권을 누리고 있었다.

1994년 여름

이 해 여름 더위는 그야말로 살인적이었다.

7월 25일 서울의 기온이 섭씨 38도를 넘었으니, 그래서 사람들은 찜통같다고 했다. 나는 바로 이 날 우리 나라에서 네 번째로 높은 덕유산에 올라갔다.

언제였던가. 구정에 눈 구경하러 덕유산에 갔는데, 정상 바로 밑에 있는 산장이 사람들로 어찌나 붐비는지 발들여 놓을 곳도 없었다. 해마다 눈이 많기로 이름난 덕유를 즐겨 찾아온 사람들이었다. 그날 나는 북덕유 향적봉에서 남덕유까지 20킬로 남짓한 능선 길을 갔다. 가도 가도 설화가 만발한 능선 길이었다.

덕유산은 여름 또한 일품이다.

표고 1,600미터 산마루턱의 넓은 고원 일대는 그대로 원추리 꽃밭이다. 그래서 사람들은 그 무더운 여름에도 덕유를 찾는가보다.

산을 아는 사람은, 산을 좋아하는 사람은, 산에 미친 사람은— 알게 모르게 세상에 이런 사람들이 꽤나 있다— 더위도 추위도 무릅쓰고 산에 간다. 눈이 오나 비가 오나 산에 간다. 할 일 많고 바쁜 세상이라 하면서도 만사 제쳐놓고 산에 간다. 산을 좋아한다는 것은 바로 이런 사람들을 두고 하는 말이리라.

등산가는 산에만 오르는 것이 아니라 산에 관한 책도 읽고 글도 쓴다. 남들과 산 이야기를 하기를 좋아한다. 그래서 그의 인생은 외롭지 않으며, 남들처럼 세상을 힘들게 살아가지 않는다. 그에게 언제나 밝은 꿈이 있으며, 마음 한쪽에 충족감 같은 것이 있다. 한마디로 삶에 지치는 일이 없다. 그렇지 않고서는 외롭고 힘든 산길을— 남 보기에— 즐겨 갈 리가 없으며 가지도 못한다. 등산과 인생의 관계 즉 등산의 값어치, 산에 오르는 보람같은 것을 그들은 알고 있는 셈이다.

그런데 7월 25일 덕유산에 올랐을 때 나는 놀랐다. 으례 사람으로 붐비리라 생각했던 산장이 텅 비어 있었다.
웬 일인가?
그 까닭을 알아차리기는 그다지 어렵지 않았다. 이 살인적인 더위에 누가 여길 오른단 말인가? 그야말로 미친 사람 아니고서야……
산장에는 샘물도 말랐고 그토록 아름답게 주위를 수 놓았던 원추리 꽃밭이 흔적도 없다. 오랜 가뭄에 모두 말라 죽은 것이다. 이 너무도 명백한 사실을 나는 미처 생각 못하고 덕유산에 올라왔다.
서울을 떠나며 나는 따라나서는 일행에게 — 이들은 한결같이 등산 초년생이고 게다가 덕유산은 이름조차 처음 듣는 사람들이어서 — 우리가 오르려는 곳은 높으니 밤이 되면 여름에도 긴 소매와 긴 바지로 갈아 입어야 한다고 일러두었다. 그러나 그들은 서울의 무더위 속에서 체험한 적 없는 높은 산의 추위를 상상할 수가 없었던지 내 말을 들으려 하지 않았다. 그리고 한편 그것도 짐이 될까 꺼렸는지도 모른다.
백련사에서 산마루까지 아무리 천천히 걸어도 세 시간 정도면 오르는 길을 그날 우리는 다섯 시간 남짓 걸렸다.
무더위 속에 죽을 고생을 한 셈이다.
그런데 해가 지며 바람이 일고 하늘을 덮었던 구름이 날리기 시작했다. 그러자 보름 가까운 둥근 달이 얼굴을 내밀었다. 구름이 달을 스쳐가는지 달이 구름 사이를 뚫고 나가는지 — 그러나 그것은 시원한 여름 달밤도 청명한 가을밤 달맞이 풍경도 아니었다. 느닷없이 추위가 밀어닥친 음산한 초겨울 날씨였다.
산장 안은 사람이 없어 더욱 추웠다. 그날 밤 우리 일행은 산장에서 담요 한 장 씩 얻어 덮었으나 밤새 한잠도 자지 못했다. 주변의 나무들이 모질게 불어제끼는 바람에 소리 내며 울고 산장의 유리창들이 제멋대로 놀았다. 밖에 걸어놓은 온도계가 새벽녘에 섭씨 7도를 가리켰다고 산장 관리인이 말했다.

바로 이것이 산이다.

인간의 얄팍한 지식으로 알아차리지 못하는 대자연의 섭리, 난숙한 현대 문명에 취해버린 오늘의 인간들에 대한 무서운 경고…… 그러나 등산가는 이것을 안다.

산의 기억은 더웠을 때보다 추웠던 것이 오래토록 강하게 남는 것 같다. 사실 더위와 추위는 어느쪽이 견디기 힘들다고 말하기 어렵다. 물론 사람에 따라 다르겠지만.

어느 해였던가 잊혀지지도 않는 8월 8일 — 인간이 알프스의 최고봉 몽블랑에 처음으로 올라 세계 등산의 역사가 막을 올린 날인데 — 대관령을 떠나 오대산 줄기를 타고 점봉산을 거쳐 8·15 해방기념일에 설악산 대청봉 정상에 섰다. 나는 그 한여름 폭염 속에 물도 없는 산길을 걸으며 어찌나 힘들었던지 혼자 울었다. 그러나 한편, 오리털 침낭같은 방한 장비가 없었던 시절, 엄동 설한의 지리산 칠선계곡에서 추위에 떨며 지샌 기나긴 밤과, 동대산 노인봉을 잇는 진고개에서 만났던 무서운 바람과 추위가 언제나 내 기억에서 사라지지 않는다.

솔직히 말해서 훗날 에베레스트와 북극에서 겪은 추위보다 이때 그 기억이 더 선명하다. 제3의 극지 히말라야와 지구의 꼭대기 북극은 으레 그러려니 했기 때문인지도 모른다. 사람은 무슨 일이나 마음 먹기에 달려 있으니까.

1994년은 나의 고희의 해.

바로 10년전 61세 회갑 때에는 혼자 20 킬로그램의 무거운 짐을 지고 지리산을 천왕봉에서 노고단까지 장장 45킬로미터의 능선길을 거의 하루 사이에 걸었다. 이번에는 어디로 갈 것인가 망설이다가 끝내 기회를 놓쳤다.

그러나 그 찜통 여름에 뜻밖에도 덕유산에서 때아닌 겨울을 만나 칠순이 넘어 새삼 산을 깨닫게 된 내 자신이 기뻤다.

겨울이 오면

겨울은 으례 오게 돼있다.
여름의 무더위가 가고 하늘이 높아지면 겨울은 문턱에 온 것이나 다름없다. 길 가는 사람들의 걸음이 빨라지고 그들의 마음은 저마다 겨울 채비에 바쁘다.
언제였던가 친지 따님의 메조 소프라노 리사이틀에 갔더니, 그녀가 '겨울은 왜 와야하나?'라는 곡을 불렀다.

밤이 올 때마다 나는 배고파
헤매는 사슴의 울음 소리 듣는다
나무 껍질로 된 집에서
부엉이는 우는데
겨울은 이렇게 일찍 와야 했는가?

그녀의 노래가 겨울을 기다리는 내 마음을 찔렀다.
겨울을 보는 눈은 사람마다 다른가 보다. 대체로 사람들은 봄과 가을을 여름이나 겨울보다 좋아하는데, 춥지도 덥지도 않은 계절이 지내기에 좋을 터이니 그럴 수밖에 없으리라.
그런데 문명이 발달하면서 더위나 추위를 잊고 피하는 생활의 지혜가 생기면서 인간은 어느덧 계절에 대한 감각을 잃기 시작한 듯하다. 문명의 공과는 이제 산업 공해의 영역을 넘어서 일반 생활 의식에 변화를 가져오고 있다.
전통 사회에서 봄은 한 해의 살림을 준비하고 계획하며 가을은 추수의 계절이고 겨울은 칩거하는 시기였다. 그래서 농경을 주업으로 삼던 지난 날 사람들은 엄동 설한에는 일손을 멈추고 방안에 박혀 난로를 피우고 둘러 앉았다. 그러노라면 다시 일 할 봄이 올 터이니 그 때를 기다리며 힘을 저축했다.

 그런데 이 겨울에 대한 생각이나 태도는 동양과 서양에 따라 크게 다르다. 우리에게는 '이열 치열'이라는 말이 있으면서 '이한 치한'이라는 말은 없다. 한편 서양에서는 겨울이면 겨울 스포츠를 한다. 스키, 스케이트, 토배곤 등 눈과 얼음을 상대로 한 여러 야외 스포츠가 일반화 하고 있다. 그 가운데서도 스키를 보면 산과 들을 헤매는 랑라오프 스키를 즐긴다.

 겨울이 오면 언제나 생각나는 것은 히말라야와 북극이다. 보통 겨울은 봄과 여름 그리고 가을을 예상하지만 히말라야와 북극같은 극지에는 겨울 외에 다른 절기가 없다. 사람들이 상하(常夏)라는 말을 만들면서 상동(常冬)이라는 말을 만들지 않은 것은 일찌기 이런 데를 가본 적도 없고 이런 데와 관계가 없기 때문이리라.

 원래 절기는 문명이니 문화와 깊은 관계가 있다. 인간의 활동이 온화한 기후 조건 밑에서 활발하다는 이야기다. 그러나 대체로 더운 지방보다 추운 지방에서 사람들의 생활력이 강한 것같다. 전자는 안이한 생각에 나태해지기 쉬우나 후자는 언제나 긴장해야 하기 때문이리라. 북위 50도 이북에 들어있는 스칸디나비아의 나라들은 네 계절 가운데 가장 긴 겨울을 지내야 하는데도 오늘날 세계에서 복지국가로 이름났고 국민 소득이 최상위권에 들어 있는 것으로도 알 수 있다.

 춘·하·추·동 사 계절의 자연스러운 추이와 변화는 신이 인간에게 준 가장 소중한 선물이요 혜택이다. 그리고 인간이 자랑하는 문명도 다름아닌 이러한 계절의 산물인 셈이다. 그런데 인간은 그 사실을 잊고 오히려 자연의 섭리를 벗어나 인위적인 조건을 만들어 가며 살고 있다. 이른바 '전천후'라는 사고 방식이 바로 그러한 발상에서 온 것이다.

'전천후'라는 조건에는 확실히 생산적이고 효율적인 면이 있다. 그러나 요새는 무엇에나 생산이니 효율이니 하는 것을 크게 내세우다 보니 '전천후'면 만사 해결되는 것으로 알고 있다. 그런데 우리는 자연적인 것과 인위적인 것에서 서로 무엇을 얻고 무엇을 잃는가 늘 생각해 볼 필요가 있다.

여름의 풍성함은 가을의 조락을 예상하지 않을 때 그 풍성을 예찬하지 못하며, 겨울의 동면과 침묵이 봄의 소생을 전제로 하지 않는다면 엄동 설한은 무의미 할 따름이다. 희·노·애·락 가운데 노와 애가 없다면 희와 락도 아무런 뜻을 가지지 못할 것이다.

등산 장비 가운데 '고어·텍스' 제품이 한창 유행이다. 10여년 전만 해도 상상할 수 없었던 신비에 가까운 특수 섬유로 만든 물건들이다. 예컨대 고어·텍스로 만든 옷을 입으면 눈과 비에 젖는 일이 없으며 몸과 옷 사이의 불쾌한 습기가 밖으로 빠져나간다. 그래서 요새는 텐트, 등산화, 침구, 배낭에 이르기까지 온통 고어·텍스 제품 일색이다. 지난날 으레 부딪쳐 겪어야 했던 산중 생활의 괴롭던 일들이 이 신비에 가까운 섬유의 출현으로 크게 해소된 셈이다.

그런데 여기 문제가 있다. 오늘날 우리가 그런 차림으로 산에 갔다가 무엇을 가지고 돌아오는가 하는 것이다. 장비가 허술했던 지난날 우리는 산에서 비를 만나 물에 빠진 생쥐처럼 되고 추워서 덜덜 떨었으며, 종일 깊은 눈 속을 걷다가 등산화가 온통 젖어 그것을 말리느라 얼마나 고생했는지 모른다. 비에 젖어 무게가 천근 만근 된 짐, 새벽에 동태처럼 꽁꽁 얼어붙어 발이 들어가지 않던 신발…… 이런 일 저런 일들이 등산가들의 뇌리에서 지워지지 않는다.

등산은 원래 스스로 사서 고생하는 일이며 그 고생을 넘어서 남모르는 즐거움을 맛본다. 그런 고생이 줄어들 때 등산은 본래의 뜻을 잃을 수밖에 없다. 그러지 않아도 정보가 풍부하고 장비가 우수하며 식량이 좋아진 오늘날 등산은 그에 따라 그만큼 알맹이 없고 재미만 주는 놀음으로 되고 있다. 대중화 하고 보편화 했지만 따라서 세속화 하고 타락해간다는 이야기다.

인생은 고와 락으로 이어지기 때문에 인생답다. 여름에 더위를 모른다거나 겨울에 추위를 느끼지 않아도 되는 세상은 사는 맛이 없다. 문명의 공은 평가할 만하고 그 덕을 우리는 크게 보고 있지만 문명으로 자연에서 멀어지거나 자연을 거역하는 삶은 결코 오래 가지 못할 것이다. 오늘날 문명 사회가 스스로 무덤을 파며 이제 더 갈 곳이 없게 됐다는 증거가 여기 저기서 나타나고 있는 것으로도 알 만하다.

여름과 겨울은 그저 대조적인 계절로 알기 쉽다. 그러나 겨울은 단순한 대조를 넘어서 준별되는 세계다. 다시 말해서 여름의 더위는 사람을 비활동적으로 만드나, 겨울의 추위는 이와 정반대로 그 엄동설한의 특이한 자연 조건이 사람을 깊은 사색의 세계로 끌고 간다. 그리고 긴장 속에 행동하며 심사 숙고하게 만든다.

겨울이 오고 눈이 내리면 대도시도 잡다한 음향이 사라지고 고요해지지만, 그러지 않아도 정막한 깊은 산중은 무음의 세계로 변한다. 특히 만년설에 덮인 히말라야의 수직의 세계와 역시 만년설에 덮인 북극의 수평의 세계는 만고의 침묵과 정적을 간직한 겨울 중의 겨울이다. 겨울은 언제나 어디서나 겨울로 알기 쉬우나 문명 속의 겨울과 자연 속의 겨울, 저지대와 고산과 지구 오지의 겨울은 모두 서로 다르다.

겨울이 올 때마다, 그리고 특히 깊은 산속에서 겨울 한 때를 지낼

적마다 그 냉혹하고 무자비한 대자연의 섭리 속에 숨어있는 겨울의 특권 앞에 숙연해질 뿐이라면 지나친 자만일까? 문명과 자연의 갈등 속에서 인간은 어떻게 살아가야 할 것인가 확실한 길이 보이지 않는 작금에는 겨울이 오기만 기다려진다. 겨울 속에 주위의 잡음과 오물을 덮어버리고 도시를 떠나 깊은 자연 속으로 들어가고 싶다. 그리고 순진 무구한 그 품안에 묻히고 싶다.

화이트랜드

　1978년 한여름이었다.
　나는 파리로 가는 대한항공기 안에 있었다.
우리가 탄 여객기는 북극의 검푸른 바다 위를 한동안 날고 남쪽으로 내려가는 길이었다.
　서울을 떠나 파리로 가는 이 직항 노선을 타기는 이때가 처음이 아니었다. 눈에 덮인 매킨리와 흰 얼음장들이 둥둥 떠있는 북극해와 그리고 캐나다의 황량하고 끝없는 툰드라 지대를 내려다보는 일도 그전처럼 신선하게 느껴지지 않았다.
　나는 캐나다를 벗어나면 어디가 나타나는지 알고 있었기 때문에 이번에는 새로운 기대와 호기심으로 혼자 가슴이 설레였다. 이 여객기가 틀림없이 그린란드의 그 넓은 설원 지대를 지나가리라는 것이 내 생각이었다. 항로는 언제나 일정할 터이니 그전에도 그렇게 갔겠지만 그때 나는 그린란드와 상관이 없었다. 그 색다른 설원에 흥미가 없었다. 그러나 이번에는 그렇지 않았다. 우리가 가려는 데가 바로 그곳이었으니까.
　저녁에 김포공항을 이륙한 비행기는 두 시간 남짓 해서 무수한 불빛이 반짝거리는 큰 도시 상공을 지나 여덟 시간 만에 앙카레지에 도착한다. 지구의 자전을 따라 가기 때문에 벌써 아침이다. 비행기가 앙카레지에 접근할 무렵 매킨리가 보인다. 그러나 승객 가운데 이 북미의 최고봉에 관심이 있는 사람이 몇이나 있을까? 비행기는 한 시간 뒤 다시 이륙해서 북극으로 올라갔다가 캐나다를 가로 지르고 밑으로 내려간다. 이 무렵이면 사람들이 거의 잠들 시간이다. 기내에는 이따금 승무원이 오갈 뿐 조용하다. 와인이라도 마시며 책을 펼쳐 들 때다.
　그러자 스튜어디스가 다가오더니 말을 전한다. 기장이 조종실에 오란다는 것이다.
　기장이 나더러…… 조종실에?
　그게 무슨 말인가?
　나는 놀라면서도 한편으로 승무원의 부드러운 표정에 마음을 놓고 그녀 뒤를 따라갔다.
　항공기의 조종실. 짐작 못할 것도 없지만 그 좁디 좁은 공간에는 까닭 모를 기기들이 가득했고 전면은 물론 밝고 넓은 창문이었다. 앞자리 좌우는 기장과 부조종사가 틀림 없었고 그들 뒤에 통신사와 다른 기사가 앉아 있는 것같았다. 그리고 자리라곤 그뿐이니 내가 앉을 곳은 없었다.
　때마침 창 밖으로 넓은 흰 세계가 내려다 보였다. 우리가 탄 비행기가 그린란드에 접근하고 있다고 기장이 말했다. 그가 나를 오라고 한 까닭을 이제 알았다. 이 항공기에 바로 북극 탐험대가 타고 있는 것을 기장이 알고 있었던 것이다.
　유럽을 자주 오가는 그들이고 보면 이 좁은 공간에서 기나긴 시간 무슨 이야기를 주고 받겠는가? 숱한 생명을 책임 지고 있다고는 하지만 무료하기 그지없는 그들의 일과가 새삼 느껴졌다. 나는 북극 탐험이라는, 그들에게 흥미거리도 안되는 이야기를 그들이 묻는대로 간단 간단 대꾸했다.
　그린란드.
　하늘에서 내려다 보이는 그린란드는 아무런 기복도 없었다. 그저 흰 종이장과 다를 것이 없었다. 해안선이 하얀 대륙의 테두리를 길게 두르고 있는 것이 선명하게 보였다. 그린란드의 지도가 바로 흰 종이에 지나지 않는다. 크게 등고선 몇 줄이 그어져 있으니 새삼 밑에 보이는 육지와 대조하지 않아도 된다. 그러니 그린란드에서는 독도법도 필요없다.
 북극에서 돌아오자 한·덴마크 협회에서 파티가 있었다. 물론 주한 덴마크 대사와 그의 직원들도 참석했다. 파티가 어느 정도 무르익었을 때 크펜하겐 주재 한국대사가 나더러 그린란드에 갔던 소감을 한마디 하라고 했다. 대사는 우리 탐험대가 코펜하겐에 머무는 동안 이것 저것 도와준 분이었다. 나는 일어나서 내가 본 그린란드는 그린 랜드(green land)가 아니라 화이트 랜드(white land)였다고 말했다. 이 짤막한 한 마디에 모두 박수를 치며 웃었다. 그러자 이번에는 덴마크 대사가 일어서서 자기는 아직 그린란드를 가보지 못했다고 해서 또 한바탕 웃음이 터졌다.
 그린란드가 덴마크 령이라는 것을 아는 사람이 몇이나 있을까? 그러나 지구의 꼭대기에 붙어있다시피한 그 거대한 대륙을 사람들이 모른다고 웃을 일이 아니다. 크기가 한반도의 스물 두 배, 그 넓고 넓은 땅이 온통 눈과 얼음에 덮여있으니, 그런 버려진 불모의 땅을 사람들이 안다면 그것이 오히려 이상하리라. 그린란드는 예나 지금이나 탐험가들이 찾아갈 만한 곳이다.
 그린란드는 섬인가 대륙인가 묻는 것은 그다지 의미가 없다.
 서기 982년 노르만 사람 에릭이 여기를 발견하고 앞으로 이곳에 식민할 생각으로 듣기 좋도록 붙인 이름이 '그린란드'라고 한다. 에릭 눈에 처음 뜨인 광대한 황무지는 만년설 만년빙으로 덮여있었을 터이니 그것은 그야말로 '화이트랜드'라야 옳다.
 에릭이 가고 나서 1,000 년도 지난 오늘날 이 거대한 땅덩어리에는 에스키모와 그들의 노획물을 탐내는 상인과 덴마크의 행정 관리들 모두 합쳐서 5만 가량 살고 있다. 길고 긴 해안선을 따라 수 백 킬로미터 씩 떨어져 쎄틀먼트로 불리는 에스키모 마을이 있지만 그들은 서로 오가지 못한다. 교통편이 없다는 이야기다. 그야말로 지구의 오지 속의 벽촌인 셈이다. 그러나 문명에 찌들린 현대인에게는 다시 없는 낙원이 이곳 그린란드다.

북위 76도, 그린란드 서북 해안에 자리 잡은 튤레(Thule)의 8월의 기온은 섭씨 3도였다. 푸르다 못해 검은 북극 바다에는 크고 작은 얼음 산들이 떠내려 오고 떠내려 갔다. 이 수 많은 빙산들은 도대체 어디서 와서 어디로 가는지 모르겠다.

태양이 북회기선까지 올라왔다가 되돌아선 지 달포도 지났는데 북극은 여전히 백야였다. 9월 초, 에스키모들과 함께 개썰매를 타고 북위 80도선 가까이 갔을 때, 기장의 우정으로 하늘에서 내려다 보았던 만년설로 덮인 아이스캡 지대를 영하 37도의 무서운 추위와 북극 특유의 맹렬한 블리자드가 느닷없이 우리를 덮쳤다.

화이트랜드에는 계절이 없었다.

제 3 슬로프

'제3 슬로프'를 지금은 아는 사람이 많지 않으리라. 더구나 요새 젊은 층에서는.

그전에…… 그전이라고 해야 20여년 전 이야기니 그다지 옛날도 아니지만, 주위가 하도 달라져서 옛날 이야기로 밖에 생각되지 않는다. 김조현 선배와 둘이서 처음으로 대관령에 스키를 타러 간 것은 그 무렵이었다. 스키를 타는 사람을 손으로 꼽던 시절이었다.

'제3 슬로프'는 언제 누가 만들었으며 어째서 그렇게 부르게 됐는지 모른다. 일찍부터 스키를 탔다는 김조현 씨도 모르겠다고 했다.

'제3 슬로프'는 사람들이 오가는 길가에 안내 간판이 서있는 것도 아니었다. 대관령 산장 서쪽으로 큰 길을 건너 얼어붙은 논밭들을 가로 질러 조금 가노라니 그것으로 보이는 데가 나타났다. 분명 슬로프였으나 스키장이라고 할 곳은 못되었다.

슬로프에는 T바는 고사하고 잡고 올라갈 간단한 장치 하나 없었다. 그저 눈에 덮인 비탈진 곳이었다. 그래서 스키어들은 스키를 신고 걸어 오르거나 아예 스키를 벗어 들거나 어깨에 멘 채 올라가고 있었다. 그러나 당시 그들에게는 '제3 슬로프'가 다시 없는 자기 세상이었다. 그리하여 교통도 불편한 이 대관령 구석진 곳까지 젊은이들은 찾아갔던 것이다.

슬로프 밑에 초라한 농가가 한 채가 있었고 그보다 떨어진 곳에 산장 건물이 있었다. 역시 초라한 나무집이었는데 '오스트리 산장'이라고 했다.

겔렌데가 멀찌감치 바라다 보이는 남향 언덕에 겨울 햇살이 제법이었다. 낙엽송이 둘러선 한가운데 자리 잡은 이 목조 건물이 당시로서는 그런대로 서구적 분위기를 풍겼다.

산장 앞에는 으레 스키 몇 대가 서 있었다. 거의가 당시의 와이어

바인딩이 달린 스키였다. 산장 안에 들어서면 난로가 타고 그 둘레에 산사나인지 스키어인지 알아보기 어려운 젊은이들이 여럿 말없이 앉아 있었다.

그 무렵 서울 거리에서는 스키를 구경할 수가 없었다. 도대체 스키를 타는 사람이 없었다. 하기야 일반 등산 장비도 제대로 나돌지 않았던 옛날 이야기다. 어쩌다가 일본 산악인들이 설악산이나 인수봉에 왔다 가면 우리 젊은이들이 그들의 카라비너를 놓고 가라고 조르던 때다. 80년대에도 폐쇄적이고 가난했던 동구권 출신의 쿠쿠츠카는 서구 알프스의 돌로미테 암벽을 오를 때마다 거기 버려진 피톤들을 뽑아갔다고 그의 「14열네번째 하늘에서」에 썼다. 그나 우리나 그러한 한 때를 살았던 것이다.

그러던 어느날 스키협회가 외국에서 스키를 들여다가 회원들에게 나누어 준다는 소식이 들려왔다. 나는 부랴부랴 그 협회에 입회하고 간신히 스키 한 대를 얻었다.

김조현 씨는 산도 스키도 나의 선배였다. 그분은 연세가 10여년 위지만 여러 면에서 앞서 있었던 것같다. 대학도 나오지 않았다는데 영어를 제대로 구사했다. 사진 찍는 솜씨는 일찍이 국전 작가였고 수영 실력도 뛰어났다. 사업 관계로 널리 해외로 나돌았다.

우리는 어느 겨울 청량리를 떠나 태백 탄광촌을 지나서 강릉으로 갔다. 대관령으로 가는 길이었다. 서울을 떠난 열차는 밤새도록 달렸다. 침대차에 오른 우리는 차 속에서 단잠을 잤지만, 가을같으면 단풍이 아름답다는 태백 지역을 밤에 지나가야 했던 것이 두고 두고 한스러웠다.

강릉의 아침 하늘은 맑게 개고 바다 바람이 제법 찼다. 강릉서 횡계까지는 시골 버스 편으로 갔는데 먼 거리가 아니었다 .대관령 일대의 구릉 지대가 흰 눈에 덮여 고도는 별 것 아니지만 제법 고원다웠다.

김조현 씨는 '제3 슬로프'를 잘 알고 있었다. 물론 초행일 리가 없었다. 우리는 '제3 슬로프' 밑에 있는 농가 한 구석에 우선 짐을 풀고 빵과 스팸과 커피로 아침 식사를 했다. 산에서 이런 일에 익숙한 우리는 간단히 마치고 바로 슬로프로 올라갔다.

겔렌데에는 벌써 스키어들이 삼삼 오오 모여있었다. 김조현 씨는 낯익은 슬로프를 바라보는 듯 했다. 그는 스키를 내려놓고 슈톡을 눈 바닥에 꽂아 세웠다. 그 거동이 아주 자연스럽게 보였다. 그러자 그는 스키를 신고 말없이 혼자 앞으로 나갔다. 걸음이 가벼웠다. 나는 이럭저럭 빈둥을 잠구고 슈톡을 짚으며 발을 떼 보았다. 그러는 사이에 김조현 씨는 보이지 않았다. 나는 생전 처음 올라서는 스키 위에서 종일 악전 고투 했다. 플루크보겐이니 기르랑데니 하는 말을 안 것도 이때였다.

그런데 한 젊은이가 뒤를 따라왔다. 그리고 떨어지지 않는다. 그러더니 "선생님, 그 스키 저에게 양보할 수 없습니까?" 한다. 아주 공손하면서도 멋적은 말투였다. 그는 같은 말을 되풀이 했다. 나는 어안이 벙벙해서 물끄러미 그를 쳐다보았다. 그는 구두도 인수하겠다는 것이었다. 어디까지가 진심인지 모르겠지만 젊은이는 그야말로 애원하다시피 했다. 스키는 그렇다 치더라도 구두는 스키화라고 할 것도 없었다. 당시 등산화로 이름이 있던 을지로의 '송림'에서 만든 투박한 가죽 신발이었다. 젊은이는 계속 조르면서 내 뒤를 따라다녔고 나는 나대로 슬로프 밑에서 헤맸다.

용평에 스키장이 생기기까지는 그로부터 몇 해를 더 기다려야 했다. 그 사이에 우리는 대관령과 진부령을 번갈아 오갔다. 진부령에는 눈이 많고 슬로프도 비교적 넓고 길었다. 그러나 진부령 겔렌데도 아무 시설이 없었고 밋밋한 언덕에 눈이 덮여 있을 뿐이었다.

90년대에 들어오며 서울 근교에 스키장들이 생기고 스키 타는 사람이 늘기 시작했다. 서울 거리에 스키 점포가 하나 둘 생겼다. 그리고 계절이 가까와지면 이런 점포들이 활기를 띠었다. 젊은이들의 마음이 들뜨는 것도 당연하다. 스키 캐리어를 올려놓은 승용차들이 거리를 달리고, 스키장에서는 일찍부터 눈을 만들어 뿌리느라 바쁘다. 특히 휴가철에는 스키장마다 인산 인해를 이루는 것이 이제 예사로 됐다.

그런데 나는 오히려 스키에서 점점 멀어졌다. 스키장이 가까워지고 교통도 좋아졌는데 마음은 겔렌데에서 더욱 멀어만 갔다. 방 한 구석에 노르딕과 산스키와 알파인 스키가 나란히 서 있다. 로바와 모리토르 등 등산·스키 겸용화도 있다. 그러나 이 모든 것이 빠른 세파에 밀려 어느새 고물이 됐다. 시간과 더불어 세상 만사 달라지기 마련이다……

대관령 제3 슬로프는 어떻게 됐을까? 오스트리 산장과 슬로프 밑의 농가는? 그래, 그 농가의 동치미 맛이 그만이었는데…… 그리고 무엇 보다도 뒤를 졸졸 따라다니며 스키를 달라던 그 젊은이의 순박한 얼굴이 잊혀지지 않는다.

키 친 보 이

그전에 우리나라에 슈샤인 보이가 있었다. 구두 닦는 사람은 지금도 있지만 슈샤인 보이는 이들과 다르다.

8.15 해방과 더불어 미군이 우리나라에 들어오면서 한동안 서울 거리에는 미국 병사와 장교로 붐볐다. 슈샤인 보이는 주로 이들을 상대로 군화를 닦고 얼마 안되는 돈을 받았다.

그 무렵 우리 생활은 누구나 어려웠지만 그 가운데서도 이들 슈샤인 보이의 생활은 오죽 했으랴. 남루한 옷차림을 하고 작은 나무통을 들고는 미군들을 따라다니며 "슈샤인! 슈샤인!"하던 모습이 잊혀지지 않는다.

그들은 이름 그대로 나이 어린 소년이 많았다. 그러나 슈샤인 보이들은 명랑하고 열심이었던 것같다. 세월이 흐르고 미군의 수가 줄면서 슈샤인 보이들의 모습도 어느덧 사라졌다.

히말라야의 나라 네팔에는 '키친 보이'가 있다. 나라가 가난하고 살기가 어려워서 이런 아이들이 있다는 점에서 사오 십 년전 우리 사회에 슈샤인 보이가 있던 것과 비슷하다.

히말라야 고산에 오르려면 등반대가 여러 날 높고 깊은 산 속에서 살아야 한다. 그러니 등반대의 짐이 많아져서 으례 현지 사람들의 도움을 받게 된다. 그들은 짐을 나르고 음식물도 만들며 외국에서 온 원정대가 활동하는 동안 같이 생활한다.

지난 1977년 우리가 에베레스트에 갔을때 우리나라 국민 소득은 600 달러로 기억하는데, 네팔은 40 달러였다. 네팔 사람들이 이렇게 어려운 가운데서도 외국 등반대의 일을 돕는 사람들의 생활은 말이 아니었다. 어느 정도 근거 있는 이야기인지 알 수 없으나 에베레스트 원정처럼 시일이 오래 걸리는 일을 도우면 그때 번 돈으로 그들은 1년을 산다는 말까지 있었다. 그러나 현지 고용인 중에서도 세르파와 포터의 노임이 크게 다르니 그들이 누구나 그렇게 산다고는 하기 어려우리라.

그런데 이 사람들 가운데 키친 보이라는 것이 있다. 주로 주방 일을 하는 나이 어린 소년인데, 그렇다고 음식 만드는 솜씨가 있는 것도 아니고 짐을 지기에는 아직 어려서 부엌일을 도우며 물을 긷거나 차를 나른다.

세르파는 등반대를 따라 높은 데까지 오른다. 그래서 그들에게는 값진 장비를 주고 노임도 많다. 뿐만 아니라 오르는 고도에 따라 보너스까지 있다. 그러나 포터와 키친 보이는 그런 장비는 고사하고 제대로 얻어 입지도 못하니 그들의 차림은 초라할 정도가 아니라 보기에 딱하다. 다만 그들에게 그런대로 이로운 것이 있다면 위험하거나 어려운 일을 하지 않아도 되고, 추운 곳에서 언제나 불 가까이 있을 수 있다는 것일까……

히말라야는 세계의 지붕이라는 말처럼 높은 산들이 모여있어 해마다 철을 가리지 않고 외국에서 많은 원정대가 모여든다. 그리고 히말라야는 오랫동안 서양 사람들이 그 활동 무대를 독차지 해왔다. 그런데 80년대에 들어서며 한국의 등산계도 히말라야에 눈을 돌리기 시작하고, 한때는 히말라야에 입산한 우리 등반대의 수가 제일 많았던 적도 있다.

그러나 이렇게 갑작스럽게 많은 등반대가 가다보니 현지에서 고용한 사람들과 우리 대원들 사이에 마찰이 자주 일고 한편 불미스러운 일도 적지 않았다. 우선 말이 통하지 않는데다 생활 관습까지 다르기 때문에 이런 일들을 해결하기가 어렵고 감정부터 대립하기 쉽다. 이런 일이 생기면 보통 저쪽에서는 세르파의 우두머리인 사다가, 이쪽에서는 원정대 대장이 나서서 두 사람이 같이 의논하고 그때 그때 좋도록 처리해 나간다. 그런 뜻에서 원정이 성공하느냐 실패하느냐 하는 문제가 이러한 인화 여하에 달려 있다고도 할 수 있다.

히말라야 등반 초창기 때 일본의 마나슬루 원정대가 원주민들과의 마찰로 중도에서 철수하고 이듬해에 원주민들의 사원 건립 기금을 지원하는 조건으로 화해한 일은 유명하지만, 1977년 에베레스트 등반에 나선 우리도 고도 6,500미터 제2 캠프 예정지에서 세르파와 대원들 사이에 작은 충돌이 있었다.

당시 그 고소에는 앞서 간 원정대가 버린 많은 물건들이 눈 속에 묻혀 있었는데, 세르파들이 해가 저물어가는데도 천막을 치려 하지 않고 그 물건들을 차지하느라 정신이 없어, 이를 보다 못해 성미가 급한 우리 대원 하나가 그들에게 달려들었다. 이 문제는 결국 베이스캠프에서 대장이 사다와 이야기해서 그 물건들을 모두 세르파에게 주겠다고 타일러 무사히 해결을 보았다.

세르파나 포터들은 대체로 양순하고 몸을 아끼지 않는다. 원정대원들 처럼 등반 기술도 없고 목적 의식도 약하지만 자기 일에 충실하다 보니 산에서 목숨을 잃는 일이 종종 있다. 그렇다고 보상을 제대로 받는 것도 아니어서 그들의 인생이란 한마디로 눈물겹다.

그런데 우리나라의 어느 원정대에선가 에베레스트 산록 가까운 로부제에 이르렀을 때, 그곳에서 차를 팔고 있는 원주민이 옷 깊숙한 곳에서 차곡 차곡 접어두었던 종이쪽지를 조심스럽게 꺼내보이면서 "사브! 이 사람 언제 오느냐?"고 물었다고 한다. 그 종이쪽지는 우리나라 원정대의 아무개가 써준 현금 차용증이었다. 순박한 찻집 주인은 언제 올지 모르는, 아마도 다시 갈리 없는 한국 산악인에게 꾸어주었던 돈을 돌려 받으려고 해를 넘기며 기다리고 있었다.

그러자 또 다른 젊은이가 나타나서 자기의 딱한 사정을 호소했다——

그는 한때 한국 원정대에서 일한 키친 보이였는데, 그 역시 같은 사람에게 돈을 꾸어주었다고 한다. 그리고 그때의 돈은 바로 얼마 뒤에 그가 장가 들 밑천이었다는 것이다.
 불모의 지대에서 근근히 살아가는 그들에게는 한해 한두 차례 외국 원정대를 기다리는 것이 인생의 소중한 시간이라고도 할 수 있다. 그리고 쓰지않고 모아둔 그들의 얼마 안되는 돈이 이렇게 수난을 당했다. 그런 돈을 내놓고 이 지구의 벽촌에서 사람의 발자국 소리가 들리는 날만 기다리는 그들의 애처로움……
 이 어처구니 없는 이야기를 듣는 순간, 1977년 에베레스트 원정 때 두 달을 같이 지낸 어린 키친 보이가 생각났다. 하산 길 쌍보체에서 우리와 헤어지며 언제 다시 만나는가 울며 매달리던 그의 누더기 옷과 애띤 얼굴이 내 머리를 스쳤다.

이런 책이 있다

　많은 사람이 산에 간다.
많은 사람이 산에 간다는 것은 산을 좋아하는 사람이 그만큼 많다는 이야기다.
　자기를 등산가라고 하는 사람도 많다. 산에 많이 가고 산에 대해 많이 알 터이니 그가 등산가라고 해서 안될 것도 없으리라.
　산에 가면 즐겁다. 산에 가면 많은 것을 얻고 배운다. 산은 그래서 좋다. 산을 모르던 사람이 한번 산에 갔다와서 산에 미치는 일이 종종 있다. 그에게는 새 인생의 발견이고 새 생활의 시작인 셈이다. 그토록 산과 인간의 관계는 밀접하다. 그런데 산에 가는 사람이 많고 스스로 등산가라고 하는 사람도 많으면서 이러한 관계를 아는 산사람은 그렇게 많아 보이지 않는다. 거기에는 계기가 있다. 기회가 주어져야 한다.
　산이 좋아 즐겨 산에 가는 사람, 스스로 등산가라고 하는 사람은 한 번쯤 생각해 볼 일이다. 나는 어느 정도 산을 알고 있는가? 나는 어느 정도 등산가로서 자신이 있는가? 이런 물음을 스스로 던지고 이 물음을 스스로 풀어나갈 때 그의 인생관 그의 등산관은 새로운 차원을 열게 된다고 본다.
　19세기 중엽, 36년이라는 짧은 생애를 알프스에 끌려 살다가 간 등산가가 있다. 보통 사람에게는 이름도 생소하겠지만 '에밀 쟈벨'이 바로 그 사람이다.

　　나는 목적 없이 산을 쏘다니는 쓸모 없는 산악 회원인 셈이다. 그러나 나는 톱펠과 틴달을 좋아하고 카람과 드 소쉬르를 우러러 본다.
　　소치는 목동들과 같이 난로 가에 앉아 있노라면 톱펠의 매력있는 글귀가 살아나고, 낡은 농가 축사와 바람에 쓰러진 고목을 보고 카람을 생각한다. 빙하 언저리에서 드 소쉬르를 묵상하며, 높은 봉우리와 마주설 때 틴달과 바일레만이 부러워진다. 그래서 나는 멋진 회상거리와 새로운 생각에 가슴 부풀어 돌아온다.

「한 등산가의 회상」이라는 책의 첫머리에 나오는 에밀 쟈벨의 글이다. 등산이 알피니즘이라는 이름으로 서구에서 시작해서 그런지 등산의 커다란 발자취는 주로 그들의 것이며, 그들에게는 산에 관한 불후의 명작이 많다. 이른바 산악의 고전, 산악의 명저들이다.

「한 등산가의 회상」도 그런 고전 속의 하나며 그런 명저를 남긴 '에밀 쟈벨'도 서구 알피니즘 개척기를 산 알피니스트 가운데 한 사람이다.

오늘날 젊은 세대는 이들 개척자들이 남겨 놓은 풍부한 지식과 기술과 우수한 장비 등에 힘입어 멋지고 화려한 산행을 즐길 수 있게 되었다. 모던 알피니즘이니 슈퍼 알피니즘이니 하는 것은 모두 그들한테서 이어져 왔다.

물론 산에는 자유가 있고 자기 좋은 대로 산행을 하게 되어있다. 그리고 그게 마땅하다. 그러나 이렇게 다니노라면 차차 산에 대한 생각이 달라지고 산을 오르는 형식이 바뀐다. 그리고 끝내는 등산과 인생의 문제를 조용히 생각하게 되는 것을 종종 체험한다. 그리고 어느덧 윔퍼와 머메리, 불과 힐러리의 이름을 외우게 되고, 하러, 카신, 보나티니 하는 무서운 대암벽과 싸운 영웅들이 남긴 주옥같은 글들과도 만나는 날이 온다. 그때서야 나는 진정 산을 아는가, 나는 등산가라고 해도 좋은가 하는 생각이 떠오른다.

그런데 에밀 쟈벨은 이와같은 빛나는 대열에는 끼지 않았다. 쟈벨에게도 역사에 남는 초등이며 기록할 만한 산행이 없지 않았다. 그러나 프랑스 태생으로 스위스 알프스에서 일생을 마친 에밀 쟈벨은 이런 것으로 평가할 일이 아니다.

「한 등산가의 회상」에 나타났 듯이 에밀 쟈벨을 등산가이면서 이른바 등산계 거인들과 달리 문인이자 철학자며 예술가였다. 오랜 알피니즘 역사 속에 그와 같은 등산가를 나는 별로 모른다. 대학에서 프랑스 문학을 가르치고 있는 일본의 한 등산가는 어려서 쟈벨의 책을 읽고 훗날 스스로 그 글을 옮겼으며, 끝내 쟈벨이 갔던 길을 따라 그대로 알프스를 더듬었다.

현대 문명이라는 소란과 오염 속에 대자연이라는 성지를 빼앗기고 허탈감에 잠긴 채 살고 있는 우리 산악인들에게 에밀 쟈벨이야말로 알프스의 숭고함과 정일함을 그대로 안겨주리라.

「한 등산가의 회상」은 그런 책이다.

아문센과 스코트

　1910년 10월 남극으로 가는 배가 세 척 있었다. 로버트 스코트가 이끄는 영국 탐험대의 테라 노바 호(764t)와 로아르 아문센이 이끄는 노르웨이 탐험대의 흐람 호(402t) 그리고 시라세 중위의 일본 탐험선 카이난마루(204t)였다.
　이 가운데 영국과 노르웨이 탐험대는 처음부터 남위 90도의 남극점에 가려는 뜻을 가지고 끝내는 서로 경쟁하는 소용돌이에 빠져들었다. 그러나 일본의 경우는 그 규모나 배경으로 보아 극점이라는 목표가 섰던 것으로 보이지는 않았다.
　그런데 이 남극점 선착 경쟁에서 노르웨이의 아문센은 1911년 12월 14일 먼저 극점에 도달했고, 약 한 달 뒤인 1912년 1월 17일 영국의 스코트가 갔다. 남극점에는 노르웨이 탐험대의 천막이 홀로 서 있었고, 그 안에 아문센이 뒤에 올 스코트를 위해 남긴 편지와 자기 나라 왕 앞으로 쓴 서신이 있었다. 결국 스코트는 뜻밖에 노르웨이 왕에게 갈 편지를 전달하여 아문센이 남극점에 먼저 도달한 것을 증명하는 입장에 놓이게 됐다. 그야말로 운명의 장난이라고 할 수밖에 없었다.
　영국 탐험대의 비극은 여기서부터 시작했다. 천신 만고 악전 고투 끝에 남극점을 밟은 스코트 일행 다섯 명은 아문센에게 앞을 뺏기고 극도의 실의와 절망 속에 돌아오다가 날로 더해가는 추위와 기아와 피로로 싸운 보람도 없이 하나 하나 쓰러졌다. 그것도 1톤의 식량을 저장해둔 지점을 불과 18킬로미터 남겨놓고 쓰러진 것이다.
　스코트 일행의 참담한 최후의 현장은 그로부터 1년 뒤에 수색 활동으로 발견됐으나, 영국에서는 남극점에 먼저 간 노르웨이 탐험대에 대해 맹렬한 비난의 소리가 일어났다. 즉 북극점으로 간다고하던 아문센이 극비리에 남극으로 방향을 바꾸었다는 것은 비겁하다는 이야기었다.

　이와같은 영국의 견해와 여론에는 전혀 근거가 없지 않았다. 아문센이 처음부터 남극점을 노린 것은 아니었으니까. 사실 아문센이 그의 방향을 이렇게 남극으로 급선회 하기까지 그는 오로지 북극에 대한 생각만 하고 있었다. 그런데 1909년에 미국의 피어리가 북극점에 도달했다는 소식을 듣자 아문센은 조용히 자기의 목표를 남극으로 돌리고 그 준비를 극비리에 추진했다.

　그러나 문제는 아문센이 남극 탐험 문제를 어떻게 검토하고 그 계획을 어떻게 수립했으며 또한 추진 과정에서 어떻게 활동을 전개했는가, 그리고 스코트의 경우는 그 모든 일들이 어떻게 벌어졌는가에 있다. 남극행은 결국 거의 같은 계절에 두 갈래로 벌어져 마치 서로 경쟁한 듯이 보이나 실은 서로 남을 방해한 일이 없었고, 루트가 떨어져 있어서 도중에 만나지도 않았으며 상대방의 활동 양상도 서로 몰랐다. 이를테면 두 탐험대는 처음부터 각자 자유로운 의사와 결정으로 행동한 셈이다. 날이 가면서 이러한 사실이 알려지자 영국의 비난과 오해도 자연 풀리고 말았다.

　아문센과 스코트가 우연히 같이 벌리게 된 남극 대륙에서의 탐험 과정을 보면 아문센은 처음부터 끝까지 성공의 길이 열려 있었고 스코트는 실패의 길을 갔다고 해도 지나칠 것이 없다.

　물론 영국이 비난했던 대로 아문센이 나서지 않았더라면 스코트가 남극점에 처음 도달하는 기록을 역사에 남겼을 것이다. 그러나 스코트가 그 탐험 전술을 쓰는 한 남극점 행진 과정이 아무런 고난과 희생 없이 순조로왔으리라고 믿어지지 않는다. 이것은 오로지 스코트 탐험대의 사전 계획부터 문제가 있었고 그로 인해 남극에서 행동하는 데 도리킬 수 없는 지장을 초래했기 때문이다. 그런데 스코트에 비하면 아문센의 계획과 그 추진은 처음부터 빈틈 없었으며 완벽에 가까웠다.

 탐험이나 원정에 준비가 어떤 의미와 비중을 가지는가 새삼 논할 문제가 아니다. 이 점에서 세기적 탐험대의 대장이었던 아문센과 스코트 두 사람의 말이 모두 천금의 무게를 지니고 있다——그들의 탐험의 결과와 관계 없이.

 아문센은 단호하게 말한다——"완전한 준비가 있는 곳에 언제나 승리가 있다. 사람들은 이것을 '행운'이라고 한다. 준비가 불충분한 곳에 반드시 실패가 있다. 이것이 '불운'이라는 것이다." 이 말을 뒷받침이라도 하듯 아문센은 1909년 9월 오슬로 자택에서 계획을 짤 때 그의 극점행은 1월 25일 기지에 돌아오는 것으로 되어 있었는데, 그는 1912년 바로 그날 기지에 돌아왔다.

 한편 스코트의 말도 단호했다——"준비가 됐으면 탐험의 최악의 부분은 극복된 거나 다름없다"고. 1910년 6월 15일 테라 노바 호가 영국의 항구를 떠났을 때 스코트의 어깨는 비로소 가벼웠으리라. 사실 아문센이나 스코트는 당연한 이야기지만 모두 자기의 필생의 목표 달성을 위해 엄청난 사전 준비를 해왔다.「스코트 남극 탐험대의 비극」을 쓴 가라드의 글을 보면 스코트가 대원을 선발할 때 무려 8천 명의 지원자 가운데서 간부 대원과 과학 대원 그리고 선원을 엄선했으며, 해군 대령인 본인이 발탁한 이들 대원은 모두가 해군의 신분이었다고 한다. 몇몇 과학자를 빼고는……

 영국과 노르웨이 탐험대의 능력의 차이나 문제점은 우선 대장들의 경력과 경험에서 비롯했다고 보아야 할 것이다. 스코트는 30대 초 (1901~1904) 영국 남극 탐험대에 참가해서 남위 82도 16분까지 진출하였고, 그때 그는 썰매 운영의 어려움을 알았다. 그래서 그는 누구보다도 당시 남극에 접근하는 길과 그 문제점을 알고 있었던 셈이다. 그의 두 번째자 마지막인 탐험 때 세운 계획에 들어있는 루트 선정부터 식량 장비 수송 수단과 탐험대 운영상의 세부 사항은 그때까지의 본인의 연구와 체험을 바탕으로 하였음은 물론이다. 그런 뜻에서 스코트는 전력을 다했고 남극점을 향한 행진에는 나름대로 자신이 있었으리라.

한편 아문센은 어려서부터 장차 탐험가가 될 것을 결심하고 이에 필요한 길을 택했다. 20대에 대학을 중퇴하고 관계 문헌을 섭렵하며 항해사 자격을 얻고 북극해를 항해하는 등 극지 여행을 위한 훈련을 쌓았다. 사실 이러한 그의 노력과 체험 과정은 스코트가 따라가지 못할 정도로 다양하고 광범위 했다. 특히 아문센은 1896년 오슬로 서쪽 표고 1,000미터가 넘는 고원을 악천후 속에 스키로 8일간 횡단했으며, 그뒤 벨지움 남극 탐험대에 참가했을 때 배가 얼음에 갇혀 13개월 동안 그 난국을 헤쳐나가며 동료들을 구출하는 데 뛰어난 활약을 했다.

그러나 아문센이 극지 탐험가로서 명성을 얻고 자격을 인정받게 된 것은 그가 30대 초(1903~1906)에 당시 탐험의 최대 과제였던 북서 항로를 개척한 공로 때문이었다. 그것은 유럽에서 북극해를 거쳐 캐나다 북방을 지나 베링 해협을 통과하여 태평양으로 나가는 항로를 확인하는 일이었다.

스코트와 아문센이 탐험의 일선에 서게 된 데는 그보다 앞서 시대적 배경이 있었다. 즉 19세기 말에서 20세기 초에 걸쳐 지리학상의 관심은 북극점과 남극점에 도달하는 데 있었고, 북극점에는 난센, 피어리, 쿡, 아문센 등이 그리고 남극점에는 스코트와 셰클턴 등이 저마다 노력을 기울이고 있었다. 이렇게 볼 때 아문센은 처음부터 남극점을 생각하지 않았던 것이 확실하다.

 사실 그는 1903년 프랭클린이 실패한 북극 항로 통과 성공에 힘입고 북극점에 갈 꿈을 기르고, 난센의 유지를 이어 흐람 호를 빌려 베링 해협에서 북극 해류를 타고 극점에 갈 준비를 하고 있었다.

 그러던 어느날 피어리의 북극점 도달 소식을 듣고 남극으로 방향을 바꿀 결단을 했던 것이다.

 그러니 남극에 대한 아문센의 지식과 연구와 체험은 전무했으며 그 점 스코트와 비교가 안되었다. 그러나 그가 방향 전환을 하고 불과 1년 사이에 남극점에 이르는 루트를 연구한 아문센의 노력과 성과는 대단했다. 그것은 오직 탐험가로서의 선천적 자질을 증명하는 것으로 볼 수밖에 없다.

 바로 그가 택한 루트가 영국의 성역을 건드리지 않았을 뿐만 아니라 스코트의 길보다 100 킬로미터나 짧았고 기상 조건도 좋았다. 이 100 킬로미터의 거리는 훗날 스코트 일행 다섯이 18 킬로 때문에 죽어간 것을 생각할 때 더욱 의미가 크다.

 사실 루트 선정에 있어서는 스코트가 유리했다. 영국의 남극 탐사는 1841년 로스해의 발견 이래 경험이 많았다. 따라서 그 부근의 지리적 해양적 조건을 그들은 여러 차례 검토한 셈이다. 그런데 아문센은 영국이 접근할 수 없다던 '고래만' 일각에 눈을 돌렸다. 결국 두 탐험대의 성패는 그들이 서로 선정한 루트와 설치한 기지의 조건에 따르게 됐다. 그리하여 각자 자기 기지에서 월동 생활을 어떻게 했고 그들의 루트를 어떻게 갔는지에 따라 그들의 운명은 이미 결정됐던 것이다. 그러한 양상은 아문센이 쓴 탐험기 「남극점」과 가라드가 기록한 「세계 최악의 여행」에 잘 나타나 있다.

 아문센은 기지에서 남극점에 이르는 길이 훤히 내다보이는 듯해서 대원들의 사기가 충천했다고 한다. 뿐만 아니라 근처에 해표가 많아 그들은 겨울이 오기 전에 해표를 잡아 그 생육을 60 톤이나 저장했다는 것이다. 그리고 걱정되었던 음산한 기나긴 겨울철을 좋은 날씨 덕분에 쾌적하게 지낼 수가 있었다. 그러나 로스섬에 세운 스코트의 기지는 첫날부터 심한 블리자드가 엄습하고 그러한 악천후는 그들이 활동하는 동안 거의 계속됐다.

스코트와 아문센의 전략상의 차이는 그밖에도 있었는데, 결국 이것이 스코트에게는 치명적 타격을 주었다. 바로 수송 수단이 그것이었다. 스코트는 대원 25 명 외에 조랑말 19 필, 개 30 마리 그리고 동력 썰매 3 대를 가지고 있었다.

스코트는 말이 힘이 좋아 많은 짐을 끌어줄 것으로 생각했다. 그리고 말은 몸집이 커서 고기가 많으니 될수록 멀리 끌고가서 도살하면 사람과 개의 식량으로 큰 보탬이 될 것으로 보았다. 그런데 사태는 그의 예상을 벗어났다. 스코트는 말의 약점을 전혀 생각하지 못했던 것이다. 즉, 털이 없는 말이 추위에 견디지 못하는 점, 몸이 커서 사료가 많이 드는 점 그리고 크레바스에 빠지면 끌어낼 수 없다는 점들이 그것이었다. 또한 연료를 가져간 석유통의 포장상의 문제점과 동력 썰매의 기계로서의 약점 등도 충분히 검토하지 못했던 것이다. 결국 스코트는 다양했던 수송 수단의 도움을 받지 못하여 사람이 짐을 끌었고 석유가 흘러 옷과 식량을 모두 망쳐버렸다.

1911년 1월 18일 에반즈곶에 기지를 건설한 뒤 식량 데포 여행에 나선 스코트 대는 하루 20에서 30 킬로미터의 행진을 시작했지만 그 거리는 날로 줄어들었다. 이때 아문센은 남위 80도에 첫 식량 저장을 끝냈고 3월에는 81도와 82도에 반 톤의 식량과 4분의 3톤의 식량을 각각 저장 완료했다. 그야말로 일사 천리의 전진이었다.

남극은 4월 22일부터 8월 24일까지 해를 보지 못한다. 그래서 아문센은 이 어두운 겨울철이 오기 전에 해표 사냥을 해서 사람의 식량과 개의 먹이를 더욱 확보했다. 그때 준비한 60 톤의 해표 고기는 대원 9 명과 개 110 마리가 겨울 동안 먹고도 남는 양이었다.

결국 남극점을 둘러싼 스코트와 아문센의 싸움은 이러한 각자의 사전 준비와 실지 운영 여하에 달려 있었다. 그런데 아문센이 스코트보다 여러 면에서 앞서 있었던 데는 그런대로 이유가 있었다. 그것은 그가 노르웨이 출신이라는 점이다. 그는 에스키모 개가 어떤 동물인지 알고 그린란드에서 우수한 개 97 마리를 가져왔다. 그런데 이것이 남극에 가는 동안 새끼를 쳐서 116 마리로 불었다. 이것부터가 행운이라면 행운이었다.

그러나 아문센이 수송 수단으로 개를 택한 데는 그의 빈틈 없는 계산이 작용했다. 즉 남극에서 활동하는 동안 날이 갈수록 짐이 준다는 점, 이에 따라 필요한 개의 수도 줄 것이라는 점 등에 착안했다. 이때 개들을 도살해서 그 고기를 사람이 먹고 개에게도 준다는 것이었다. 또한 개는 크레바스에 빠져도 간단히 끌어낼 수가 있고 말보다 다루기도 쉬운 장점을 평가했다. 이렇게 해서 개를 가져간 아문센은 1,300 킬로미터를 오가는 긴 여정에서 한번도 사람이 짐을 끈 일이 없었다.

한편 스코트의 기록을 보면 해표 사냥 이야기가 나오지만 그 수는 보잘 것 없었고 언제나 먹을 것 때문에 고생하는 이야기뿐이다. 아문센의 경우 해표들이 사람을 무서워 하지 않고 가까이 다가 왔으며, 천막을 찾아오는 펭귄을 그자리에서 기름에 튀기는가 하면 개고기가 최고 등급의 쇠고기보다 맛이 월등했다고 했다.

1911년 10월 19일, 아문센은 개 52 마리 썰매 4 대를 가지고 대원

다섯이 극점 도달 행진을 시작하고 마침내 12월 14일 남위 90도에 도달했다. 그리고 그는 그 기록을 더욱 굳히려고 사방 9 킬로 지점까지 대원들이 나가 눈으로 케른을 쌓았다.

그 무렵 즉, 10월 말에서 11월 초에 걸쳐 스코트 대는 동력 썰매가 고장나서 버렸고, 11월 하순에서 12월 초에는 마지막 말 두 필도 죽여야 했다. 이리하여 남극점 행진에서 스코트는 그토록 믿었던 수송 수단을 완전히 잃었다.

20세기 최대의 전기 작가로 이름난 슈테환 츠바이크가 쓴 「남극점을 둘러싼 싸움」에는 아문센의 자신 만만하고 행운에 가득찬 듯한 남극점 행진 이야기가 나오지 않는다. 그는 처절한 운명에 순종하는 불굴의 인간으로 스코트 탐험대의 악전 고투 만을 그렸다.

> 계획은 잘 짜였고 미리부터 갖가지 재난에 대비했다. 그런데 재난은 오고야 말았다. 이틀 여행하고 동력 썰매가 망가졌다. 조랑말도 기대했던 만큼 강하지 못했으나 동물은 기계보다 쓸모가 있었다. 도중에 뻗으면 죽여서 개의 먹이로 할 수가 있었으니까……

1911년 11월 1일, 스코트 탐험대는 여러 그룹으로 나뉘어 떠났다. 즉 30 명이 20 명이 되고 10 명이 나중에는 5 명으로 줄어 생명 없는 원시 세계의 흰 광야를 헤맸다.

그런데 걱정이 생겼다. 악천후가 계속 되면서 40 킬로미터를 예정했던 것이 30 킬로밖에 가지 못했다…… 게다가 대원들의 건강 상태가 나빠졌다. 설맹이 생기고 손과 발에 동상을 입었다. 제대로 먹지 못한 조랑말들이 점점 힘을 잃자 비아드모아 빙하 앞에서 끝내 뻗었다. 그들은 여기를 '도살장'이라고 불렀다.

스코트 대는 12월 30일, 87도 선에 도달했다. 지난날 셰클턴이 도달했던 역사적인 지점에 이른 것이다. 여기서 탐험대는 다섯 명의 특공대를 뽑고 극점으로 향했다. 그리하여 1912년 1월 17일 남극점에 도달했다.

영국 남극 탐험대의 스코트 일행 다섯 명의 비극은 그 뒤에 일어났다. 지금까지 1,480 킬로미터의 눈과 얼음과 블리자드의 세계에서 겪은 그들의 간난 신고는 아무리 상상을 초월한 것이었더라도 미지의 세계 탐험에 나서는 자들이 당연히 겪는 어려움이며 그 자체가 비극 일 수는 없다.

스코트 일행은 남극점을 뒤로 북쪽으로 방향을 돌렸다. 앞으로 그들은 다시 1,480 킬로를 돌아가야 했다. 이제 그들에게 문제 되는 것은 걸어야 할 거리보다는 그들에게 남은 기력이었다. 특히 에반즈와 오츠는 더이상 추위와 싸울 기력이 없었다. 만일 그들이 남극점에 먼저 도달했더라면 사정은 달랐을지 모른다. 그러나 이 경쟁에 진 그들의 사기는 말이 아니었다. 이제 그들은 죽지 못해 돌아가는 심정이었으리라.

그러나 다섯 명의 특공대는 날로 심해가는 추위와 기아와 피로 속에서도 암석 표본을 채집하고 지질을 조사하는 것을 잊지 않았다. 한 대원은 일기에 '밤새 축축한 침낭 속에서 젖은 옷을 입은 채 자는 둥 마는 둥 했고, 낮에는 얼음 갑옷을 걸치고 썰매를 끌었다'고 적었다.

남극점을 떠나고 처음에는 하루 30 킬로미터를 갔으나 호전할 줄 모르는 악천후로 그들의 행진은 처지기 시작했다. 그러자 연료가 떨어지고 식량이 줄어들었다. 이것은 바로 죽음과 직결되는 일이었다. 그러니 코코아 한 잔과 비스켓 한 조각으로 무슨 힘이 생기겠는가?

대원들의 심정은 말이 아니었으나 불평 한 마디 하는 사람이 없었다. 그런데 2월 17일 에반스가 쓰러졌다. 그가 특히 약했던 것은 아니다. 몸이 남달리 크고 살이 많아 언제나 누구보다 힘을 쓰던 그였다. 동상도 동상이지만 그의 몸에 필요한 에너지 공급이 없었으니 그의 죽음은 더욱 비참했다. 그러자 3월 8일에는 오츠가 블리자드 속으로 사라졌다. 그는 동료에게 폐가 될 것을 염려했던 것이다. 오츠는 그러한 인품의 해군 장교였다.

이렇게 해서 이 판국에 두 동료를 잃은 대장 스코트의 심정은 비통이라는 말 가지고는 표현할 수가 없었으리라.

3월 21일 데포 18킬로미터 앞에 왔다. 바람이 강해서 종일 꼼짝 못 했다. 대원 둘이 데포까지 연료를 가지러 가려고 했으나 결국 떠나지 못했다. 그리고 며칠이 지났다. 이제 연료는 완전히 바닥나고 먹을 것도 없었다. 마지막 순간이 다가왔다. 29일이 됐다. 죽는 한이 있어도 데포까지 가야겠다고 했지만 바람이 용납하지 않았다. 그리고 우리 몸은 시시 각각으로 쇠약해갔다.

대장 스코트는 이렇게 마지막 일기를 적었다. 그리고 일기 끝을 아래와 같이 맺었다.

'신이여, 우리 가족을 돌보아 주소서. R. 스코트'

머메리와 「알프스 · 카프카즈 등반기」

알프레드 머메리. 그의 이름을 아는 사람이 그리고 그에게 친밀감을 느끼는 등산가가 오늘날 얼마나 있을까?

머메리는 우리가 살아온 금세기를 보지 못하고 갔지만, 그 금세기가 머지 않아 막을 내리려는 지금, 정확히 말해서 그가 간 지 꼭 100년이 되는 오늘날에도 그가 우리와 동시대의 사람처럼 느껴지는 까닭은 무엇일까?

머메리는 생전에 오직 한 권의 책을 남겼다. 「알프스 · 카프카즈 등반기」가 그것인데, 이 책으로 그는 지금도 살아있고 이 책을 통해서 우리는 그와 함께 산행을 하고 있다. 그의 생애는 결코 긴 것이 아니었고, 따라서 등산가로서의 그의 산력도 오늘날의 기준으로 본다면 그렇게 화려하지는 않다. 그러나 시간적으로나 공간적으로나 극히 제한되었던 19세기라는 시대를 배경으로 그가 알프스에서 멀리 카프카즈와 히말라야로 무대를 옮겨가며 높이와 어려움과 미지의 세계를 추구해 나간 그의 정신과 행동에 우리는 그저 놀랄 따름이다.

그런데 고도와 고난을 끝까지 갈망하고 추구하는 것이 개척적이고 모험적인 등산가의 숙명인지는 몰라도 그는 1895년 표고 8,125미터의 낭가 파르바트에서 끝내 돌아오지 않았다. 그의 영원한 안식처가 된 낭가 파르바트는 당시로서는 인간이 처음 접근하고 도전했던 히말라야 8,000미터 고봉이었고, 오늘날 그 누구도 겪어본 일이 없는 무서운 신비의 세계였다.

이러한 머메리의 알피니즘은 결코 우연한 것이 아니었다. 그의 정신과 행동은 알프스의 4,000미터급 고산들이 모두 답파되었던 이른바 알프스 등반의 황금시대가 지나자 그가 새로운 등로의 개척을 주장하면서부터 싹트기 시작했다. 1880년대의 일이다.

개척자가 '이단'시 되는 것은 그가 으레 가는 길이기도 하지만,

머메리 역시 당시의 등산계에 그대로 받아들여지지 않았다. 그러나 이러한 그의 신등정주의는 곧 알피니즘의 대표적 사조가 됐고, 마침내 "머메리즘"이라는 이름으로 세계 등산계에 확고 부동한 기초를 다지고 오늘에까지 이르렀다. 그가 주창한 신등정주의의 근간은 한 마디로 "의지가 있는 곳에 길이 있다"는 것이었다.

머메리는 이런 정신에서 출발하여 미답봉이 자취를 감추고 더 오를 데가 없게 된 알프스에서 아무도 눈을 돌리지 않고 접근하기를 꺼리던 험준한 벽에 홀로 도전했다. 그리하여 그는 하늘을 찌르는 듯 솟은 샤모니 침봉군을 응시하고 그 가운데 샤르모, 그레퐁, 그리고 당 뒤 루깽 등을 모두 초등하는 기록을 남겼다. 이른바 보조 수단을 이용한 인공 등반을 모를 때의 이야기다. 1882년 표고 4,010미터의 에귀 뒤 제앙 북봉을 셀라·마키냐 형제가 사다리와 쇠말뚝같은 것을 가지고 비로소 초등했는데, 그때 그들은 정상 부근에서 "보통 방법으로는 절대로 오르지 못 한다"는 글귀가 적힌 종이 쪽지를 발견했다. 그것은 바로 2년전 머메리가 여기를 맨손으로 시등했을 때 남긴 것이었다.

머메리는 마터혼에 일곱 번이나 올랐지만, 네 주릉으로 된 마터혼 등로 가운데 가장 어렵다는 츠무트 능선은 1879년에 그가 초등한 곳이다. 그토록 그는 등반 능력이 뛰어났었다. 머메리가 오늘날 살아있다면 자유등반가로 그가 어떤 활동을 벌였을까 궁금하다.

머메리는 1888년 그의 오랜 꿈이었던 카프카즈까지 발을 뻗고 그 산군의 최고봉급인 표고 5,198미터의 디흐 타우를 등정했다. 요즘 같으면 별것 아닌 산행이겠지만 당시로서는 감히 생각하기도 어려운 행차였다. 이때의 산행 기록은 그의 카프카즈 등반기에 잘 나와있는데 오늘의 등산가들이 체험하지 못한 19세기의 원정 모습이 돋보여

귀중하고 이색적인 감회를 안겨준다.
 머메리는 왜 카프카즈로 갔을까?
그는 디흐 타우 등반기 첫머리에 아래와 같이 적고 있다.

 대체로 충실한 알피니스트는 무조건 가정적인 인간으로 좀처럼 고향인 알프스를 떠나는 일이 없다고 하지만, 나는 때때로 마음에 불안을 느껴 멀리 가지 않을 수 없었다. 이러한 마음의 불안에 쫓겨 나는 1888년 7월 초 베징기 빙하 오른쪽 둑에 천막을 치게 됐다.

 이렇게 해서 머메리는 알프스보다 높은 전인 미답의 카프카즈 산군을 체험하고 돌아와 다시 샤모니 침봉군에서 새로운 루트를 열어 나갔다. 그러나 전위적 등산가로서 그의 마음은 여전히 고도와 험로와 미지의 세계를 쫓았다. 그리하여 그는 기회를 노리다가 1890년에 다시금 카프카즈를 찾았지만 이번에는 별다른 성과를 얻지 못하고 돌아왔다.
 알프레드 머메리는 1855년에 태어나 1895년에 갔으니 그 생애는 짧은 편이었으나 그 짧은 기간에 비해 세계 등산계에 남긴 그의 자취는 크기만하다. 그의 「알프스・카프카즈 등반기」는 윔퍼의 「알프스 등반기」와는 24년이라는 시간적 간격을 두고 있지만, 이 두 권의 책은 공히 19세기의 가장 중요한 산악 문헌이며 오늘에 이르기까지 그 명성이 조금도 퇴색되지 않고 있는 고전이다.
 200여 년에 걸친 세계 등산 역사의 흐름 속에 우뚝 솟은 거인이 결코 적지는 않다. 그런데도 유난히 우리가 머메리를 잊지 못하는 것은 그의 현대적 의미가 유난히 크기 때문이리라. 그는 그의 등산론을 이렇게 시작하고 있다.

저명한 등산가는 그의 판단이 으례 큰 비중을 지니고 있지만, 그들이 생각할 때 알피니즘의 위험은 더이상 존재하지 않는다고 잘라 말하고 있다. 그것은 기술과 지식 그리고 수많은 등산 교본들이 그 위험을 이미 모두 없애주었기 때문이다.

머메리의 이러한 말을 오늘날의 알피니스트들은 어떻게 받아들여야 할 것인가 한번 생각해 볼 일이다. 또한 당 뒤 제앙 정상 바로 밑에서 발견된 종이 쪽지에 "Absolutely inaccessible by fair means"(보통 방법으로는 절대로 오르지 못한다)라는 그의 글이 그가 간 지 반 세기 또는 100년 가까운 세월이 지난 뒤에까지 이어져 헤르만 불과 라인홀트 메스너가 각기 끝내 추구한 것을 생각할 때 알프레드 머메리의 현대적 의미를 더욱 평가하지 않을 수가 없다. 이는 머메리야말로 시간과 공간을 벗어난 등산가 가운데 등산가라는 증거다.

「8,000미터 위와 아래」에 대하여

　많은 등산가와 탐험가들 가운데 기억에 남는 사람이 적지 않다. 그들의 행적이, 그들의 인간성이 내 마음을 흔들어 놓았다. 물론 그들이 남긴 등반기나 탐험기가 나를 그렇게 만들었다는 이야기다.
　인간의 행적이나 사상은 대체로 그의 생애가 파란 만장 했을 때, 그리고 끝내는 그가 그 거치른 파도 속에 침몰하고 그것도 아까운 나이에 그렇게 갔을 때 그의 책이 더욱 우리 가슴을 뒤흔든다. 그래서 그를 잊지 못한다.
　지금까지 가까이 한 이러한 등산가나 탐험가로서 헤르만 불과 로아르 아문센이, 그리고 그들이 남긴 「8,000미터 위와 아래」와 「남극점」이 있다. 나 자신 한때 에베레스트에 도전하고 이어서 북극을 탐험했던 남다른 체험이 있어서 그런지 특히 이 두 사람의 등반기와 탐험기에 나는 전례 없이 빠져들었다. 그들이 묘사한 세계 속에 나타난 행동과 정경은 그대로 내 것이나 다름 없었다. 물론 엄밀히 따지면 비교도 되지 않겠지만, 적어도 나는 그들이 직면하고 고민하며 헤쳐나간 세계가 어떤 것인지 이해하기 어렵지 않았다.
　헤르만 불의 「8,000미터 위와 아래」를 읽으며 나는 위대한 등산가의 탄생의 과정을 똑똑히 그리고 충분히 추적하게 됐다. 「8,000미터 위와 아래」의 그 기나긴 전편은 압축된 생을 산 불이라는 등산가의 자서전으로, 단순히 한 어린아이가 태어나서 성인이 되는 평면적인 성장과정이 아니라, 처음부터 끝까지 생의 순간 순간을 정열적으로 진지하게 자기 목표를 추구하며 충족된 인생을 살아가는 아주 드물게 보는 한 인간의 생의 기록이다.
　시대는 다르지만, 등산이 무엇이며 등산가란 어떤 인간을 말하는가 새삼 생각하게 하는 책으로 나는 헤르만 불의 등반기가 내 책상머리에 있는 것을 얼마나 다행스럽게 여기는지 모른다.

「8,000미터 위와 아래」는 표제 그대로 낭가 파르바트 등정 문제를 놓고 고소 캠프 위와 아래 베이스캠프에서 벌어진 원정대 내부의 우여곡절과 무자비한 대자연 한가운데 던져진 채 생과 사의 갈림길에서 불이 악전 고투하는 모습을 그린 것을 핵심으로 하고 있다.

헤르만 불이 낭가 파르바트를 오르고 그뒤 초골리자에서 거대한 눈처마의 붕괴로 희생된 지 반 세기가 가깝다. 히말라야의 고봉들이 오를 데가 없게 되고 험로라는 험로가 거의 답파된 오늘날, 특히 낭가 파르바트의 단독행까지 이루어진 지도 오랜 지금 헤르만 불의 「8,000미터 위와 아래」에 나타난 세계는 퇴색할 대로 퇴색한 시대적 유물로 여기기 쉽다. 그러나 만일 그렇게 보는 사람이 있다면 그것이야말로 천박하고 경솔하기 이를 데 없는 편협한 단견이며 몰상식이 아닐 수 없다.

등반기나 탐험기의 올바른 이해를 위해서는 독자의 감정 이입이 따라야 한다. 그리고 이러한 감정 이입은 시대적 배경에 대한 이해와 자기의 체험이 전제가 돼야 한다고 본다.

나는 헤르만 불의 등산 수업 시대를 읽어나가며 그로부터 반세기가 훨씬 지난 오늘날 우리 등산가들 사이에 현대 등산의 메카 알프스의 눈과 얼음과 바위의 세계를 체험한 사람이 거의 없다시피한 사실을 생각하고 그와 우리 사이에 가로 놓인 단절과 공백을 실감했다. 오늘날 우리 주위에서 수많은 사람이 히말라야 고산 지대를 오가고 있으면서도 우리는 여전히 헤르만 불이 겪은 세계를 넘지 못하고 있다는 이야기다.

나는 불의 낭가 파르바트 원정 과정을 추적하면서 그가 놓였던 처지와 직면했던 상황이 너무나 생생하게 내 앞에 재연되는 느낌을 받았다. 그가 현지의 고소 포터들과 짧은 원정 기간에 맺었던 인간 관계를 그린 대목에서 지난 1977년 에베레스트 원정 때 우리가 부딪히고 느꼈던 일들을 낱낱이 상기하며 눈물 짓기도 했다.

불의「8,000미터 위와 아래」에서는 그중에서도 특히 고소 캠프 '……위와'에서 벌어진 세 산사나이들의 우정어린 이야기가 돋보인다. 원정의 세계, 고산 지대에서는 리더쉽과 파트너쉽이 중요시 되며 이것이 원정의 성패를 좌우한다고까지 한다. 그러나 여기 그려진 우정의 세계는 그런 상호 연관성이나 이해 타산은 자취를 감추고 오직 생사의 갈림길에서 펼쳐진 상상하기 어려운 인간애의 세계다.

낭가 파르바트는 히말라야 8,000미터 봉 가운데 결코 높지 않은 산이다. 그러나 그 이름은 어느 고봉보다 먼저 세계 등산계에 알려졌고 도전을 받았으며 가장 많은 희생자를 요구했다. 헤르만 불의「8,000미터 위와 아래」가 수 많은 등반기 가운데 기념탑처럼 우뚝 선 데는 그때까지의 낭가 파르바트 도전의 역사가 그 초석을 이루고 있다. 다시 말해서 1895년 A. F. 머메리가 인간으로 처음 8,000미터급인 여기에 도전하고 돌아오지 못했으며, 그뒤 1932년 독일·오지리 원정대가 두 번째로 도전하기까지 아무도 낭가 파르바트를 찾은 자가 없었다는 사실과, 이어서 1934년과 37년에 역시 독일·오지리 원정대가 도전하여 각각 9 명과 16 명의 희생자를 냈던 대참사를 비롯하여, 그 뒤에도 다섯 차례나 그들에 의해 도전이 이어졌다는 낭가 파르바트의 숙명적인 역사가 그것이다.

20세기 전반 50 년 사이에 세계 등산계에는 커다란 두 가지의 과제가 있었다. 그 하나는 알프스 3대 북벽에 대한 도전이고 다른 하나는 히말라야 8,000미터 급을 대상으로 한 싸움이었다. 그리고 특히 그 초점이 1921년에 시작한 영국 원정대의 에베레스트 도전과 1932년의 독일·오지리 원정대의 낭가 파르바트 도전이었다. 그런데 에베레스트와 낭가 파르바트는 그로부터 각각 32년과 23년 동안의 집요한 싸움이 이어진 뒤 1953년 거의 같은 시기에 모두 초등이 성취됐다. 그리고 그 한쪽 주인공이 헤르만 불이며 그의 처절했던 싸움의 기록이 「8,000미터 위와 아래」인 것은 두말 할 것도 없다.

나는 이 책에서 새로운 사실을 알게 됐다. 지금까지 라인홀트 메스너가 만들어낸 것으로 알았던 'by fair means'라는 등산 정신과 형식이 헤르만 불이 여기서 선언하고 있다는 사실을 발견하고 놀랐다. 불은 1895년에 낭가 파르바트의 역사라는 피라미드의 기초를 놓은 A. F. 머메리에게 제일 먼저 자기가 이룩한 초등을 보고하는 형식으로 아래와 같이 말하고 있다.

나는 근대적 기술에 의한 보조 수단을 쓰지 않고 당신의 말을 따라 'by fair means' 즉 순수한 수단으로, 자기의 힘으로 낭가 파르바트에 올랐습니다.

라인홀트 메스너는 1978년 에베레스트를 산소 기구를 쓰지 않고 오르고, 석 달 뒤 낭가 파르바트를 혼자 오르내리는 등반 역사상 처음 있는 일을 해냈다. 그리고 나서 그는 그의 단독 등반기 「알라인 강 낭가 파르바트」에서 단독행이란 혼자 베이스캠프를 떠나 정상에 올랐다가 다시 베이스캠프로 돌아오는 것을 말하며 헤르만 불처럼 고소 캠프부터 혼자 올라가는 것은 단독행이 아니라고 했다.

이러한 메스너의 단독행의 개념 풀이는 옳다. 그러나 히말라야의 8,000미터 급에 대한 도전이 처음 시작했을 옛날 헤르만 불이 해낸 그 장거를, 그로부터 수십 년이 지나면서 등산의 기술과 장비와 정보가 엄청나게 전진한 자기 시대에 와서 그렇게 형식 논리만으로 평하기는 어렵다.
 헤르만 불의 단독행은 라인홀트 메스너의 단독행과 다르다. 그때까지의 처절했던 낭가 파르바트의 역사를 떠나서 그 의의와 가치를 따질 수는 없다.

라인홀트 메스너의 세계

1986년 가을 우리나라에서는 2년 뒤에 있을 세계 올림픽 대회의 리허설 격으로 아시안 게임이 열렸고, 한쪽에서는 한국의 젊은이들이 세계에서 두 번째로 높은 히말라야의 K2에 도전하고 있었다.

이 K2 원정은 국내에서는 아시안 게임의 열기에 밀려 아는 사람이 거의 없다시피 했는데 그것이 세계 등산계에 던진 파문은 크기만 했다. 당시 K2에는 역사에 없는 많은 원정대가 모여들어 싸움을 벌였고 그 가운데 13 명이 죽는 대참사를 빚었다.

이러한 처절한 싸움터에서 한국의 젊은이들은 아무런 사고 없이 셋이나 표고 8,611미터의 정상에 섰으며 당시의 우리 고소 캠프는 각국 원정대의 전략적 요충지 역할까지 했다.

그런데 이렇듯 세계 등산계의 이목이 K2에 쏠리고 있을 때 K2에서 멀리 떨어진 히말라야의 고산지대에서 그야말로 역사적으로 기록될 사건이 조용히 일고 있었다. 그것은 라인홀트 메스너의 로체 도전이었다.

'로체'는 표고로 치나 그 난이도로 보아 그다지 두드러진 존재는 아니지만 라인홀트 메스너에게는 그리고 세계 등산계로서는 이때의 로체와 메스너의 콤비네이션이 절대적인 의미를 지니고 있었다. 그것은 이 도전이 성공하는 날 세계 등산의 역사에 한 사람이 히말라야 8,000미터급 14봉을 완등하는 첫 기록을 남기게 되기 때문이었다. 그리고 그 놀라운 사건이 1986년 10월 16일에 드디어 벌어졌다.

이해 가을철에 있었던 일들, 즉 서울에서 열린 아시안 게임과 우리 젊은이들의 K2 도전, 그리고 메스너의 로체 등정을 한 자리에 놓고 볼 때, 이 일련의 움직임에서 우리는 한 민족의 집결된 에너지와 소수 엘리트의 정열의 분출 그리고 한 사나이의 전 생애를 건 싸움이라는 도식을 그리게 된다.

그런데 그 형식과 내용을 묻기 전에 이러한 일들은 왜 일어나며 또 있어야 하는가 그리고 그 가운데 어느 것이 돋보이는가 생각케 한다.

같은 해 같은 시기에 벌어졌던 위의 세 가지 일들은 물론 그 문화적인 가치를 달리하는 것이지만, 굳이 이야기한다면 인류 문화사에 영원히 남는 일은 라인홀트 메스너의 세계 최고봉급 완등이라는 사건이다.

인간이 높은 산에 도전하는 것은 위대한 연구나 발명 등으로 인류 문화에 공헌하는 일과 다르다. 그런 의미에서 메스너의 등산 기록은 많은 학자와 발명가와 탐험가의 업적에 비할 것이 못될런지 모른다.

그러나 과학 기술이 고도로 발전하여 인간이 스스로 개발한 문명의 위력에 눌려 자기 상실의 길로 접어들고 있는 이때 준엄한 대자연 속에서 스스로의 존재를 확인하는 일은 높이에 도전하는 등산이라는 행위다. 그리고 이러한 자기 확인 작업의 길을 스스로 열고 달려간 선두 주자가 라인홀트 메스너였다.

당시 서독의 등산 전문지 「베르그슈타이거」의 12월호는 메스너의 로체 등정을 이렇게 보도했다. "1986년 10월 16일은 등산 역사에서 매우 뜻있는 날이 됐다. 이날 라인홀트 메스너가 표고 8,500미터의 로체 정상에 섰다. 그는 바로 몇 주 전에 산친구 한스 카멀란더와 같이 마칼루에 올랐는데, 이제 로체 등정으로 지구상의 최고봉을 둘러싼 경쟁이 끝났으며, 메스너는 세계에서 제일 높은 8,000미터급 14봉을 모두 오른 첫 번째 사나이가 됐다."

일반에게는 생소하지만 세계 등산계에는 '히말라야 경주'라는 말이 나돌고 있다. 원래 등산에서는 경주하는 일이 없다. 등산도 야외 스포츠의 하나인 것이 사실이지만 일반적인 개념의 스포츠와는 다른 세계를 이루고 있다. 다시 말해서 경기장과 경기 규칙은 물론 심판과 관객이 없는 것이 등산이다. 뿐만 아니라 명예와 보수와 기록을 떠나 생명을 걸고 말없이 혼자 하는 것이 등산이다.

이러한 특징을 가진 등산계에 '히말라야 경주'라는 말이 생긴 것은 라인홀트 메스너가 한창 히말라야 고산 지대를 독주하던 때였다. 그가 표고 8,000미터 봉에 처음 도전한 것이 1970년 낭가 파르바트 (8,125m)였으니, 1986년 로체 도전으로 최고봉급 14봉을 완등할 때까지 16년이 걸렸다. 이것은 다른 각도에서 보면 메스너가 거의 해마다 히말라야 고산에 도전했다는 이야기가 된다.

메스너는 웬만한 학자나 문필가 보다도 많은 책을 썼는데 그의 초기 작품에 「모험으로의 출발」이 있다. 그야말로 메스너가 한창 젊은 나이에 주로 알프스에서 시작하여 히말라야의 고산 지대를 이리저리 돌아다니던 이야기지만, 이 글 속에 그가 장차 히말라야 8,000미터 급을 모두 올라 세계 등산계를 제패하겠다는 말이 보이지 않는다.

따라서 메스너 자신은 '히말라야 경주'를 처음부터 생각하지 않았던 것같다. 그러나 등산가로서 히말라야에 눈을 던지지 않는 자가 어디 있겠는가. 그들 가운데 가장 일찍 나타났다가 비운에 간 머메리는 너무 유명하지만, 금세기 중엽 위대한 히말라야 시대를 수놓은 거인들의 수는 일일이 들 수가 없다. 그러나 이들마저도 히말라야 경주와는 처음부터 무관했다.

그런데 가장 히말라야 경주에 알맞는 사나이가 오직 한 사람 있었다. 폴란드 출신의 예지 쿠쿠츠카 그 사람인데, 그는 1979년에 메스너를 바싹 붙어 달리기 시작하고 끝내 9년 뒤에 8,000미터 급을 완등하고 세계 제2인자가 되었다. 그러나 쿠쿠츠카는 그 이듬해 무섭기로 이름난 로체 남벽의 배리에이션 루트를 오르다 자일이 끊어져 비운에 갔다.

여기서 메스너와 쿠쿠츠카 두 거인을 비교하는 일은 조심스럽고 경솔하다고 본다. 그러나 본인들이 의식했든 안했든 그들이 목표로 세우고 달리던 모습은 분명 '히말라야 경주'라는 인상을 주고도 남았다. 물론 이들 외에도 그 뒤를 따르고 있는 등산가들이 없지 않았지만 그들을 보고 경주하고 있다는 사람은 없었다. 그러니 진정한 의미의 '경주'는 이제 끝났고 다시는 없게 됐다.

이제 쿠크츠카는 가고 메스너 혼자 남았지만 사실 쿠쿠츠카는 무서운 존재였다. 메스너가 16년 걸린 것을 그는 9년에 마무리 지으면서도 그 내용과 형식을 보면 메스너와 달랐던 점이 여러 가지로 돋보인다. 그렇다면 메스너에게는 행운의 여신이 붙어다닌다고 할 것인가?

1972년 마나슬루 베이스 캠프에서 적어놓은 그의 산중 일기 속에 이런 글이 있다. '불확실한 것은 반드시 확실하게 해두어야 한다── 할 수 있는지 없는지 알아봐야 한다──나는 무턱대고 덤비는 사나이가 아니며 위험한 루트를 그저 좋아하지 않는다.'

오늘날 메스너는 세계에서 가장 강한 등산가의 자리를 굳히고 있는데 이러한 저명도에 비해 그의 신원을 자세히 아는 사람이 적다. 그는 독일어권에 살고 있으면서 많은 책을 독일어로 썼지만 그의 국적은 이탈리아며 생활권은 오스트리아에 속해 있다.

등산이 '알피니즘'이라는 이름으로 표현되듯이 알프스를 둘러싼 나라들에는 대체로 등산이 활발하며 뛰어난 등산가들이 많다. 1944년 알프스 산록 티롤 지방에서 태어난 메스너가 산에 끌려 알프스를 오르게 된 것은 당연한 이야기리라. 그러나 인생에는 저마다 어떤 계기가 있고 그것으로 인생이 전환하는 수가 많은데 메스너에게도 그런 전환기가 있었다.

 그가 등산계에 돋보이기 시작한 것은 1970년 낭가 파르바트 원정이었지만 이 무렵 그는 이탈리아의 한 대학에서 공학을 공부하고 있었다. 만일 그가 자기 전공을 떠나지 않고 틈틈이 가까운 알프스를 오르내리기만 하였더라면 그도 흔한 현대인으로 살고 있을 것이다. 그런데 그가 대학을 떠난 것은 공부에 소질이 없거나 취미를 잃어서가 아니었다. 그의 뛰어난 등산가 기질이 높이 평가되어 남들이 그를 그대로 두지 않았으며, 한편 자기로서도 몸 안에서 분출하는 모험 의욕을 억제할 수가 없었던 것으로 보인다.

 라인홀트 메스너는 몸매가 작은 편이 아니다. 그렇다고 그다지 크지도 않다. 실은 그토록 무서운 힘이 어디서 나오는지 의심할 정도로 날씬한 몸매의 사나이다. 그러나 메스너에게는 남모르는 정진의 길이 있었다. 그것은 구도자처럼 자기에게 엄했다.

 오늘날 사람들은 메스너를 히말라야 14봉을 처음으로 완등한 일에 눈을 돌리고 그의 생애에서 가장 큰 전기를 잊기 쉽다. 그것은 14봉을 모두 오른 16년 동안의 노력보다는 그 가운데 들어있는 어느 한 해로 압축된다.

 1978년 그는 세계의 최고봉인 에베레스트를 무산소로 오르고 3개월 뒤에 낭가 파르바트를 혼자 올라갔다. 말하자면 한 등산가가 200년의 등산 역사에서 한꺼번에 세 가지 놀라운 성취를 기록했다. 그리하여 반세기 동안 논쟁의 초점이었던 에베레스트 무산소 등정 문제를 그가 처음으로 풀었다.

 개척자의 길은 언제나 외롭고 어렵다. 흔히 '콜럼부스의 달걀'이라고 하지만 그런 일이란 아무나 하는 것은 아니다. 20세기가 막을 내리려는 요즘, 유독 등산의 세계에서도 일찍이 상상하지 못했던 일들이 속출하고 있어 사람들을 놀라게 한다. 지구 위에 오를 곳이 없어진 오늘날 등산가들은 굳이 불가능하다는 일에 달려들었다. 그만큼 갈 데가 없어졌으며 보람있는 일이 줄어 들었다는 이야기리라. 다시 말해서 인간만이 가지고 있는 성취 동기를 만족시킬 길이 과학 기술 문명이 극에 달하면서 좀체로 찾기 어려워진 것이다.

지금 사람들은 일하기 보다 노는 일에 신경을 쓰기 시작했다. 매스 레져 시대가 도래한 것이다. 그런데 진정한 휴식은 참다운 노동 다음에 오는 법이다. 그렇다면 노동의 의미가 상실된 오늘날 휴식의 의미를 어떻게 찾을 것인가?

라인홀트 메스너가 걸어간 길, 그것의 현대적 그리고 문화사적 의미를 찾는다면 그가 선진 문명 사회에서 안주의 길을 찾지 않고 그 누구도 생각하지 못하는 불가능의 세계로 뛰어들었다는 점이다.

그 일로 그에게 명예가 주어진 것은 뒤의 일이며 그는 세계의 이목을 의식하지 않고 독자의 세계를 달렸다.

메스너는 히말라야에서 내려온 뒤 1989년에서 90년에 걸친 3개월 동안 남극 대륙 2,800 킬로미터를 횡단하는 여력을 보여 다시 한번 세상을 놀라게 했지만, 그러한 세기의 철인 메스너도 그린랜드 횡단에서는 고배를 마시고 물러섰다. 마이너스 60도의 혹한 앞에 그도 굴하고 말았다. 그러나 이것을 라인홀트 메스너의 패배라고 누가 말하겠는가. 그는 두려움 없이 자기의 한계까지 가본 것이다.

16년 걸린 드라마

인생을 한 막의 극이라고 말한 사람을 셰익스피어로 기억한다. 인생이 무엇이냐고 물을 때 답할 말이 많겠지만 이 정도로 요약하기도 쉽지 않을 것같다.

연극은 각본에 따라 연출된다. 그러니 사람은 저마다 각본을 쓰고 스스로 자작극을 연출하는 셈이다.

극장에서 상연하는 극은 창작이고 쇼다. 그런데 인생이라는 극은 모두가 논픽션이며 흥행이 아니다. 전자는 일부러 꾸민 놀음이고 무엇보다도 흥미거리여야 하는데, 후자는 언제나 사활의 문제로 이어지고 진지하며 심각하다.

얼마 전에 「나는 살아서 돌아왔다」라는 이름의 책이 나왔다. 셰익스피어의 말에 따르면 인생극의 시나리오인 셈인데, 라인홀트 메스너라는 등산가가 쓴 그의 산행 기록이다. 말을 바꾸면 하나의 등반기와 원정기 같은 것이다.

등산가의 체험을 담은 이러한 책은 일반 독서층에게는 생소하겠지만, 세계 등산계에는 널리 알려진 책들이 적지 않다. 그 가운데서도 에드워드 윔퍼의 「알프스 등반기」나 모리스 에르조그의 「안나푸르나」 또는 죤 헌트의 「에베레스트 등정」이나 헤르만 불의 「8,000미터 위와 아래」 그리고 하인리히 하러의 「흰 거미」 등은 세계 산악 명저 가운데서도 명저요, 고전 가운데 고전으로 꼽힌다.

그 저자들은 한결같이 위대한 등산가였을 뿐만 아니라 모두 뛰어난 문장가였다. 그러니까 그들은 저마다 이처럼 불멸의 등반기를 남길 수가 있었다. 만일 등산의 세계에 그와 같은 사람들이 없었고 그들이 책을 남기지 않았더라면 등산계는 그야말로 삭막했으리라. 만년설에 덮인 알프스의 고산 지대에서 막을 올린 '알피니즘'이라는 이름의 등산이 그후 200 여년의 역사를 기록하며 숱한 고난과 희생이 이어져 오늘에 이르렀으니 여기에 드라마가 없을 수 없고 그 기록이 남지 않을 리가 없다. 등산에 관한 고전이나 명저가 오늘날 많이 있는 까닭이다.

등반기는 높은 산 하나를 오르고 엮어지는 것이 보통이다. 산은 높을수록 오르기 어렵고 시일이 걸리며 많은 돈이 든다. 뿐만 아니라 사람의 활동 능력에는 한계가 있는 법이니 비록 한 권의 등반기라 할지라도 그것이 나오기까지의 과정은 한 등산가의 집약된 생애로 보아도 좋다.

그런데 「나는 살아서 돌아왔다」의 경우는 다르다. 이 책은 등반기로서 그야말로 색다른 존재다. 저자 라인홀트 메스너가 16년 동안 세계 최고봉급 열 넷을 모두 오르고 내놓은 책이니까.

지구 위 5대륙에는 저마다 높은 산들이 있지만 고도 7,000미터가 넘는 산은 오직 중앙 아시아에 몰려있다. 이른바 세계의 지붕이라는 히말라야인데 이 가운데서도 가장 높이 솟은 8,000미터급 열 넷을 가리켜 등산계에서는 히말라야 자이언트라 한다. 여기서 8,848미터의 높이로 군림하는 에베레스트는 우리도 1977년에 고상돈 대원이 올라서 이제 모르는 사람이 없다.

그러나 이 최고봉을 위시한 그 14봉에 대한 도전의 역사를 아는 사람이 몇이나 될까 싶다. 등산은 학교 교육의 대상이 아니고 특히 이러한 고산 등반은 일상 생활권을 떠나 멀리 있기 때문이리라.

히말라야 도전은 모두가 장대한 드라마다. 수직으로는 지구의 끝, 수평으로는 오지 중의 오지…… 만년 빙설에 덮인 고도와 저기압, 혹한과 강풍과 눈사태의 세계에는 언제나 고산병과 동상이 위협하고 도전자는 절망과 고독이라는 한계 상황에 부딪친다.

이러한 히말라야에 사람이 도전한 것은 19세기 말이었다. 그러나

이 최고봉들이 정복되기는 그로부터 반세기가 지나서다. 1950년에서 1964년까지 15 년에 걸쳐 수많은 원정대가 수많은 도전을 벌이면서 비로소 그 비경, 미지의 세계가 열렸다. 이러한 데를 1970년에 라인홀트 메스너가 낭가 파르바트에 새로운 길로 오르면서 16 년 사이에 이 히말라야 자이언트를 완등하는 첫 기록을 세웠다.

그런데 메스너의 이름은 이것으로 알려진 것은 아니다. 일반 독자가 그대로 읽어나가서는 느끼지 못하는 중요한 대목이 이 책의 핵심을 이루고 있는데, 이 일로 메스너는 세상에서 가장 강한 등산가라는 위치를 차지하게 된다.

이 사건은 당시 세계 등산계에 엄청난 흥분을 가져왔으며, 히말라야 등반 50년의 숙제를 그가 한꺼번에 풀었다. 다시 말해서 세계 최고봉을 인공적 산소의 도움 없이 오르고 또다른 8,000미터 급(낭가 파르바트)을 혼자서 오르내렸다는 것이다. 이른바 무산소·연속·단독 등반이란 것이다. 그전까지는 이 하나 하나가 사실상 등반가로서 해내기 어려운 과제로 되어 있었다. 그것을 1978년 한 계절에 한 등산가가 해냈으니 세계가 놀란 것도 당연하다.

라인홀트 메스너는 1944년 생으로 34세 때 히말라야에 도전하여 50이 되던 해 그 싸움을 끝냈다. 그가 어떤 환경에서 자랐고 어떤 동기로 산과 만났는지 이 책에는 자세히 나와 있지 않다. 영국의 로날드 휙스라는 사람이 장장 300면에 달하는 메스너의 평전을 썼으니 그는 하나의 등산가라기보다 20세기에 나타난 새로운 인간형으로 보아도 좋으리라.

메스너는 오스트리아 문화권에 속하는 티롤 지방 출신으로 이탈리아의 공학도였으나 등반가로서의 소질이 돋보여 끝내 낭가 파르바트 원정에 초청된 것이 그의 인생의 갈림길이 되었다. 주어진 운명을 그대로 따라간 것이 아니라 기회를 잡는 결단이 오늘의 그를 가져왔다고 해야 할 것이다.

「나는 살아서 돌아왔다」라는 이 책은 등반기로서는 약하다. 두툼한 14 권이 될 내용을 한 데 몰아넣었으니까. 그러나 이 책의 특색은 장대한 열 네 편의 드라마가 파노라마 보듯이 펼쳐지는 데 있다. 풍부한 자료와 뛰어난 편집이 이러한 파노라마 전개를 가능하게 했다. 저자는 등정 순위로 기록하면서 그때그때 그 산의 등반 약사를 앞세우는가 하면, 자기의 산행의 농축된 극적 순간을 다른 사람으로 증언하게 하는 배려를 잊지 않았다.

「나는 살아서 돌아왔다」는 문집인 동시에 사진첩이기도 하다. 언제나 결정적인 순간을 놓치지 않은 그의 카메라 솜씨 또한 뛰어난 문장력과 더불어 일반 등산가에서는 쉽사리 찾아보기 어렵다.

세기 말 문명의 난숙기를 살고 있는 인간에게 고민거리가 있다면 불투명한 미래에 대한 불안이리라. 진정 우리에게 미래는 없는 것일까? 1970년 낭가 파르바트 첫 원정에서 '지옥'을 체험하고 1978년 다시 갔을 때 '천국'을 발견했다는 라인홀트 메스너의 이 책을 읽을 때 우리는 오늘을 살아가는 자기 모습을 돌아보고 삶에 대한 색다른 의미를 찾으리라 믿는다.

예지 쿠쿠츠카라는 등산가

예지 쿠쿠츠카가 1989년 10월 24일 죽었다. 등산가가 산에서 조난하는 일은 오랜 등산 역사 가운데 결코 드물지 않다. 그런데 쿠쿠츠카의 죽음이 그토록 돋보이고 그를 아는 사람들의 가슴을 아프게 하는 까닭은 무엇일까?

쿠쿠츠카는 무섭기로 이름난 로체 남벽을 오르다가 자일이 끊어지면서 떨어졌다. 이때의 등반이 성공하면 그로서는 세계 최고봉급 고산을 열 일곱 번 오르게 되어 있었다. 그리고 이 기록은 그 유명한 메스너가 16년 동안에 열 여덟 번 오른 데 대해 10년 사이에 이룩하는 셈이 된다.

예지 쿠쿠츠카의 이름이 등산계에 오르기 시작한 것은 1970년대가 끝날 무렵이었지만 그때 그는 히말라야 8,000미터급의 하나인 로체를 산소의 도움 없이 올라서 세상을 놀라게 했다. 오늘날 높은 산을 산소 없이 오르는 일은 그리 대단하게 여기지 않는다. 그러나 그가 이렇게 오른 1979년은 세계 등산계에 오랫 동안 숙제로 남아있던 에베레스트 무산소 등정을 라인홀트 메스너와 페터 하벨러가 극적으로 이룩한 바로 이듬해다. 그러니 쿠쿠츠카의 로체 등정은 메스너에 버금가는 사건이었으며, 새로 나타난 이 등산가에게 남달리 예리한 눈초리를 던진 사람은 다름아닌 메스너 그 사람이었다.

거기에는 그럴 만한 이유가 있었다. 라인홀트 메스너가 1970년에 낭가 파르바트의 미답벽을 오르내리므로써 세계 최고봉급 14 봉에 대한 그의 전산 등정 계획이 실천 단계에 들어갔다면, 쿠쿠츠카에게는 1979년의 로체 등정이 그와 같은 출발점이었으리라.

그런데 메스너가 히말라야의 고봉을 하나 하나 오르고 있었을 때 등산계에는 아직 '히말라야 경주'라는 말이 없었다. 상대가 없는 경주는 있을 수 없기 때문이다. 따라서 메스너는 그때까지 독주를 별로 의식하거나 경계한 것 같지 않다. 물론 히말라야에는 해마다 뛰어난 야심적인 알피니스트들이 모여들었다. 그러나 그 누구도 메스너와 경주하려고 생각하는 것 같지 않았고, 그들의 기록 역시 메스너의 그늘에 치어 제대로 빛을 내지 못했다.

이렇듯 70년대의 히말라야는 라인홀트 메스너의 독무대나 다름 없었다. 그 10년 사이에 메스너는 8,000미터 급을 여섯 번이나 올랐고 1980년에는 에베레스트를 북쪽에서 역시 산소 없이 혼자 올라 세계 최강의 알피니스트로서의 자리를 완전히 굳혔다. 예지 쿠크츠카가 나타난 것은 바로 그 무렵이었다.

등산은 원래 개인의 세계요 개인의 능력의 한계 속에서 이루어지는 세계다. 그렇기는 하지만 등산가는 그가 속해 있는 국가와 사회라는 생활 환경 속에서 비로소 그 힘을 기르고 자기의 능력을 나타낸다. 이것은 알피니즘의 발생과 그 발전 과정을 볼 때 쉽게 알 수 있다. 위대한 등산가란 등산 역사에 큰 자취를 남긴 사람을 말하는데, 그런 인물치고 후진국이나 약소국에 태어나서 그 자리까지 올라선 경우를 보기 힘들다. 비록 개인은 가난하고 뚜렷한 일터가 없었다 하더라도 대개의 경우 그들이 속해 있는 사회는 정신적으로나 물질적으로나 풍요로운 곳이었고 그러한 배경이 그 사람을 길러내는 토양 역할을 했다.

이런 속에서 성장한 등산가가 한 둘이 아니며, 알피니즘 초창기에 활약한 영국의 등산가들은 물론, 후기에 와서 헤르만 불이나 리카르도 카신 같은 인물 모두 그 좋은 예다. 그런데 메스너와 쿠쿠츠카는 너무 대조적이다. 다시 말해서 메스너가 서구의 전통적인 선진 문화권에서 그리고 알피니즘의 메카에서 자랐을 뿐만 아니라 넉넉한 사회의 후원으로 그 전성기를 보냈다면, 쿠쿠츠카는 동유럽 폴란드의 낙후하고 폐쇄적이며 알피니즘과 동떨어진 세계의 등산가였다. 그러한 쿠쿠츠카가 메스너를 9년 뒤에 따라붙고 이른바 '히말라야 경주'를 마쳤다. 이때 메스너는 "당신은 제2인자가 아니다. 당신은 정말 위대하다"고 쿠쿠츠카를 높이 찬양했다.

등산에는 경주가 없다. 남과 이기기를 겨루지 않는 점에서, 홀로 고독한 길을 가는 점에서, 그 성취를 자랑하거나 보상을 바라지 않는 점에서 일반 스포츠와 다르다. 그리고 여기서는 성취보다 과정이 중요하며 그 과정에서 스스로 자기의 존재를 확인한다.

1979년에 나타나서 89년에 그의 생애를 마치기까지 히말라야를 편력한 쿠쿠츠카의 발자취는 그야말로 이채롭다. 메스너가 16년 걸려 18봉을 올랐지만, 쿠쿠츠카는 9년 동안 17봉을 오르고 있었으니 그는 해마다 8,000미터급을 두 봉 가까이 올랐다는 이야기다. 이토록 짧은 기간에 그것을 해낸 등산가는 쿠쿠츠카가 처음이지만, 그는 선진 등산국에서 흔히 보는 국가나 사회의 충분한 재정적 도움도 매스컴을 통한 화려한 성원도 없었으니 등산가로서의 쿠쿠츠카는 하나의 풀기 어려운 수수께끼와도 같다.

히말라야에는 계절이 없다. 표고 8,000미터 고소는 언제나 빙설에 덮여있는 혹한의 세계다. 그래서 히말라야 등반은 오랫 동안 프레몬순과 포스트 몬순이라는 다소 등반 활동에 지장을 덜 줄 것으로 보이는 시기로 제한돼 있다. 그러다가 등산의 기술과 장비가 발달하고 정보가 풍부해지자 80년대에 들어와서 비로소 겨울철에도 등반을 할 수 있게 된다.

그런데 오늘날 세계 최강의 등산가로 알려진 라인홀트 메스너의 빛나는 등반 기록을 살펴보면 어찌된 일인지 계절적으로 그러한 겨울철 활동이 한번도 없었다. 이에 반해 쿠쿠츠카는 그야말로 엄동기에 주로 활동했으며, 그것도 한결같이 남들이 가지 않는 새로운 루트를 뚫고 나아갔다.

뛰어난 등산가들 가운데는 특이한 성격을 가진 인물들이 있다. 그렇다고 엑센트릭 하다는 뜻이 아니고 가혹하리 만큼 자기에게 충실하며 자기의 내면의 세계를 지켜나가는 것이 그들의 특색이다.

쿠쿠츠카는 등반하다가 길이 막히면 동료들에게 전진할 것인가 후퇴할 것인가 으례 묻고는 혼자 전진을 택했다. 그는 산에서 언제나 사정없는 외고집장이었다. 쿠쿠츠카와 같이 가면 결국 쿠쿠츠카 혼자 돌아온다는 소리가 한때 폴란드 등산계에 나돌았다.

그는 오늘날 등산에서 '알파인 스타일'은 존재하지 않는다는 말을 남겼다. 그의 말을 빌면 히말라야에는 어디를 가나 앞서간 사람들의 흔적이 있기 마련이며, 그들이 오르지 못한 곳을 피해서 가기란 어렵다고 했다. 그는 남이 남긴 자일이나 하켄 따위를 이용하지 않아도 그것으로 이미 그 루트는 처녀성을 잃은 것이라 했다.

알피니즘의 세계가 열린 지 200 여 년이 돼는 오늘날 그 최고봉 에베레스트 정상을 하루에 35 명이 오르는 데까지 왔다. 이에 비해 1953년에 인간으로 처음 여기를 밟은 힐라리는 "멀고 모험이 있는 곳이 어디에 남아 있는가?"고 한탄했다.

그러나 그렇다고 알피니즘이 사라진 것은 아니다. 에베레스트에 오르기가 쉬워졌다거나 그 신비성을 잃은 것도 아니다. 자연은 예나 지금이나 다름 없는데 사람이 그것을 모르고 있으며, 그것을 알기에는 사람의 능력에 한계가 있을 따름이다. 세계 등산의 역사에 돋보였던 인물들은 모두가 그러한 인간의 능력을 넘어보려고 애쓴 사람들이었다. 그리고 그 선두에 라인홀트 메스너와 예지 쿠쿠츠카가 우뚝 서있다.

1948년에 태어나서 1989년에 간 쿠쿠츠카의 인생은 "긴 세월을 평범하게 살며 얻는 것보다 더 많은 것을 높은 데서는 한 달 사이에 체험한다"고 한 그의 말 속에 그대로 나타나 있다.

쿠쿠츠카의 죽음에 대해 월터 보나티가 다시는 유레크(쿠쿠츠카의 애칭)의 꿈을 기대할 수 없으며, 그가 어떻게 자기의 꿈을 실현하는지 보지 못하게 됐다고 애도했다.

고독한 세계에서 고독한 싸움을 벌이는 알피니스트에게는 정신적 지주가 필요하다. 이제 예지 쿠쿠츠카는 그러한 정신적 지주의 상징으로 우리 곁에 남았다.

가스똥 레뷔화와 「눈과 바위」

　가스똥 레뷔화는 1921년 프랑스 남단 지중해 해변에 자리잡은 큰 도시 막세이유에서 태어나고 몽블랑과 침봉군이 솟은 샤모니를 제2의 고향으로 삼고 살다가 1985년 빠리에서 죽었다.
　레뷔화는 인간이 처음으로 8,000미터 고산에 오른 1950년 히말라야 안나푸르나 원정에 참가했다. 모리스 에르조그가 이끈 이 역사적 원정에서 레뷔화가 리오넬 테레이와 같이 헤쳐나간 엄청난 시련은 에르조그가 쓴 원정기 「안나푸르나 첫 8,000미터봉 등정」에 그대로 나타나 있다.
　당시 그는 테레이와 더불어 제5 캠프에 올라가 다음에 오를 기회를 기다렸으나 1차 공격조인 대장 에르조그와 라슈날이 등정에 성공한 뒤 손과 발에 심한 동상을 입고 구사 일생으로 돌아왔으니 그들이 빨리 하산 하도록 하지 않을 수가 없었다.
　레뷔화의 인생은 히말라야보다 알프스와 밀착하고 있다. 그가 초기 히말라야 탐험사에 남긴 업적은 결코 작지 않으나 클라이머로서의 그의 생애는 알프스의 만년 빙설 세계에서 더욱 빛난다.
　레뷔화는 행동의 인간으로 많은 초등과 재등을 이룩했다. 그는 이러한 자기의 행위를 소쉬르와 머메리의 개척 정신을 이어나가는 것으로 여겼다. 이러한 그의 행동 궤적은 1,000번이 넘는 어려운 산행과 숱한 초등 기록에 나타나 있다. 특히 그는 알프스의 3대 북벽을 비롯하여 드뤼, 피츠 바딜레, 그로쎄 친네, 그랑드 픽 드 라 메이쥬 등의 거벽을 가이드로 오른 첫 인간이다.
　레뷔화는 언제나 같은 모습으로 우리 뇌리에 박혀 있다. 후리후리한 키, 길쭉한 얼굴에 숱이 많은 검은 머리, 유난히 돋보이는 턱, 언제나 걸치고 있는 흑백 줄무늬 스웨터와 흰 스타킹 그리고 묵직한 검은 등산화…… 이러한 외모로 로프를 사려 든 채 픽 드 록(Pic

de Roc)의 쟝다름에 우뚝 선 그는, 기도 레이 말대로 '알피니스트 아크로바티코'의 세계에 군림한 왕자답다.

레뷔화가 당대에 뛰어난 클라이머가 된 데는 그럴 만한 까닭이 있었다. 그는 어려서부터 남다른 굳은 의지와 불타는 정열이 있었다. 그는 "살려면 커다란 희망을 품어야 한다. 15세 때 나는 지금처럼 키가 컸지만 몸이 비쭉 마르고 약했다. 철봉에 매달려 턱걸이 한번 제대로 못할 정도였다. 그러면서도 나는 알피니스트가 되고 싶었고, 특히 가이드가 돼야겠다는 생각에 견딜 수가 없었다"고 말한다.

그는 1954년에 「별과 눈보라」를 내놓았는데, 이 첫 작품은 당시 좌절과 실망에서 벗어나려는 전후의 젊은 세대에게 커다란 용기를 불어넣었다. 그는 이 책을 통하여 준엄한 알프스의 대자연과 싸운 자기의 생생한 체험을 알렸다. 그러나 여기서 그는 산사나이의 힘과 재주를 과시하는 데 그치지 않고 산에서 얻은 우정과 강한 생의 의식을 낱낱이 보여주었다.

세계 등산계에는 뛰어난 알피니스트와 가이드가 적지 않다. 그런데 레뷔화는 그들 가운데서도 자기의 세계를 지키며 개척해 나간 보기 드문 사람이었다. 그것은 그가 생전에 남긴 수많은 책과 그것을 바탕으로 엮은 산악 영화에 잘 나타나 있다. 이러한 그의 활동의 자취는 오늘의 젊은 등산인들에게 그다지 알려져 있지 않다.

그의 많은 저술 가운데 특히 돋보이는 것으로는 「별과 눈보라」 「만년설의 왕국」 「눈과 바위」 「하늘과 땅 사이」 그리고 「아름다운 마터혼」 등을 들 수 있다. 그런데 이들 저서는 흔히 보는 산행 기록과 달리 눈과 얼음과 바람의 세계인 알프스의 대자연을 읊은 시요 산문이다.

그중에서도 「눈과 바위」는 독특한 자리를 차지하고 있다. 그저 들춰보면 한낱 암벽과 빙설벽을 오르는 기술과 장비 이야기같다. 그러나 이 책을 그러한 등반 입문서로 본다면 그 독자는 불행할 따름이다. 물론 「눈과 바위」에는 시대적 배경이 짙다. 한 세대 전에 나온 책이니 장비도 기술도 새로운 것이 없을 뿐더러 낙후한 느낌마저 줄 것이다. 그런데 세심한 독자라면 무심코 넘어갈 수 없는 대목 대목에 눈이 가리라.

    나는 그가 오르는 것을 근심스러운 눈초리로 지켜보았다. 그러나 물랭이 바위 모서리를 돌아서 보이지 않았다. 이제 나는 혼자 남았다. 그 때 밧줄이 무엇인지 알았다. 나는 밧줄을 단단히 잡았다. 밧줄이 암벽을 타고 조금씩 올라가는 것을 보고 밧줄에 큰 뜻이 있는 것을 느꼈다. 나는 이러한 연결의 아름다움을 알 것 같았다.

등반하다가 흔히 부딪히는 장면이다. 그런데 그 분위기를 이처럼 완벽에 가까울 정도로 묘사한 클라이머와 등반 입문서는 찾아보기 어렵다.

지난 10여년 사이에 히말라야는 우리에게 가까와졌다. 그러나 알프스는 여전히 멀다. 우리는 알프스를 거치지 않고 바로 히말라야로 갔던 것이다. 그런데 오늘날 히말라야의 과제는 알파인 스타일의 등반으로 압축되고 있다. 이 알프스 식의 등산이란 구체적으로 어떤 것일까?

등산이 18세기 후엽 알프스에서 시작하여 20세기를 맞으며 그 무대를 히말라야로 옮겼다. 그러나 알프스에는 알프스 대로 그 독자적 세계가 꾸준히 이어져 갔다. 가스똥 레뷔화는 이를테면 그러한 알프스의 세계를 지키며 이어간 인맥 한 가운데 우뚝 선 거인이며, 「눈과 바위」는 그 세계로 들어가는 하나의 길잡이다.

　가스똥 레뷔화는 가고 지금 세대는 그의 업적을 잊었다. 그런데 근년에 독일산악연맹(DAV)에서 산악 고전 총서의 출간을 추진하며 레뷔화의 책을 그 속에 담는 것을 잊지 않았다. 이것은 알피니스트 레뷔화와 그가 남긴 자취가 불멸하다는 것을 말한다.

　레뷔화는 보기 드문 등산가요, 그가 남긴 「눈과 바위」는 보기 드문 등산 입문서다.

글을 잘못 옮기면
－산책을 중심으로

　외국어에서 옮긴 등산책을 읽다가 이해가 가지 않는 글들이 생각밖에 많은 데 놀란다. 남의 글을 옮길 때 제대로 옮기지 못했다는 이야기다. 외국 책을 번역해온 지 오래된 일본에서도 그러한 오역이 많다고 듣고 있지만, 번역의 역사가 짧은 우리라 해도 너무 심한 것 같다.

　번역은 흔히 제2의 창작이라고 하지만, 남의 글을 옮기는 일의 어려움을 두고 하는 말이다. 그러나 이것은 원작의 뜻을 그대로 살리기가 어렵다는 이야기며, 잘못 옮길 수도 있다는 이야기가 아니다.

　오역을 하게 되는 첫째 원인은 글을 옮기는 사람이 그 외국어를 제대로 알고 있지 않은 데 있다. 그리고 역자의 지식이나 체험이 그 글에 나타나 있는 세계를 따라가지 못하는 데서도 온다. 이밖에 번역하는 사람의 사고 논리의 결여나 추리력의 부족도 오역을 가져오는 큰 원인이다.

　산서라고 하면 산행 기록이 대부분이다. 그래서 등산 세계를 아는 사람이라면 이러한 글을 읽고 옮길 때 우선 감정 이입이 가능하다. 글을 옮기면서 역자도 저자를 따라 그 속에 몸을 두게 되어 자연히 그 정황을 이해하게 된다. 외국어가 능해도 등산을 모르면 등반기를 옮기기가 쉽지 않은 것은 그 저자의 세계가 옮기는 사람에게 생소하기 때문이다.

　그러나 산책은 학술 서적이나 기술 서적과 달라 그 서술과 내용이 소박하고 직선적이며 문학적 기교를 부릴 필요가 없다. 혹자는 전문적 용어를 몰라 잘못 옮길 수 있다고 생각하기 쉬우나 지금까지 눈에 띈 오역 가운데 그러한 전문성에서 온 것은 별로 없었다.

　산서에 오역이 있다면 이것은 출판사로서 상품의 가치와 상업적 도의가 문제 되고 번역자로서는 자격과 양심의 문제다. 그러나 무엇보다도 큰 것이 보상 받을 길 없는 독자의 피해다. 산책이 팔리지 않는다는 소리를 자주 듣지만, 책이 책의 값을 다하지 못할 때 이것은 판매 부진 이전의 문제로 돌아간다. 책의 매력은 장정과 제본에도 있으나 책의 가치는 그러한 외모보다 내용에 있다.

일본에서 나오는 월간지 가운데「번역의 세계」라는 것이 있다. 워낙 외국책의 번역이 왕성한 나라여서 이런 정기 간행물까지 나오니 그들의 처지가 부럽기만 하다. 그런데 이 이색적인 월간지의 핵심은 다름아닌 '오역의 고발'에 있는 것 같다. 언제나 한 사람이 이 일을 맡아 글을 쓰고 있는데, 그는 매달 잘못 옮겨진 책 한 권을 골라 샅샅이 파헤친다. 이 책을 읽노라면 오역도 오역이지만 그것을 바로잡는 그 솜씨에 놀란다. 그리고 그토록 오역 투성이의 책들이 버젓이 서점에 나도는 일본 사회의 현실에도 새삼 놀란다.

남의 글을 들추어 시비하기란 어렵고 괴로운 일이다. 그러나 이 어렵고 괴로운 일을 겪어서라도 책은 책의 가치를 되찾아야 하며 독자 또한 독자의 권리를 지켜나가야 할 것이다.

필자는 그전에 라인홀트 메스너의 낭가 파르바트 단독 등반기를「검은 고독 흰 고독」이라는 이름으로 옮기고 이어서「죽음의 지대」와 이반 슈나드의「아이스 클라이밍」등을 번역했다. 이 책들은 마침 일본어판이 있어서 우리말로 옮기는 데 참고가 되었지만, 작업하면서 그들 책에 적지 않은 오역이 있는 것을 알았다.

물론 우리나라 독자들이 이러한 책을 직접 읽을 기회가 없을테니 불행중 다행이지만, 오역이 원작의 내용과 얼마나 거리가 있는가 알아보는 것도 독자에게 필요한 일이며 책을 고를 때 도움이 되리라고 생각해서 여기 그 예를 몇 가지 들었다.

아울러 국내 번역물 가운데도 여기저기 잘못 옮긴 데가 눈에 띄어 같이 예시했다. 여기서 굳이 한국어판의 이름을 밝히지 않은 것은 필자의 관심이 해당 출판사나 역자에 있지 않고 오직 오역의 내용에 있기 때문이다.

외국 산서의 일본판에서

「ナンガ・パルバート單獨行」
Reinhold Messner :「*Alleingang Nanga Parbat*」

❶ Ich klettere nicht und schreibe nicht, um mich sexuell zu befriedigen.
(오)ぼくは自分の性欲を滿足させるために攀じ登るのでもなければ本を書くためでもない. (나는 자기의 성욕을 만족시키기 위해 등반하지도 않고 책을 쓰기 위해서도 아니다.)
(정)나는 성욕을 만족시키려고 산에 오르거나 책을 쓰지 않는다.(I don't climb or write for any kind of sexual gratification.)

❷ Jeder, der sich an einer Religion halten kann, hat Glück gehabt oder Pech.
(오)宗教に頼る人は誰でも,幸運にめぐり會うか,ひどい目にあうかのどちらかです. (종교에 의지하는 사람은 누구나 행복과 만나거나 역경에 부딪히거나 그 어느쪽이다.)
(정)종교에 기댈 수 있는 사람은 이미 행복을 누리거나 아니면 불행 속에 살고 있는 사람이다.(Anyone who can keep hold of his religeon has been very lucky—or unlucky.)

❸ Differentiale und ich weiss nicht was～.
(오)あの時といまとは違うが～(그 당시와 지금은 다르나～)
(정)미분(微分)과 내가 알 수 없는 것이～(Differentials and godness-knows-what～)

❹ ～, kommst du dir all diesen anderen Bergsteigern gegenüber nicht sehr überlegen vor?
(오)あなたはほかの登山家達すべてを相手にしても，自分のほうがずっと優れていると思うの.(당신은 다른 등산가 모두를 상대로 해도 자기가 훨씬 우수하다고 생각하는가.)
(정)당신은 이들 다른 등산가들보다 더 나을 것이 없다는 말인가.(～, compared to those other climbers, don't you just happen to be that much better?)

❺ Sie drehen an einer Stelle um, wo etwa der Platz des Messner-Biwaks von 1970 ist, kehren zu ihren hinterlegten Sachen zurück～
(오)メスナーが1970年にビバークしたあたりに装備を殘すと彼らは引き返した.(메스너가 1970년에 비박한 근처에 장비를 남겨두고 그들은 돌아섰다.)
(정)그들은 메스너가 1970년에 비박했던 근처에서 발길을 돌려 짐을 남겨둔 데로 돌아갔다.(They reached the approximate spot where the Messners has bivouacked in 1970. Here they turned back and～)

「死の地帶」
Reinhold Messner : *Todeszone*

❶ Wie sonst wäre es möglich, dass so viele über ihn herfallen und ihn zu 〈steinigen〉 versuchen, 〈obwohl ich etwas tat, das nur mich etwas angeht〉?

(오) さもなければ,あれほど多くの人が〈私ひとりにかかわることをしただけなのに〉という彼に食ってかかり,彼を〈石で打ち殺そう〉とはしなかっただらう.(그렇지 않다면 그토록 많은 사람들이 〈나 혼자에 관한 일을 한 것 뿐인데〉라고 하는 그에게 달려들어 그를 〈돌로 쳐죽이라〉고는 하지 않았으리라.)

(정) 옛날 같으면 '내가 무엇을 하건 내 개인적인 일인데'라고 말하는 그에게 많은 사람들이 달려들어 '돌로 쳐서 죽이려' 했으리라.

「アイスクライミング」
Ivon Chouinard : *"Climbing Ice"*

❶ Doubtless inspired by the now established and uniquely Scottish attitude that snow, ice and blizzard—known as "full —were essential ingredients for a good day on the hill, he took up the cause of winter climbing with unbounded enthusiasm.

(오) 現在廣く知られているスコットランド人の山に對する姿勢,すなわちスコットランドの低い山にですばらしい登攀を行なうには雪,氷,ブリザードなどの全天候が不可決の要素なのだということを,レイバーンはそのときすでに認識していた.(현재 널리 알려져 있는 스코틀랜드 사람의 산에 대한 태도, 다시 말해서 스코틀랜드의 낮은 산에서 멋진 등반을 하

려면 눈과 얼음 블리자드 등의 전천후가 불가결의 요소라는 것을 레이
번은 그때 이미 알고 있었다.)
(정)스코틀랜드에서는 좋은 날씨에 산에 가도 눈과 얼음 그리고 눈보라가
피할 수 없는 '전천후 조건'이라는 것이 오늘날 널리 알려진 스코틀랜드
특유의 자연관인데, 레이번도 이 사실을 알고 동계 등반을 강력히 주장
하고 나섰다.

❷ Most of these tools are carried in hammer holster on the belt.
(converts to clean climbing will be pleased to note that their
holsters are still good for something!)
(오)ハンマーは,安全ベルトにつけたハンマーホルダーに下げておくと便利
である.(해머는 안전벨트에 단 해머홀더에 달아두면 편리하다.)
(정)이 도구들은 보통 안전벨트에 붙어있는 홀스터에 달고 다닌다.(이 홀스
터는 클린클라이밍으로 바꿀 때 여러모로 도움이 되어 사람들은 좋아한
다.)

❸ Across the Mojave Desert my old Ford and I purred past brand
new Buicks and Cadillacs that were pulled off to the side with
their hoods up and motors steaming.
(오)モハウエ砂漠をボンコツのフオドで横断しながら,幌を巻き上げ式で馬
力も強い新型のビイックやキヤデラツクが無性にうらやましくなった
のだった.(모하베 사막을 털털이 포드로 횡단하면서 지붕을 제끼는 마
력이 센 신형 빗크나 캐디랙이 그렇게도 부러울 수가 없었다.)
(정)낡은 포드를 몰고 모하베 사막을 지날 때, 엔진의 과열로 본넷을 열어
제친 채 수증기를 내뿜고 길가에 서있는 최신형 빗크와 캐딜락 옆을 나

는 기분좋게 스쳐갔다.

❹ ~, a hundred-foot fall that turned back an attempt of the Eiger North Wall was caused by trying to take off crampons in too precarious a position.

(오)アイガー北壁の挑戰の歷史をたってみると實に多くの人ビトが足を滑べらせて墜落しているがそのほとんどが非常に不安定な所でアイゼンを脫ごうとして滑落しているのだ.(아이거 북벽 도전의 역사를 훑어보면 실로 많은 사람들이 실족해서 추락하고 있는데, 그 거의 대부분이 매우 불안정한 곳에서 아이젠을 벗으려다 미끄러지고 있다.)

(정)100 피트 추락해서 아이거 북벽의 도전이 실패로 돌아간 일이 있는데, 이것은 아주 불안정한 곳에서 크램폰을 벗으려다 일어난 것이다.

❺ It can also be bad for a brief period in the afternoon when freezing water in cracks expands and pushes off the stones.

(오)午後になるとクラックの中の永が解け,水となって石を洗い落とすので~(오후가 되면 크랙 안의 얼음이 녹아서 물이 되어 돌을 씻어 떨어뜨리기 때문에 위험하다.)

(정)그리고 오후 잠시 동안이지만 바위 틈에 들어있는 물이 얼어 팽창해서 그 바위를 밀어내기 때문에 위험하다.

❻ A tent could not withstood that storm for even a day.

(오)實際テントは,その嵐に1日ともたなかった.(실재 텐트는 그 바람에 하루도 견디지 못했다.)

(정)천막 같았으면 그 바람에 하루도 견디지 못했으리라.

❼ Janie Taylor did the face in shorts and klettershoes.

(오)ジヤニ・テイローはクレツターシユーを履いて短時間で登った.

(재니 테일러는 클레터를 신고 단시간에 올라갔다.)

(정)재니 테일러는 반바지에 클레터 차림으로 이벽을 올라갔다.

❽ Along with the freedom, the ice climber will learn a modern divined—the rare privelege of being for from the maddling crowd.

(오)アイスクライマーはこの自由な感覺を得ることによつてはじめて,現代の複雜な文明社會から脫却した存在になり得るのである.(아이스클라이머는 이 자유의 감각을 얻음으로써 비로소 현대의 복잡한 문명사회에서 탈출한 존재가 될 수 있다.)

(정)이 자유로 말미암아 아이스클라이머는 멋진 배당 이익을, 다시 말해서 미친 듯이 모여드는 무리로부터 멀리 벗어날 수 있는 귀중한 특권을 누리게 된다.

❾ , the harder it will be for us to recognize quality, know and demand it, and be willing to pay its price.

(오)しかし,そうなればなるほど,山で使う道具に對してはより嚴しい態度で品質を認識し,知識を吸收し,高品質のものを要求しなければならない.同時に品質に應じた代價を喜んで支拂う氣持もなければならない.(그러나 그러면 그럴수록 산에서 쓰는 쟁기에 대해서는 더욱 엄한 태도로 품질을 인식하고 지식을 흡수하며 고품질의 것을 요구하지 않으면 안된다. 동시에 품질에 맞는 대가를 즐겨 지불하는 마음이 되지 않으면 안된다.)

(정) 사태가 이렇게 벌어지니까 우리로서는 품질을 제대로 알고 그런 것을 요구하며 그것에 알맞는 값을 선뜻 치르기 더욱 어렵게 된다.

「世界登攀史」
Eric Newby : *Great Ascents*

> Then take cable hundreds of feet down to dump, put skies together into a sled, place loads and self on sled and give signal for up.

(오) それからケーブル數百フイートを集積所までおろし、スキーをそりに入れて荷物をのせ、そして自分もそりに乗りこんでから巻き上げの合圖をする。(그리고 케이블 수백 피트를 하치장까지 내리고 스키를 썰매에 집어 넣고~)

(정) 그리고 케이블을 수백 피트 밑에 있는 하치장까지 내린 다음 스키를 한데 묶어 썰매를 만들고

「ビツグ・ウォール・クライミング」
Doug Scott : *Big Wall Climbing*

> Krebs survived a fall on the Weisbachhorn which killed his companion Toni Schmid, only to fall to death, ironically long after he had finished climbing, in 1970 from a three-story house on which he was working.

(오) クレプスはウアイスバツハホルンで滑落してパートナーを失ったが、自分は生き殘った。トニ・シュミットも最后は墜落死したが皮肉にもそれは、登山をやめたずっとあとの1970年、仕事中の3階建ての家屋から落ちたのであった。(크렙스는 바이스바하혼에서 활락하고 파트너를 잃었

으나 자기는 살아남았다. 토니·슈미트도 끝내 추락사 했지만 짓궂게도 그것은 등산을 그만둔 훨씬 뒤인 1970년에 일하던 3층집에서 떨어진 것이다.)
(정)크렙스는 바이스바하혼에서 떨어졌을 때 그의 짝인 토니 슈미트를 잃고 자기는 살았지만, 그는 짓궂게도 등산을 그만둔 지도 오랜 1970년에 3층 집에서 일하다 떨어져 죽으려고 살아남았던 것이나 다름없었다.

우리나라 번역 산서에서

❶ Annapurna, to which we had gone emptyhanded, was a treasure on which we should live the rest of our days. With this realization we turn the page : a new life begins. There are other Annapurnas in the lives of men.
(오)안나푸르나! 우리가 빈손으로 찾아간 안나푸르나야 말로 우리가 앞으로 죽는날까지 우리 마음 속에 간직할 가장 고귀한 보배인 것이다. 이를 실천함으로써 인생의 한 페이지가 넘겨지고 새로운 인생이 시작되는 것이다. 인간이 걸어가는 길 저편에는 또 하나의 안나푸르나가 있는 것이다!
(정)안나푸르나는 우리가 빈손으로 찾아갔지만 여기서 우리는 남은 여생을 기대어 살아갈 소중한 보배를 얻었다. 안나푸르나의 등정으로 새로운 생활의 장이 열린다. 인생에는 다른 안나푸르나들이 있다.

❷ Sie wirkte so steil und abweisend, dass meine Augen nirgends Halt finden konnten.
(오)이 벽을 보고 있으면 너무 가파라서 접근을 거부하 듯이 깎아지르고 있어 아무리 쳐다보아도 눈길을 멈출 곳을 찾을 수가 없었다.

(정)이 벽은 너무 가파르고 사람이 붙기 어려웠으며, 손으로 잡을 데나 발을 붙일 곳이 없었다.

❸ In ihrem tiefen Kamin, der vor Nässe troff, verlief eine geheimnisvolle Route, die meine Phantasie stark beschäftigte.
(오)이 벽에 있는 깊은 침니는 물에 젖어 물방울이 뚝뚝 떨어지고 있었는데, 이 신비스러운 루트는 나의 공상력을 강하게 자극했다.
(정)이 벽에 있는 깊은 침니 안은 습기로 물이 뚝뚝 떨어졌는데, 이리로 길이 묘하게 나있으리라고 나는 이리저리 생각해 보았다.

❹ So verwandelte eine Wande, nichts anders als eine Felswand, alle Steine im Dorf in einen Klettergarten.
(오)그래서 진짜 암벽이라고 까지는 말할 수 없었으나 마을에 있는 벽과 돌이라고 하는 돌은 모조리 다름아닌 록가든(rock garden)으로 탈바꿈이 된 셈이었다.
(정)그래서 별 것 아닌 바위벽 하나로 마을에 있는 돌덩어리라는 덩어리가 온통 바위타는 연습장으로 바뀌었다.

❺ Nicht mehr allein der Gipfel war ausschlag-gebend, sondern die mehr oder weniger schwierige Route, über die man ihn erreichte.
(오)이제 정상만이 결정적인 의미를 갖고 있는 것은 아니고, 많고 적은 정도의 차는 있지만 어려운 루트를 통해 정상에 도달하는 것이 목표로 됐다.
(정)이제는 정상을 오르기만 하는 것이 아니라 다소 어려운 길로 정상에 오르는 것을 중요시 하게 됐다.

❻ Später bemühte man sich neben bereits vorhandenen Führen noch andere zu finden, schwierigere, direktere.

(오) 그후 사람들은 이미 개척된 등반로와 아울러, 별도의 루트, 보다 어렵고 보다 직선적인 등반에 노력을 경주하게 되었다.

(정) 그뒤 사람들은 이미 나있는 길 가운데서도 더욱 어렵고 한층 더 바로 선 데를 찾으려고 애썼다.

❼ Wie stark hat sich diese Wand seit damals verändert! Die viele Erfahrung, die ich in den Jahren danach gesammelt habe, hat sie entzaubert, obwohl sie gleich steil und gleich schwierig geblieben ist.

(오) 하지만 지금 이 벽은 그때와는 달리 얼마나 변해 있는 것일까! 암벽은 의연히 깎아질러 있으며 어려움은 커진게 없는데도, 그후 몇년 동안 내가 쌓아올린 많은 경험이 그 매력을 앗아가 버렸던 것이다.

(정) 그런데 이러한 암벽이 그뒤 이렇게도 달라지다니! 벽은 예나 지금이나 다름없이 가파르고 어려운데, 그동안 여러 해 경험을 쌓다보니 이제 별것 아닌 것으로 되어버렸다.

❽ Heute wundere ich mich manchmal darüber, dass diese dreihundert Meter hohe Felsflucht das Wichtigste für mich war, was es gab, der nass Kamin mit den beiden Klemmblöcken der Inbegriff für Schwierigkeiten, das grosse Geheimnis.

(오) 높이가 300미터나 되는 이 절벽이 당시의 나에게는 제일 소중했고 물에 젖은 촉스톤이 두 개나 끼어있었던 침니의 높은 난이도는 위대한 신비의 진수의 모든 것이었는 것을 묘한 기분으로 회상한다.

(정)높이 300미터인 이 절벽이 그토록 대단하게 보였고, 돌이 두 군데 걸려 있는 그 물에 젖은 침니가 험하기 이를데 없고 신비스럽기까지 했으니 지금 아무리 생각해도 모를 일이다.

❾ (오)점점 날이 밝아왔다. 천장에 피켈 자국이 보였고 그리고 밤은 갔다. 새날을 맞으며 나는 내가 해야할 일을 생각했다. 나는 해내지 못할 것이라는 것을 알았다. 내가 해낼 수 있으면 옳지 못했다. 그것을 다시 전부 생각했다. 이제 바로 지금 나에게 일어난 일이었다. 나는 더이상 무서워하지 않았다. 밤의 두려움은 새벽과 함께 갔다. 나는 그것을 시도해볼 작정이었다. 그러나 죽을 것이라는 것을 알고 있으나 할 것이었다.

(정)차차 밖이 훤해졌다. 지붕에 피켈 자국이 보였다. 밤이 지나간 것이다. 날이 밝으면 무엇을 해야 할지 생각해보았다. 그러나 그 일은 해낼 것 같지 않았다. 내가 그것을 하리라고는 믿어지지 않았다. 나는 이것저것 생각하고 또 생각했다. 그 일들이 이제 당장 나에게 닥치고야 말 일이었기 때문이다. 나는 이제는 무서울 것이 없었다. 밤에는 그랬는데 날이 밝으면서 그 무서움이 사라졌다.

❿ (오)내 위로 자일은 벼랑 끝을 톱질하듯이 깎아서 얼음조각을 떨어뜨리고 있었다.
(정)머리 위에서 자일이 벼랑 모서리에 걸려 톱질하는 바람에 얼음이 부서져 떨어졌다.

⓫ (오)헤드램프를 끄고 배낭을 깔고 아이스스크류에 다시 묶은 자일에 무너지듯 기대고 앉았다. 다리가 어렴풋이 보였다. 조금 지나서야 나는 그것

을 볼 수 있다는 중요성을 깨닫게 되었다. 위를 쳐다보니 한조각의 침침한 빛이 천장에 보이고 있었다.
(정)나는 륙색에 앉아서 헤드램프를 껐다. 그리고 아이스스크류에 다시 한번 단단히 고정시킨 자일에 힘없이 기대었다. 다리가 어렴풋이 보였다. 그제서야 나는 무엇인가 알아차렸다. 위를 쳐다보니 높은 처마에 희미한 빛이 비추고 있었다.

⑫ (오)나는 자일에 매달린 채 겨우 머리를 들어올리고 축 늘어져 있었다. 이렇게 끝없이 매달려 있는 것도 이제 곧 끝이 나리라는 강렬한 바람과 함께 무서운 피로가 나를 덮쳐왔다. 더이상 고통받는 일도 없을 것이다. 나는 진정으로 기뻐하며 어서 끝장이 나기만을 바라고 있었다. 자일이 몇 십미터 더 내려왔다.
(정)나는 자일에 매달려 축 처진 채 고개를 들 힘조차 없었다. 무서운 피로가 덮쳤다. 그러니 이처럼 한없이 매달려 있는 것도 얼마 오래가지 않으리라는 생각이 불길처럼 일었다. 이렇게 되면 이 고문을 더 겪지 않아도 된다. 나는 이 고문이 어서 끝나길 진심으로 기원했다. 자일이 조금 더 처졌다.

⑬ Am gleichen Tage überschritten drei Italienische Alpinisten, die in den Westalpen nach unbekannt waren, aber grosse Ersteigungen in den Dolomiten gemacht hatten, die Grenze am Col du Géant(3370m), steigen auf der französischen Seite des Mont−Blanc−Massifs ab, hielten bei der Requin−Hütte an und fragten ohne Umschweife den Hüttenwart :
"Bitte, wo befindet sich die Nordwand der Grandes Jorasses?"

Überrascht und belustigt — er hielt die Italiener für Spassvögel — zeigte er ihnen mit einer vagen Geste "dort".

(오)그런데 같은날 세사람의 이태리 클라이머들이 나타났다. 서부 알프스는 전혀 모르는 사람들이었지만 돌로미테를 처음으로 등반한 경험이 있었던 이들은 꼴 뒤 장의 미개척지를 가로질러 몽블랑 연봉의 프랑스 영내로 내려와 루깽 산장에 묵으면서 장난끼 있는 말투로 산장 관리인에게 물었다.

"그랑드 죠라스 북벽이 어디죠?" 이탈리아 사람들의 농담을 듣고 놀라면서도 한편 재미있다고 생각한 산장관리인은 특별히 어느 쪽이라고 가리키지도 않고 관심이 없다는 듯이 그저 막연히 "저 위쪽에 있소"하고 대답했다.

(정)같은 날 이탈리아 사람 셋이 나타났다. 이들은 서부 알프스에 아직 알려지지 않은 사람들이었다. 돌로미테에서 위대한 초등정들을 해낸 사람들로 이제 꼴 뒤 제앙(3,370m)의 국경선을 넘고 몽블랑 산군의 프랑스 측면으로 내려와서 루깽 산장에 들어왔다. 그리고 다짜고짜 산장 관리인에게 물었다.

"여보쇼, 그랑드 죠라스 북벽이 어디죠?" 느닷없이 들이닥친 이들에 관리인은 놀라면서도 재미를 느꼈으나 이탈리아 사람들의 농담으로 알고 별로 관심 없다는 듯이 '저쪽'이라는 시늉만 했다.

⓫ Unter habe ich oft gehört, dass man über die Nutzlosigkeit des Alpinismus sprach. Dann antwortete ich : "Das versteht ihr nicht." Manchmal fragte man mich, ob ich denn reich sei, dass ich so glücklich wäre.

(오)산을 떠난 장소에서 나는 등반이라는 것이 무의미한 일이라는 말을 들

는 일이 자주 있었지만 그때마다 내 대답은 한결같다. "그것은 등산을 이해하지 못하기 때문입니다." 나는 때때로 내가 누리는 행복은 현재 내가 가지고 있는 재산 때문이 아니냐고 물어오는 경우도 있다.

(정)거리에서 사람들이 등산 무용론을 펴는 것을 자주 듣는다. 그럴 때마다 나는 "그것은 등산을 몰라서 하는 말"이라고 대답했다. 그렇다면 내가 그렇게 행복을 느낄 정도로 얻은 것이 뭐냐고 묻는 사람이 많다.

⓯ Der kleine Zug von Montenvers setzt sich ruckweise in Bewegung, hakt in die Zahnstange ein beginnt zu steigen, rüttelt seine Last von lärmenden oder dösenden Touristen, taucht in einen Tunnel, dann in einen zweiten, gelangt nach Gaillet und hält : die Lokomotive hat Durst. Der Bergwind beginnt zu blasen. Der Zug fährt wieder an, ein wenig später, in einer Kurve, erscheinen, wie eine Pfeilspitze, die Drus...... eine Flamme aus Stein. Die Touristen springen auf, dann beruhigen sich wieder. Die Bergsteiger schauen mit Zärtlichkeit auf sie ; die Dru sind immer die erst Spitze, die der Zug nach Montenvers ihnen, bietet. Sie wissen es, warten darauf und begrüssen sie wie das Antlitz eines Freundes.

(오)몽땅베르의 기차가 흙먼지를 날리며 떠난다. 톱니바퀴가 궤도에 맞물리면서 경사를 올라가기 시작한다. 서로 지껄이거나 잠에 취해 졸고 있는 관광객들이 차의 진동에서 흔들린다. 기차는 올라가면서 터널 몇 군데씩을 누비며 지나가다가 드디어 까이예에 도착하면 거기서 증기기관차에 물을 넣기 위해 잠시 쉰다. 이 지점까지 오면 산의 미풍이 불기 시작한다. 기차가 다시 움직인다. 얼마안가서 방향을 틀면 뾰죽한 산봉우리가

보인다. 바로 하늘로 치솟은 돌의 첨탑 드류인 것이다. 관광객들이 일제히 일어서며 밖을 내다본다. 그러나 그들의 얼굴에는 감동이 서린다. 드류는 몽땅베르행 기차가 보여주는 최초의 산봉이기 때문이다. 클라이머들은 드류에 대해서 잘 알고 있기 때문에 덤비지 않고 마치 옛 친구를 맞이하듯 드류가 나타나기를 기다리는 것이다.

(정)몽땅베르로 가는 작은 기차가 힘겹게 움직이고 톱니를 물면서 비탈을 오르기 시작했다. 떠들던 손님, 졸던 손님들의 몸이 흔들렸다. 기차는 터널을 하나 둘 지나가고 까이에 역에 멎었다. 여기서 기관차에 물을 넣어야 했다. 산바람이 불어왔다. 기차는 다시 떠났다. 얼마 안되서 모퉁이를 돌아서자 끝이 뾰죽한 바위 기둥이 나타났다. 드뤼인데 마치 돌로 된 불꽃 같았다. 관광객들이 벌떡 자리에서 일어났다가 다시 조용히 앉았다. 등산가들은 정다운 얼굴로 드뤼를 바라본다. 드뤼는 기차로 몽땅베르로 가자면 맨먼저 나타나는 뾰죽 봉우리다. 등산가들은 그것을 잘 알고 기다리다가 드뤼가 보이면 마치 옛 친구를 만나는 듯이 반긴다.

⓰ Die Natur hat ihren Rhythmus : den Wechsel der Jahreszeiten, Nacht und Tag, Sonne und Regen. Ebenso ist es beim Bergsteigen : das unangenehme Wachwerden, der Blick aus dem Hüttenfenster gen Himmel, das nächtliche Frühstück, das man ohne Appetit verschlingt, der Aufbruch mit Laterne, der Sonnenaufgang, die tausend Erlebnisse der Tour, die Rückkehr gegen Mittag, das Faulenzen auf der Hüttenterrasse……

(오)자연은 전통의 지배를 받는다. 계절의 변화를 보라. 밤과 낮, 그리고 태양과 폭풍우의 바뀜을 보라. 등반에도 역시 나름대로의 전통이 있다. 서서히 밝아오는 아침, 산장의 창문을 통해 내다보는 하늘, 입맛도 없이

억지로 넘어가는 아침식사, 랜턴등불을 앞세운 출발, 해돋이, 등반을 하는 동안에 일어나는 수없이 많은 일들, 아직도 해가 중천에 있는데 산장으로 돌아오는 일, 그리고 풀밭 위를 한가로이 거니는 일들이다.

(정)자연계에는 자연의 리듬이 있다. 네 계절의 변화가 그것이고 밤과 낮이 있는가 하면 해가 나고 비가 온다. 이러한 리듬은 등산가에게도 다를바 없는데, 아침에 단잠을 깨면 으례 산장 창 너머로 그날의 날씨를 본다. 아침 식사를 어두운 밤에 먹으니 식욕도 없다. 그리고 나서 등불을 앞세우고 길을 떠나노라면 그제서야 해가 떠오른다. 산행 길에 부딪친 이런 일 저런 일들, 정오 가까이 돌아와서 산장 테라스에서 할일없이 시간을 보낸다.

⓱ Um acht Uhr abends brachte uns die kleine Zahnradbahn von Lauterbrunnen nach Station Eigergletscher— . Im Handumdrehen füllten unsere dikken Rucksäcke das leere Bahnhofrestaurant.

(오)저녁 8시 라운텐브룬넨을 출발한 조그만 등산열차가 아이거글레쳐역에서 우리들 일행을 실었다. ─텅비어 조용했던 정거장 식당안이 우리가 메고 다니던 배낭 소리로 순식간에 소란스러워졌다.

(정)저녁 여덟 시에 작은 톱니바퀴 차가 우리를 라우터브룬넨에서 아이거글레쳐역까지 실어다 주었다. ─텅 빈 구내 식당이 우리의 큼직한 배낭들로 순식간에 가득찼다.

⓲ Unsere Kameraden Bruneau, Leroux und Magnone kommen nach, und wir bilden nun eine vergnügte Gesellschaft, trots allem. Eine Zweierseilschaft könnt so etwas tragisch nehmen, aber fünf Franzosen — trotz der düsten Wand, dem ständigen Warten und der Aussicht auf das übliche Schlechtwetter — können unmöglich hochdramatisch werden. Bruneau ist es, der für gute Laune sorgt.

(오)이때 브루노와 르로우, 그리고 마뇨느가 도착했고 이러한 반갑지 않은 상황 속에서도 우리들의 의지는 꺾이지 않았다. 2인 파티라면 사태를 심각하게 생각하겠지만 다섯 사람의 프랑스인들로서는 아무리 암벽이 험하고 조마조마한 불안이 이어지고 악천후로 전망이 불안해 보여도 극적인 태도를 취하기는 어려웠다. 루노의 명랑한 성품이 우리를 즐겁게 했다.

(정)우리 산친구 브루노와 루로 그리고 마뇨느가 뒤따라 왔다. 그래서 무엇보다도 만족스러운 한 조가 됐다. 둘이었으면 어떤 비극이 벌어졌을지 모르지만 프랑스 클라이머가 다섯이니 — 벽이 험하고 흔히 있는 악천후가 닥치더라도 그다지 큰 일은 없을 것 같았다. 게다가 브루노는 명랑한 성품을 가진 인간이다.

⓵⓽ Den Sonntag über klettern sie, aber zuvor, Samstag abend, biwakieren sie aus Freude am Erspüren der Natur und des Universums.

(오)일요일이면 그들은 산을 오르지만 토요일 저녁에 그들은 비박을 한다. 그들이 원하고 바라는 것은 자연과 우주의 미각인 것이다.

(정)일요일 종일 그들은 등반을 하지만 그보다 앞서 토요일 저녁에는 비박을 하며 자연과 우주의 신비에 접하는 감격에 싸인다.

⓶⓪ Wer nur bei schönem Wetter Bergtouren macht, von der Hütte aus, ohne je zu biwakieren, kennt das Gebirge nur in seinem

Glanz, aber er weiss nichts von dem Geheimnis der Nacht, in
　　　der Tiefe des Himmels.
(오) 산장에서 바로 출발하여 좋은 날씨에만 등반을 하고 한번도 비박을 해
　　　보지 않은 사람은 산의 아름다움을 감상할 수 있을지 모르나 산의 신비
　　　와 밤의 어둠, 그리고 위로 바라다 보이는 하늘의 무한한 깊이를 이해하
　　　지 못한다.
(정) 날씨가 좋은 때에만 산장에서 나와 산행하는 사람은 비박하는 일이 없
　　　으니 이런 사람은 햇빛에 찬란히 빛나는 자연은 보겠지만, 깊이를 모르
　　　는 밤하늘이 간직하고 있는 그 신비를 알 길이 없다.

　글에는 이른바 악문과 명문이 있다. 서투른 글과 잘 된 글도 있다. 그런데 산서에 나타난 오역들은 악문이거나 서투른 글이라기 보다 어디까지나 잘못 옮겨진 글들이다. 번역 이야기가 나오면 으례 직역이니 의역 이야기가 또한 나온다. 그런데 직역이라는 것은 낱말 하나 하나의 뜻을 옮긴다는 뜻에서 word-for-word translation 이라고 하는데, 그렇게 옮기면 읽기 힘들고 뜻이 애매해지기도 한다. 그렇다고 free translation 즉 의역으로 일일이 낱말에 구애받지 않고 자유롭게 옮기다 보면 본래의 뜻에서 멀어지기 쉽다. 그러니 번역이 잘 되려면 직역도 의역도 아니면서 원문에 가깝게 옮기는 길밖에 없을 것 같다.

　아래에 든 예문들은 원문이 없어 바로 잡아보지 못하나 옮기는 솜씨가 서툴었던 것 만은 부정하지 못한다.

① 아주 어려운 등반의 대표적인 양상이라고 할 수 있는 작은 풋홀드에 봉착
　　하면 운동화나 걷기용 등산화의 한계가 곧 노출된다. 오직 암벽화만이 편

안하게 만든것, 마찰 창, 종축의 유연성, 측면의 견고성 등을 포함한 필요한 성능을 갖고 있다.

② 매끈한 창이 달린 모든 암벽화는 뚜렷한 풋홀드가 없는 곳에서 바위에 최대의 마찰을 주기위해 종축 방향으로 유연한다. 측면 방향의 견고함의 정도는 제품에 따라 다양하다.

③ 우리는 서 있기에 충분히 큰 디딤돌 위에 있었고, 버너를 설치하기 위해 나는 돌위에 있는 얼음을 깎기 시작했다. 내가 버너를 안정되게 돌위에 설치했을 때 어둠이 다가왔다. 바람이 부는 가운데서 버너를 켜는데 반시간이 소요되었으며, 한통의 성냥이 버너 불 하나 지피는데 소모되었다.

④ 능선에 앉아 그것들을 보면서 우리의 짐이 이것을 추가할 경우 산소를 사용한다 해도 이같은 고도에서 운반이 가능하다고 생각하는 것 이상으로 훨씬 무거운 부담을 안겨줄 것이 틀림없었다.

번역한 글 가운데는 대체로 잘 됐는데 간혹 한두 군데 오역이 있는 경우가 있다. 사실 이 정도는 굳이 흠잡을 것이 못된다. 그런데 위에 나오는 글들은 책 전체가 그런 식으로 돼있으니 어떻게 읽을 수가 있겠는가?
어느 원정대장이 히말라야에 가며 그런 책을 배낭에 넣고 갔다가 결국 몇 장 읽지 못하고 내던졌다는 이야기를 들었다. 그는 표지와 제목을 보고 주머니돈을 털었으리라. 이런 책들이 우리 주변에 계속 나돈다면 산사람이 산책과 가까와지기는 어려울 것이다.
'언어에 대한 책임은 본질적으로 인간에 관한 것'이라고 한 토마스 만의 글이 있다. 글을 쓰는 사람, 남의 글을 옮기는 사람, 그리고 이런 글들을 책으로 내놓는 출판사가 한결같이 걸머지게 되는 짐이 얼마나 무거운가 느껴진다.

한 인간의 분노

　세상에는 환희가 있고 비애가 있으며 희망이 있는가 하면 절망도 있다. 우리는 누구나 이런 와중에서 살고 있다. 그런데 이러한 생활 감정보다 더 크고 더 심하며 더욱 견디기 어려운 것이 있다면 분노가 아닌가 한다.
　분노는 인간이 덜 성숙하고 교양이 부족한 데서 오기도 하지만, 그 어느 쪽도 아닌 마음 깊은 곳에서 치밀어 오른다. 그런 분노는 한번 터지면 가라앉기 힘들며, 둑을 무너뜨리고 거세게 밀고 나가는 격류와 노도로 변하기 쉽다. 여기 그런 분노가 폭발했는데, 이장오의 경우가 그런 것 같다.
　이장오라는 사람은 그가 터뜨린 분노 때문에 알려졌다. 그는 산사나이답지 않게 몸매가 가냘프고 마음씨도 조용하다. 이장오는 화려한 등반 경력을 쌓은 것 같지는 않다. 그러한 산사나이가 마치 휴화산처럼 깊고 깊은 지각 속에서 대 폭발을 준비하고 있으리라고는 아무도 몰랐다.
　그는 6년 전 산악계 일각에서 유행하고 있던 이른바 백두대간 종주 길에 나섰다. 그런데 그는 태백산맥 등골을 거슬러 오르다가 끝내 걸음을 멈추어야 했다. 보지 않았어야 할 것들이 그의 눈에 띄었던 것이다. 그때 그는 산 세계 이전에 생명의 원천이 뒤흔들리며 뿌리가 뽑히고 있는 처절한 현장을 목도했다.
　원추리 꽃밭 노고단까지 차가 오르고 높이 1,500미터 고원 일대가 놀이터로 된 지는 오래지만, 벽소령을 가로질러 지리산이 두 동강이 날 날도 머지 않으며, 곳곳에 산허리가 파헤쳐져 화강암의 내장이 온통 밖으로 터져나오고 있었다. 그나마 남았던 원시림도 온데 간데 없고 산 속의 호수는 마르거나 썩고 구릉 지대에는 온통 골프장이 들어섰다.

그러나 산을 가까이 하지 않는 도시 사람들은 오직 수도물에만 신경을 쓸 뿐, 아무데서나 진행되고 있는 이러한 근원적인 파괴가 궁극적인 파멸을 준비하고 있는 이 무서운 현실을 모른다.

그토록 입버릇처럼 외쳐대던 자연보호는 어디갔으며, 그 정체는 무엇이었던가? 관과 기업이 그리고 전문학자들 마저 어쩌면 그렇게 겉으로만 돌고 형식적인 겉치레 대책으로 체면 유지만을 일삼는지 모른다. 사태는 여기에 그치지 않는다. 가진 자들은 권력과 손잡아 곳곳의 자연을 잠식하고 있다.

이장오는 이런 현장을 참다 못해 추적하기 시작했다.

산에 휴식년제를 도입하고 취사 야영이나 금하면 무슨 소용이 있는가? 한쪽에서 계곡을 메워 길을 내고 위락 시설을 유치하는 현실이다. 그 사실적이고 구체적인 사례와 계획을 이장오는 많은 자료를 모아서 낱낱이 보여준다.

「산은 산이 아니요, 물은 물이 아니로다」는 일찌기 없었던 한 노한 인간의 외침이요 보기드문 격한 사회 고발이다. 이장오는 생기는 것 없이 스스로 시간을 내고 땀을 흘리며 남에서 북으로, 동에서 서로, 낮고 높음을 가리지 않고 깊이 깊이 산속과 계곡을 누벼 죽어가는 산천 초목과 물고기, 들짐승들의 애처로운 생태를 파헤치고 지켜보았다.

우리 주변에는 권위있다는 기관에서 많은 예산을 들여 내놓은 조사 보고서들이 있지만 그런 것일수록 천편 일률적으로 핵심을 벗어나고 겉만 번지르르하다. 그런데 이장호의 「산은 산이 아니요……」는 전문 지식을 갖추지 않은 무명의 한 인간이 자기 생의 한 때를 송두리째 바치면서 만들어낸 자연 파괴 현장 추적 보고서다. 누가 시킨 것도 아니요 누가 돈을 대주지도 않았으며 누가 성원한 일도 없이 나온 고발장이다.

  참으로 사람의 힘이란 알다가도 모를 일이다. 아무리 화가 치밀어도 그토록 긴 세월을 주유 천하도 아니면서 남의 의혹을 사고 멸시를 당하면서 파고들어 500면에 달하는 방대한 책을 세상에 내놓았으니…… 이장오는 감정적으로 흐르기 쉬운 이런 류의 서술을 처음부터 끝까지 냉철하게 그리고 논리 정연하게 전개했다.

  연전에 영국에서 「지구를 구하는 1,001가지 방법」이라는 책이 나왔다. 그것은 지구의 오염을 안타까워하는 서구의 30대 무명 여성이 내뱉은 양심의 호소였다. 「산은 산이 아니요, 물은 물이 아니로다」는 죽어가는 한국의 자연을 지키려고 맨주먹으로 나선 동양의 30대의 무명 남성이 토한 양심의 절규이리라.

  하나밖에 없는 지구를 살리자는 말들을 흔히 하지만 그 지구의 명맥은 이러한 사람들의 맥동과 이어지지 않고서는 사실 지키기가 어렵다.

3

브리크의 객사
로이테와 멘쉔
스위스의 똥차
돌로미테 회상
마리 끌러드
이탈리안 에스프렛소
우리에게 없는 것들
컴퓨터와 원고지
베로니카의 베일
용설란
수재에 대하여
나의 친구 K
365일
나의 동숭동 시절
우다 선생
내 고향은 피앙이다
암산 주태익
그때가 그리운 까닭은
지구를 살리겠다는 여인

브리크의 객사

　스위스에는 산간 마을이 많다.
국토의 6 할이 산으로 덮여 있으니 그곳 사람들은 산에 둘러싸여 산다고나 할까——그래서 스위스에서는 도시라기보다 산촌에 가까운 소읍을 여기 저기서 만난다. 브리크(Brig)도 그런 곳의 하나다.
　내가 브리크의 이름을 안 지는 꽤나 오래다. 처음 유럽 여행 길에 오른 1975년, 발리스 알프스에 있는 마터혼을 보려고 체르맛을 찾아갔을 때였다.
　제네바 시내의 키오스크에서 로드맵을 구하고 길을 더듬었다. 레망 호반을 끼고 고속도로가 나있었는데 그 길을 따라 가노라면 호수가 끝나고 론 강변을 거슬러 올라간다. 그러자 체르맛으로 오르는 산길이 나오고 그 갈림 길이 비스프(Visp)라는 마을이며 그 저편에 브리크가 있었다.
　브리크는 칸톤 발리스의 중심지로 체르맛까지 등산열차로 가려면 여기서 타게 된다. 그리고 스위스의 서울 베른 지방에서 융흐라우 산군을 넘어오는 길목이어서 이른바 교통의 요충지인 셈이다.
　알프스에서도 이름난 베르너 오벌란트와 발리스 알프스를 잇는 길은 칸더슈테크와 고펜슈타인 사이가 터널로 돼있다. 스위스의 산간 지방은 길이 잘 열려서 대체로 승용차로 다니기가 편한데, 특히 이 구간은 사람이 승용차에 탄 채 그대로 열차에 오른다. 이렇게 넘어가는 길이 생기기 전에 사람들은 어떻게 다녔을까? 필경 스위스에서도 이렇다 할 매력이 없다는 베른과 로잔 사이를 멀어도 돌아갈 수밖에 없었으리라.
　스위스의 마을에는 깊은 산속이라도 숙박 시설이 있다. '쩜머'니 '팡시엉'이니 하는 것들인데, 그 이름으로 보아 여인숙이나 싸구려 여관 같지만 버젓한 객사다. 물론 그 가운데도 크고 작은 것이 있으며 대체로 깨끗하고 친절하며 무엇보다도 가족적인 분위기가 마음에 든다.

스위스의 시골을 지나가노라면 이러한 객사가 아니고도 여러날 빌릴 수 있는 별장같은 것이 눈에 띈다. 'Ferienwohnung'이라는 간판이 그런 집을 말한다. 한 가족이나 친구들이 함께 며칠 묵으며 그 부근을 두루 돌아다니기에 편리한 시설이다. 이런 것들은 대체로 그만큼 주위가 명승지로 꼽히는 곳에 있다.

스위스에서도 칸톤 그라우뷘덴의 수도 쌍트 모리츠를 중심으로 한 엔가딘 지방은 아름답기로 유명하다. 알프스 지방의 여행기를 보면 '비토레스크'니 '빌트쉔'이니 하는 말이 자주 나오는데 이런 표현은 엔가딘 지방에 가장 맞는 것 같다. '우리는 아름다운 집을 지으나 거기서 영원히 살지는 못한다……'는 글귀가 집의 벽을 벽화처럼 장식하고 있는 곳이 바로 엔가딘이다.

언젠가 오스트리아의 잘츠부르그에서 자그마한 객사에 묵었는데 그 이름이 마음에 들었다. 일컬어 'ALPEN BLICK'——알프스가 보인다고나 할까. 객사 이층에서 멀리 구름 위로 만년설을 쓴 산줄기가 바라다 보였다. 그 지방에 흔한 '샬레' 모양을 한 건물이었는데 계절을 벗어나서 그런지 손님이 없었다.

아침에 식당에 내려가면 으레 노신사가 한 구석에 앉아 신문을 보고 있었다. 주인 노파가 깨끗한 앞치마를 두르고 "구텐모르겐!"하며 커피와 하드롤을 앞에 놓았다. 그들은 식사를 무엇으로 하겠는가 묻지 않는다. 유럽의 아침은 언제나 이렇다. 이른바 컨티넨탈 브렉훠스트다.

하루는 신문을 든 노신사와 마주쳐 아침 인사를 했다. 말을 나누다 보니 영국에서 피아노 교수로 있다가 은퇴하고 지금은 한 해 절반을 이곳에서 피아노를 가르치며 보낸다는 것이었다.
 팔순이라는데 그의 허리는 곧고 목소리가 낭낭했다. 지금도 잘츠부르그를 생각하면 이 모차르트의 고향에서 자기의 재주를 살려가며 조용히 여생을 보내던 그 노음악가와 샬레 풍의 여인숙이 기억에서 되살아난다.
 한때 일본에서 이름을 떨쳤던 수상의 손녀로 미국에서 공부를 마친 뒤 프랑스와 독일과 스위스 등지를 오가며 국제적 활동을 하고 있는 저명 인사가 있다. 그런데 그녀가 브리크에서 호텔을 찾다가 번번히 거절 당하는 글을 읽었다. 살빛이 다른 여자가 무거운 짐을 끌고 저물어 가는 낯선 산간 마을을 이리 저리 헤맸다는 이야기에 에뜨랑제의 서러움이 가슴에 와닿았다.
 이 브리크에서 집의 Y와 J가 하루 저녁을 묵은 일이 있다. 그들은 그린델발트에서 체르맛으로 가느라 칸더슈테크를 거쳐 브리크로 나갔는데, 그때 묵은 호텔이 깨끗하고 친절했다며 두고 두고 이야기한다. 그러자 몇 해가 지나서 Y가 대학 후배와 같이 다시 브리크에 들리게 되어 그 호텔을 찾아갔더니 여주인이 알아보고 그토록 반기더라고……
 서구 사람들은 개방적이고 언제나 친밀감을 준다지만 반드시 그렇지도 않다. 눈에 보이지 않는 우월감이 이따금 얼굴을 내밀어 불쾌할 때가 적지 않다. 이에 비하면 우리 동양 사람들이 오히려 개방적인지도 모른다.
 한번은 Y가 공부하던 독일의 작은 도시 칼스루에에서 역시 방을 얻으려고 밤거리를 헤맨 적이 있다. 그날따라 가는 곳마다 방이 없다고 했다. 술친구들이 둘러앉은 백인 패거리의 차가운 시선을 느끼며 힘없이 돌아섰던 일이 잊혀지지 않는다. 마침내 그 도시에서 여러 가지 행사가 있어 호텔과 여관이 모두 찼다는 뒷말을 들었지만 그때의 서글픔은 좀체로 가시지 않았다.
  아름다운 스위스의 산촌. 그 조용하고 깨끗한 거리를 수놓은 여인숙들의 꽃무늬 간판들이 언제나 나를 유혹한다. 브리크도 그러한 마을 가운데 하나리라. 이름을 안 지는 오래면서 가보지 못한 브리크가 종종 머리에 떠오르는 것은 잘츠부르그의 객사의 인상 때문일까? 아니면 먼 훗날 다시 찾아간 이방인을 잊지 않고 반겨준 이국 산촌에 대한 짙은 향수 때문일까?

로이테와 멘쉔

몇 해 전에 스위스에 갔다가 그곳 산악회 사람들과 만나서 저녁 한 때를 같이 보낸 적이 있다.

스위스는 땅덩어리는 작으나 알프스 중의 알프스를 가지고 있는 나라로서 산악회 조직도 19세기 중엽에 벌써 생겼다. 따라서 오늘날 약자 SAC로 알려진 스위스 산악회의 이름은 세계 등산계에 단단히 그 뿌리를 내리고 있다.

1952년 스위스가 세계 최고봉인 에베레스트에 원정대를 파견한 것을 아는 사람은 그다지 많지 않으나, 당대에 이름 났던 랑베르가 사우드콜을 지나 동남릉 8,500미터 고소까지 진출하여 놀라운 기록을 세웠다. 이렇게 그들이 지나간 발자취를 이듬해인 1953년 영국 원정대가 다시 밟으며 역사적인 초등정을 이룩했다.

물론 에베레스트에 대한 도전은 1921년 이래 영국이 독점하고 벌여왔는데, 오직 1952년에 스위스가 이렇게 한번 그 대열에 끼어든 셈이다. 영국의 존 헌트 대장은 그의 원정기 「에베레스트 등정」에서 스위스 원정대의 선구적 개척을 찬양하고, 영국대의 초등의 성과는 여기에 힘입은 바 크다며 그 공을 높이 평가했다. 오늘날 에베레스트에 오르는 주된 길목인 웨스트 쿰의 설월을 '침묵의 계곡'이라 하고 로체 훼이스 급사면 한가운데에 튀어나온 거대한 암반 지대를 '제네바 스포르'라고 하는데, 이러한 이름들을 스위스 원정대가 붙인 것을 생각할 때 그들이 세계 등반사에 남긴 발자취는 결코 작지 않은 것을 알 수 있다.

1991년 8월 1일은 스위스 건국 700주년이 되는 날이다. 산과 눈과 얼음 외에 가진 것이 없는 가난한 나라 스위스가 그 짧은 역사에서 오늘날 지구상 가장 아름답고 가장 돈 많은 나라가 됐다. 사실 스위스는 어디를 가나 그림같이 아름다우며 맑고 깨끗하다. 그야말로 세계의 공원이며 지상의 낙원이라는 이름이 여기처럼 들어맞는 데도 없을 것 같다. 가난한 구석이라고는 찾을래야 찾을 수 없고 살림이 윤택한 것이 그대로 눈에 보인다. 땅덩어리가 작다고 하지만 전국 어디를 가나 사람의 정성어린 손길이 가닿지 않은 곳이 없다. 수도는 아니라도 제네바 다음 가는 국제 도시로 이름 높은 쮜리히 시내 한가운데를 흐르고 있는 강물에는 잉어처럼 보이는 큰 물고기들이 떼를 짓고 헤엄치고 있었다.

스위스가 난 세계적인 인물로 카르방과 츠빙굴리, 루소와 페스타롯치 그리고 앙리 뒤낭 등이 있는 것을 누구나 알고 있다. 그러나 스위스의 자랑은 여기서 그치지 않는다. 스위스가 마음에 들어 찾아온 사람들 가운데 아인슈타인을 비롯해서 레닌과 로자 룩셈부르그며, 헷세와 레마르크 그리고 토마스 만 등 학자·예술가·종교가·문인 그리고 혁명가…… 실로 다채롭다. 그들은 스위스에서 사상을 키우고, 연구하고, 작품을 쓰며 뼈를 묻었다. 한마디로 그들의 값진 인생이 그대로 투영된 곳이다. 풍토가 인물을 낳고 끌어당기는 좋은 예가 스위스라고 해서 안될 것 없다.

스위스의 특징은 이밖에도 있다. 대통령의 경우가 그것이다. 인구 6백만 남짓한 작은 나라이지만 일곱 각료가 돌아가며 1년씩 맡는 직이 대통령이다. 권력의 집중을 막고 부정의 요소를 없앤다는 발상에서 온 제도라고 한다. 대통령이 출퇴근을 시민과 함께 전차로 한다는 이야기와, 출근 길에 택시 안에서 승객이 졸도해서 급히 병원으로 갔더니 이미 죽었는데 알고보니 재무장관이었다는 이야기 등을 책에서 읽은 적이 있다. 모두 요새 이야기는 아니지만 이런 나라가 지구 위에 있으며 그것이 다름 아닌 스위스다.

그런데 생일 700세를 맞는 스위스를 보도한 외지의 기사에서는

「알프스가 흔들린다」는 제목 아래 오늘의 스위스가 안고 있는 심각한 문제들을 낱낱이 파헤쳐 들어냈다. 이미 오래전부터 현대 문명사회가 앓고 있는 흔한 병들이 이제 스위스에도 찾아온 셈이다. 그러나 잠깐 지나가는 길손의 눈에는 보이지 않는 이런 병 앞에 스위스도 예외가 아니라는 것일까? 행정부의 스캔달, 경제적 불안과 사회적 혼란, 약물 중독, 잇단 폐업과 늘어나는 실업자, 걸인 그리고 백주의 강간 사건 등……

스위스 산악회 사람은 "오늘날 스위스에는 '로이테'는 있어도 '멘쉔'은 없다"고 했다. 사람은 많으나 인간이 없다는 뜻이다. 나는 루체른 남쪽에 자리잡은 조용하고 아름다운 산간 마을 엥엘베르그 객사에서 저물어가는 밖을 내다보며 멀리 그리스의 철인을 생각했다—— 대낮에 아테네 거리를 등불을 켜들고 다니며 사람들이 오가는 사이에서 참다운 인간을 찾았다는……

문명이 날로 고도화 하고 생활은 확실히 풍요로와졌다. 그러나 이와는 달리 뜻하지 않은 병폐가 늘고 있으니 그 까닭을 어떻게 설명해야 좋을까?

원시 사회가 현대 사회로, 고대가 현대로 발전하는 가운데 여전히 풀리지 않는 오직 하나의 문제가 있다면 "인간이란 무엇인가?"하는 것이 아닐까 싶다.

우연한 기회에 만나 하루 저녁 짧은 시간을 같이 보낸 스위스 젊은이가 불쑥 던진 '로이테'와 '멘쉔'의 이야기가 이 어려운 과제를 푸는 작은 실마리를 주는 것 같다.

스위스의 똥차

스위스라고 하면 사람들은 세계의 공원이나 지상의 낙원을 머리에 그리리라. 도시를 벗어나면 바로 목초장과 숲이 이어지고 곳곳에 푸르고 맑은 호수가 나타난다. 높은 곳의 목초장은 '알프' 낮은 곳은 '비이제'라고 하는데 그 어디를 가나 말끔히 사람의 손이 가있다. 남부 독일에는 슈바르츠발트라는 숲이 유명하지만 스위스에는 그런 독특한 이름이 붙은 숲은 없어도 이보다 더 숲다운 숲들을 어디 가나 보게된다.

스위스의 자연은 꽃과 동물의 세계다. 크로카스, 엔치안, 알펜로제, 글로켄블루멘, 차이트로제…… 그야말로 백화 요란을 이루는 천연의 꽃밭이다. 숲에는 들짐승이 많아서 차가 달리는 길가를 따라 곳곳에 동물을 조심하라는 표지가 나붙어 있으며 나무 밑둥에는 야광띠가 둘려 있다. 밤에 자동차의 불빛이 여기에 반사해서 짐승들을 쫓도록 하는 장치라고 한다.

스위스는 물론 높은 알프스를 가지고 있다. 도시나 초원을 둘러싼 지대는 그렇지도 않지만, 오지로 들어가면서 사철 눈에 덮여 있는 산과 산이 이어진다. 곳곳에 크고 작은 호수가 있는 것은 이러한 높은 산들이 있기 때문이리라. 캐나다에 비할 것은 못되겠지만 스위스에도 헤아릴 수 없을 만큼 호수가 있다.

하루는 산정 호수로 이름난 에쉬넨 호를 찾아서 그 입구인 칸더슈테크까지 올라갔다가 시간이 늦어 되돌아섰다. 산길을 내려올 때 BLAUSEE 라는 표지판이 눈에 띄었다. 근처에 호수가 있는 모양이니 에쉬넨 대신 여기라도 보려고 차를 세웠다. 낯선 이름이라 그다지 알려진 곳이 아닌 듯 했으나 그 이름에 끌렸는지도 모른다.

길을 벗어나 숲 속으로 들어가니 바로 작은 호수가 나타났다. 그런데 물이 어찌나 푸른지…… 그제서야 이름마저 '푸른 호수'인 것을 알았다. 계절이 일러서인지 사람 그림자가 보이지 않았다.
체호프 단편에 「시베리아 나그네길」이 있다.
"시베리아는 어째서 이토록 춥지?"
"신의 은총일세!"
하는 대목이 그 첫 머리에 나온다. 스위스는 어째서 이렇게 아름다울까?

그런데 깨끗하고 아름다운 스위스에 똥차가 여기저기 굴러다니는 것을 아는 사람이 얼마나 될까 싶다. 다름아닌 목초장에 거름 주는 분뇨차다. 그곳의 농부들은 화학 비료를 쓰지 않는다. 물론 냄새가 좋을 리 없고 그런 것이 굴러다닐 때 보기에도 아름다울 리 없다. 그래서 그들은 아침 일찍 사람 눈을 피해서 일을 해치운다. 목초장에는 샬레라는 그 지방 특유의 농가들이 있는데 건물 가까이 이런 분뇨차들이 서 있기 마련이다. 골프장 잔디에 거름으로 준 농약이 큰 사회 문제를 일으키는 우리 나라와 너무 대조적인 이야기다.

지난날 스위스에서 충전해 쓰는 장난감같은 손전등을 하나 샀다. 라이터 만한 크기였는데 거기에 깨알 같은 글씨가 적혀 있었다. 쓰고 나면 산 곳에 돌려달라는 글귀였다. 안에 들어있는 단추처럼 생긴 수은 전지가 공해 물질이어서 회수하려는 것이었다.

독일의 도시는 대체로 작지만 거리의 전신주마다 노란 깡통이 달려있다. 이것도 그런 수은 전지 회수함이란다. 언젠가 독일 친구가 보낸 편지를 읽다가 그 한 구석에 역시 깨알 글씨가 눈에 띄었다. 이 편지지는 휴지를 재생한 것으로 탈색 탈취 하지 않은 환경 보호지라는 설명이었다.

유럽에 여러 나라가 있지만 특히 독일과 스위스 거리에서는 약속이나 한 듯이 신호 대기나 일반 통행으로 차가 서 있을 때 으례 엔진을 끈다. 로스엔젤러스의 경우 자동차 연료 4 갤론 가운데 1 갤론이 아이들링으로 없어진다는 기막힌 기사를 읽은 적이 있다. 연료 낭비도 낭비려니와 차가 내뿜는 배기 가스로 인한 공기 오염은 어느 정도겠는가?

지금 지구촌의 상황은 도저히 걷잡을 수 없을 만큼 악화 일로에 있다고 한다. 일례로 미국 중서부에서 발생한 산성비가 캐나다의 숲을 죽이는가 하면, 러시아의 유황 산화물이 핀란드의 숲을 망가뜨리며, 유럽 각국의 경제 활동으로 독일의 '검은 숲' 25 퍼센트가 황폐했다고 한다.

이런 이야기는 끝이 없다. 1985년 남극에서 보고된 오존홀…… 이 구멍으로 자외선이 들어와서 생태계가 파괴되며 피부암까지 일으킨다는데, 어느 가정에서나 쓰고 있는 냉장고의 화학 물질이 하늘로 올라가서 계속 오존층을 파괴한다고 들었다.

일찍이 「이데올로기의 종언」을 쓴 다니엘 벨이 근자에 「21세기의 개관」이라는 책을 냈다. 그 글 가운데 경제 성장은 환경 오염이라는 대가를 치룬다며 인간의 숙명을 씁쓸한 기분으로 말하고 있다. 이어서 그는 공해 방제 장치라는 것이 있기는 하지만 이것으로 오염 물질을 깨끗이 처리할 수는 없다며, 결국 바다 속에 버리거나 땅 속에 묻거나 땅 위에서 태워버린다 하더라도 그것들이 2차적 공해 요인이 된다고 했다.

벨은 공해를 줄이려면 경제 성장을 늦추는 길밖에 없는데, 한국을 비롯한 신흥 공업국들이 그렇게 하겠는가 되묻고 있다.

새삼 서울의 아침 출근길을 생각한다. 날로 승용차가 늘어나고 있지만, 거의 혼자 차를 타고 간다. 한 사람이 차지하는 공간이 줄잡아 10 평, 그 소음과 위험과 배기 등…… 다니엘 벨의 뛰어난 아이디어가 아니지만 그는 자가용 대신 대중 공용 수송 수단을 널리 사용해야 한다고 했다. 어떻게 보면 별수 없는 궁여지책 같지만 그렇다고 달리 더이상 뾰족한 묘안도 있어 보이지 않는다. 그러나 이것마저 이루어질 가망은 없다.

서울 근교의 이른바 약수터는 오래전에 마시지 못한다는 판정을 내렸다. 한때 세상을 소란케 했던 낙동강 오염 사건과 골프장 농약 문제 등 역시 그 어느 하나 그뒤 해결됐다는 소식이 없다. 최근 (1995년 3월)에 나온 독일의 주간지가 극동 신흥국의 환경 문제를 다루면서 중국과 한국, 대만 등의 올해 경제 성장률을 각각 10에서 6 퍼센트 정도로 보고 이에 비해 독일은 2 퍼센트 남짓 한 것으로 보도했다. 오래전부터 한국은 해마다 고도 성장률을 목표로 하고 이것을 자랑해왔는데, 이런 처지에서 산업 쓰레기니 식수원 오염이니 하는 문제의 해결을 기대할 수가 없다. 벨의 예견이나 진단이 그대로 맞았다고나 할까.

베네데트 밸러리의 「지구를 구하는 1,001가지 방법」이라는 책이 생각난다. 학자도 전문가도 아닌 30대의 평범한 여성이 생활 주변에서 공해를 추방하자고 나섰다. 오늘날 우리 생활 속에서 흔히 보는 일회용 물건, fast food, snack food, 전자렌지 등등 일일이 열거하기 어려우리 만큼 많은 공해 요인에 대한 가정 주부다운 세심한 배려가 이 책을 만들었다. 그러나 탈문명적인 생활로 돌아가기엔 너무 늦었다.

언젠가 오랜만에 3박 4일, 설악을 다녀왔다. 단풍으로 모여든 인파에 온통 산이 몸살을 앓는다고 하던 무렵이었는데, 우리가 간 설악은 조용하다 못해 쓸쓸하고 아름다움을 넘어 신비로웠다. 길을 벗어나 남들이 가기 어려운 산릉과 암벽과 계곡을 갔기 때문이다. 머루,

다래, 약초, 버섯, 열목어, 산천어의 세계를 간 셈이다. 반달곰과 산양이 어딘가에 숨을 죽이고 숨어있을 것같은 깊은 골짜기가 설악에 아직 있다는 것을 나는 이번에 다시 알았다.

스위스에서 알프스의 산정 호수 가운데 산정 호수라는 에쉬넨 호수로 가다가 큰 바위에 동판이 박혀 있는 것이 눈에 띄었다. 이토록 아름다운 자연을 만들어 준 창조주에게 감사하고 그를 찬양하는 간단한 글이 새겨있었다.

스위스의 아름다움은 하늘의 선물이라기보다 이러한 그들의 감사하는 마음과 목초장의 분뇨차에서부터 찾아야 할것 같다.

돌로미테 회상

지난 70년대 이야기니 이래저래 스무 해도 넘은 것 같다. 바위를 잘 타는 한 젊은이가 찾아와서 돌로미테에 가고 싶은데 어디가 좋겠는가 물었다.

우리 등산계는 지금도 알프스를 멀리 두고 있지만 특히 돌로미테에 대해서는 거의 모르고 있었다. 80년대에 들어와서 겨우 알프스의 3대 북벽이 젊은 층의 관심을 끌기 시작했으나, 그 무렵 돌로미테를 입에 올리는 사람을 보지 못했다.

나는 그 젊은 클라이머에게 그토록 가고 싶으면 성공하지 못하더라도 기록에 남을 만한 곳으로 가라며 '드라이 친넨'을 추천했다. 젊은이가 돌로미테를 어떻게 알았는지 물어보지 않았지만 그는 '드라이 친넨' 이야기를 처음 듣는 얼굴이었다. 그리고 거기가 어떤 곳이냐고 되물었다.

이탈리아어로 '트레 치마 디 라바레도'라는 긴 이름인데, 이 거대한 바위 봉우리는 '치마 그란데', '치마 오베스트', '치마 피코라' 등 세 암봉으로 돼있다. 이 세 자매봉은 돌로미테 산군에서 가장 유명하고 가장 특이한 존재지만, 그 가운데서도 '치마 그란데'가 먼저 알려졌다. 높이가 3,000미터 가까운 이 봉우리의 북벽은 표고차 550미터 말 그대로 직벽인데, 1933년에 그 유명한 이탈리아의 전위적 클라이머 에밀리오 코미치가 처음 올라갔다. 그리고 다음 봉우리인 '치마 오베스트'도 2년 뒤 역시 이탈리아의 리카르도 카신이 초등을 기록했다.

록 클라이밍을 즐기는 사람은 누구나 경험하는 일이지만, 바로 선듯한 바위도 가까이 가보면 대개 어느 정도는 누워있기 마련이다. 윔퍼가 마터혼의 동벽을 그렇게 평한 글이 그의 알프스 등반기에 나온다. 그런데 드라이 친넨은 그렇지 않다. 멀리서는 물론이고 바로 앞에 서서 보아도 무섭도록 곧추 선 암벽이다. 그러나 붙어 볼 생각이 난다면 풍화 작용으로 표면이 침식해서 군데군데 홀드가 있어 보이기 때문일까? 그래도 500여 미터라는 표고차도 대단한데, 이 암봉이 높은 플라토에 우뚝 서있으니 오를 때의 고도감은 그야말로 소름 끼치리라.

돌로미테에 가겠다던 젊은이의 소식은 그것으로 끊어졌다. 뿐만 아니라 오늘날까지 이 세 자매봉은 고사하고 돌로미테 어느 암봉에 우리 클라이머들이 도전했다는 이야기를 듣지 못했다.

돌로미테는 원래 오스트리아 령이었는데 1차 대전 말기에 이탈리아 영토로 되어 오늘에 이르렀다. 남부 알프스 티롤 지방에 살고 있는 라인홀트 메스너가 자기 국적은 이탈리아지만 오스트리아 문화권에서 산다고 말한 적이 있다. 그의 많은 저술이 모두 독일어로 되어 있는 까닭이리라.

등산의 발상지인 알프스는 나라로 치면 오스트리아·독일·프랑스 이탈리아 네 나라가 둘러 싸고, 그 한가운데가 스위스다. 알프스는 평균 표고가 4,000 미터로 사철 눈과 얼음의 세계다. 그러나 이탈리아에 속해 있는 남쪽 돌로미테는 또 다른 세계다.

돌로미테 산군은 마르몰라다(3,360m)를 최고봉으로 하며 대체로 3,000 미터 높이니 알프스에서는 낮은 편이다. 그런데 석회질 암봉들이 푸른 목장 지대에서 마치 불꽃처럼 코발트 블루의 하늘에 치솟는 모양은 바위와 얼음으로 뒤섞인 서부 알프스와 크게 대조를 이루고 환상적이다. 특히 드라이 친넨의 거대한 세 암봉이 이러한 돌로미테 산군의 중심인 쌕스텐 대지에 군림하는 모습은 장구한 지구 역사의 거대한 기념탑이자 수백 년 동안 풍설 속에 서있는 고딕식 대성당과도 같다.

지난 1992년 늦은 봄이었다. 스위스 쮜리히 ETH에서 공부하는 Y가 모는 골프로 아내와 셋이 드라이 친넨을 보러 갔다. 오르지는 못해도 그 벽이라도 한번 만져보고 싶었다. 드라이 친넨은 사진에서 수없이 보고 그 특이하고 웅장한 자태가 뇌리에 깊이 박힌 지도 오래다. 그래서 느닷없이 찾아온 젊은이에게 드라이 친넨 이야기를 바로 하게 되었는지 모른다.

스위스는 작은 나라기도 하지만 쮜리히에서 돌로미테 산군까지는 차로 반나절 길이다. 스위스에서도 아름답기로 이름난 엔가딘 지방을 지나 베르니나 또는 율리아 파스를 넘어가면 벌써 이탈리아다. 이 엔가딘의 중심지는 그 유명한 관광지 쌍트 모리츠인데, 이 산간도시를 가운데 둔 들과 마을의 아름다움은 표현할 길이 없다.

완만한 양지 바른 경사면은 목초장으로 때마침 노란 민들레 꽃으로 덮여있었고, 그 한가운데 거므스레한 목조 건물이 드문드문 서 있다. '샬레'라고 하는 전형적인 농가들이다. 창가에는 으례 빨간 꽃들이 놓여있는데 멀리서도 제라늄인 것을 알 수가 있다. 그들은 어째서 제라늄을 그토록 좋아하는지 모르겠다.

쌍트 모리츠에는 최근까지 UIAA(세계산악연맹)의 회장을 지낸 세간티니의 조부인 화가 세간티니를 기념하는 미술관이 있다. 19세기 중엽 북 이탈리아에서 태어난 그가 엔가딘 지방에 끌려 이곳 쌍트 모리츠에 살며, 줄곧 산과 산촌과 농부를 그리다가 20세기를 보지 못하고 갔다. 그의 그림은 언제나 맑고 아름다운 엔가딘의 자연을 배경으로 펼쳐지는 가난하면서도 성실하고 소박한 인간의 모습을 화폭에 담았다. 그러나 우리는 이 세간티니 미술관도 들리지 못하고 베르니나 파스를 넘어야 했다. 파스에는 잔설이 있었고 바람이 찼다.

초라한 매점이 하나 있었으나 문이 닫히고 사람이 없었다.
 베르리나 파스를 내려가면 이탈리아다. 그러나 쎅스텐까지는 아직 멀다. 이탈리아 지방에 들어서면 주위가 눈에 띄게 달라진다. 맑은 하늘과 어딘지 모르게 부드러운 풍물, 그런데 여기저기 얼굴을 내미는 봉우리들은 그렇지도 않다. 여기는 티롤 하고도 남 티롤 지방이다. 카이슬러 슈피체로 보이는 암봉들이 나타났다. 메스너의 고향이 여기서 멀지 않다는 이야기다.
 메란, 보첸 등 오래전부터 이름이 익은 마을을 지나 드디어 토블락 그리고 인니헨에 이른다. 쎅스텐 캠프장에 도착한 것은 저녁 가까운 시간이었다. 캠프장은 아직 철이 이른지 조용했다. 특히 우리같이 천막을 친 사람들은 보이지 않았고, 여기저기 '본바겐'을 이용하는 사람들이 눈에 띄었다.
 젊은 남녀 한쌍이 저녁 늦게 오토바이로 와서 2인용 천막을 치더니 아침 일찍 어디론가 가버렸다. 동구에서 왔다는 노 부부가 시커먼 애견을 데리고 옆에 천막을 쳤다.
 캠프장을 두른 숲 사이로 날카로운 암봉들이 석양을 받고 더욱 아름다웠다. 아무리 보아도 다른 데서 보기 어려운 돌로미테만의 독자적인 세계다. 눈과 얼음이 붙지 않은 예리한 린네와 슈피체 때문인가 아니면 유난히 파란 이탈리아의 하늘과 석회암이 대조를 이루기 때문일까?
 다음날 아침 우리는 '드리이 친넨'으로 갔다. 친넨 가까운 곳에 차를 세우고 산길을 더듬었다. 세 자매봉이 눈앞에 다가오면서 눈이 깊어졌다. 어느 정도 제설 작업을 했지만 막바지 비탈길은 무릎이 빠졌다.
 라바레도 산장으로 오르는 비탈길을 독일이나 오스트리아에서 온

듯한 부부가 어린 두 남매를 앞세우고 올라왔다. 사내 아이는 씩씩거리며 앞장섰는데, 뒤따르던 딸애가 울며 눈 위에 쓰러졌다. 엄마는 아들과 먼저 올라가고 뒤에서 아빠가 딸을 몰아부쳤다. 끝내 팔을 잡아주지 않고……

라바레도 산장 앞에 사람들이 옹기종기 모여있었다. 우리는 도시락을 펼치고 멀리 가까이의 돌로미테 산군을 둘러보았다. 좋은 날씨여서 멀리까지 보이니 얼마나 다행스러운지 몰랐다. 산장을 끼고 돌아 가노라면 '치마 그란데' 벽을 만질 수가 있겠는데 그러기에는 눈이 깊었다.

'드라이 친넨'은 이미 관광지로 바뀐 듯 했다. 이 높은 데까지 차도가 나있었다. 지금은 철이 일러 이렇게 조용한가 보다. 돌로미테를 클라이밍의 메카로만 본다면 그만큼 손실이 클지도 모른다. 이 지방에는 크로카스를 비롯해서 엔치안 프리멜른 차이트로제 등 알프스의 다른 데서는 보기 힘든 고산 화초들이 핀다. 그중에서도 '엔치안'을 아는 사람이 얼마나 있을까? 요들에도 나오는 '엔치안'은 우리나라의 금강초롱보다 큰 나팔꽃이 줄기 없이 바로 땅과 바위 틈에서 하늘을 보고 핀다. 그것도 메마른 석회질 토양에서 짙은 남색을 띠고 이탈리아의 맑은 하늘 아래 피어난다. 그런데 멀리 여기까지 와서 철이 일러 '엔치안'을 보지 못하고 돌아가야 했다.

'드라이 친넨'에서 내려오는 길에 '미즈리나' 호수가 있다. 1,775 미터 고소에 길이 925, 넓이 325, 가운데 깊은 곳이 3.6 미터라고 책에 써 있다. 호반의 까페에서 에스프렛소를 마시며 잠시 쉰다. 넓은 호수 건너 호텔 건물이 크리스탈로로 보이는, 거친 암봉을 배경으로 서 있는 모습이 '미즈리나'의 전형적인 그림이다. 이 그림을 처음 본 것은 반세기도 훨씬 전으로 내가 이북 평양에서 보통학교에 다닐 때였다. 그런데 '미즈리나'를 둘러싼 풍물은 어려서 본 그림과 조금도 다른 데가 없었다.

'미즈리나'에서 10여 킬로 서쪽으로 트레 크로치 파스를 넘으면 '코르티나 담페초'에 이른다. 돌로미테 지방에는 아름다운 마을이 적지 않은데 그 중에서도 대표적인 곳이 이 담페초다.

표고가 1,200 미터를 웃도니 알프스의 산마을 치고는 높은 편이다. 그러나 인구가 8,000 명 가량 된다면 샤모니나 체르맛보다 크다.

코르티나 담페초는 주위를 동과 서와 북으로 표고 3,000 미터 가까운 크리스탈로 토파나 소라피스 등의 암봉군으로 둘려 있지만, 그 사이가 넓은 목장 지대여서 골짜기에 갇혀있는 느낌이 없다. 시내에 크리스탈로라는 이름의 아담한 까페가 있는데 커피보다는 아이스크림 맛이 좋다.

담페초는 돌로미테 클라이밍의 기지에 틀림없으나 오히려 국제적 관광지로 널리 알려져 있다. 독일 수상이 보이지 않으면 코르티나 담페초에 가있다는 이야기까지 있다.

시내를 거닐다가 산뜻한 쇼핑 센터가 눈에 띄어 들어갔다. 잡다한 물건들이 손님을 기다리고 있었는데, 압력솥 앞에서 아내가 걸음을 멈추었다. 집에 있는 오래된 이탈리아 압력솥이, 패킹이 망가져 쓰지 못하고 그렇다고 버리기에는 아깝던 그 물건이 생각난 모양이다. 최근까지 독일의 카메라, 스위스의 시계…… 이런 명품들은 오래된 것을 본고장에 가져가면 완전히 새것이 되고 운이 좋으면 아예 신품으로 바꾸어준다고 했다. 어느 정도 믿을 만한 이야기인지는 모르나 그런 시대가 있었다.

관광철도 아닌 이때 멀리 동양에서 온 사람을 보고 이탈리아 점원

아가씨들이 그대로 있을 리가 없었다. 천성이 정답고 참견 하길 좋아하는 그들이라 여럿이 모여들었지만 말이 안 통한다. 그러나 문제가 별것 아닌 패킹이니 크기만 알면 된다. 결국 눈대중으로 적당히 몇 개 골랐다. 훗날 집에 돌아오자 낡은 솥을 꺼내 패킹부터 맞추어 보았다. 그런데 그야말로 안성맞춤이 아닌가! 요새 유행하는 허울만 좋고 실속 없는 애프터 써비스와는 다르다. 멀리 외국 산촌에서 뜻밖에 구한 하찮은 부품 하나로 물건이 제 기능을 돼 찾을 줄이야 누가 알았으랴?!

늦어서 쌕스텐에 돌아오니 동구권 아저씨가 찾아왔다. 우리가 없는 사이에 자기 개가 우리 천막에 들어갔었다며 무슨 일이 없었는지 보라고 했다. 북극 탐험대나 미국 요세미테 캠퍼들이 이따금 곰의 습격을 받는 이야기를 책에서 읽은 적이 있다. 물론 사람을 해치려는 것이 아니고 먹을 것을 노리지만, 그러다가 흔히 취사도구나 막영구를 엉망으로 만들기도 한다. 그러나 이번에는 곰 아닌 개가 들어 갔으니 별일 없어 다행이었다.

세월이 흐르며 언제 다시 가볼런지 모르는 돌로미테가 그리고 그 캠프장이 그리워진다. 캠프장을 관리하는 사무소의 이쁘고 아담한 목조 건물, 그 한쪽 레스토랑에서 커피를 내놓으며 다정하게 말을 붙이던 젊은 부인의 멋진 후리어 스커트가 눈에 선하다. 그러나 캠프장 한가운데 있는 화장실 겸 샤워장에서 일하는 젊은이가 헝가리에서 왔다며 돈벌이 좋은 데가 있으면 가고 싶다던 그 애처로운 눈매가 잊혀지지 않는다.

그 화장실과 샤워장의 빈틈없는 설계와 온갖 배려 그리고 청결을 또 무엇에 비하랴?! 여기도 관광철이 되면 어느 나라처럼 되고야 말 것인가? 한 가닥 의심을 안고 우리는 돌로미테 쌕스텐을 뒤로 했다.

마리 끌러드

　마리 끌러드(Marie Claude). 마리 끌러드는 지난 1989년 여름 우리 집에서 열흘 동안 같이 지낸 프랑스 아가씨다. 맏딸 G가 빠리에 있을 때 사귄 친구의 친구다.
　G가 빠리에서 공부를 마치고 돌아온 뒤의 일이다. 어느날 프랑스에서 편지 한 통이 왔는데, 여행사에서 일하는 친구가 한국에 간다고 하니 집에 재워줄 수 없겠는가 하는 내용이었다. 마침내 빈 방도 있으니 좋다고 했다.
　한가지 걱정 되는 것은 G가 이미 출가한 뒤여서 말이 불편할 것 같았다. 그런데 프랑스 아가씨가 그런대로 영어를 한다고 했다. 그러면 서로 서툰 영어로 말하는 것이 오히려 정다울지도 몰랐다. 프랑스 사람들은 영어를 쓰려고 하지 않는다고 하지만 반드시 그런것도 아니다. 언젠가 빠리 개선문 근처에서 비아하겐으로 가는 지하철을 타려면 어디로 가야하는가 영어로 물었더니 허름한 옷차림의 남자가 친절하게 가르쳐 주었다. 그래서 고맙다고 했더니 따라 오며 인생을 살기 괴롭다느니 말이 많았다. 저녁 시간이라 어디서 한 잔 한 듯 했지만 빠리 한가운데서 이런 사람 만나니 재미도 있고 서글픈 생각도 없지 않았다.
　그런데 마리 끌러드가 온다던 날이 지났는데도 나타나지 않는다. 그렇다고 어떻게 됐는가 이쪽에서 프랑스에 물어볼 것까지는 없는 일이니 없었던 일로 해두었다.
　봄이 가고 여름이 왔다.
　하루는 홍콩에서 엽서가 날아왔다. 마리 끌러드의 편지였는데, 오다가 노자가 떨어져 홍콩에 머물며 베이비 씨팅 일을 하고 있으니 늦게 가도 괜찮겠는가 하는 내용이었다. 서양 사람들의 사고나 기질을 모르는 바 아니나 무척 재미있는 아가씨 같아서 그녀가 오는 날이 기다려졌다. 본 적 없는 빠리지엥느 얼굴을 이리 저리 머리 속에 그려보며 우리는 마리 끌러드를 기다렸다.

뜰의 낙엽송이 푸를대로 푸르고 큰 후박 나무의 넓게 퍼진 가지가 온통 뜰을 덮었다. 그러던 어느날 마리 끌러드한테서 전화가 왔다. 광화문 근처에 있는 모 여관에 있다고 했다.

몇 해 전 지리산에서 만났던 독일 대학생과 그가 한라산에서 사귀었다는 미국 대학생이 묵었던 곳도 거기였다. 그런데 이 여인숙은 어떻게 된 일인지 배가번드 같은 외국 사람들만 득실거렸다. 서울 한가운데 있고 값이 싼 것이 그들에게 매력인지도 모른다.

여행을 사치나 허영으로 여기지 않고 인생의 체험으로 아는 서양 사람들에게는 돈 안들고 정보가 빠른 곳이면 된다는 일치된 사고가 있다. 잠자리야 훌훌 털고 일어나면 그만이니까.

나는 서울 한복판에 있으면서 서울 사람들이 모르는 이런 이상한 무임 숙박 시설같은 데서 세계 도시 중의 도시 프랑스 빠리에서 온 진짜 빠리지엥느를 집으로 데리고 왔다. 그녀는 집에 들어오자 바로 G와 전화로 만났다.

마리 끌러드의 모국어가 거침없이 흘러나왔다. 마치 오랜 친구를 만난 듯이 웃어가며 서양 사람 특유의 몸짓과 표정으로 한참 이야기를 하더니 그녀는 서울 아닌 빠리에 있는 느낌이라며 기뻐했다.

마리 끌러드에 대해서는 우리는 이름밖에 모른다. 열흘 동안 같이 있으면서 더이상 자세한 이야기를 모르고 지냈다. 나이를 묻는 것이 실례라는 것쯤 알고 있지만 학교를 어디 다녔고 무슨 공부했냐고 묻기도 꺼렸다. 하기야 그런 것은 조금도 중요하지 않다.

외국인 하면 특히 백인을 말하자면 서양 젊은이들은 혼자 여행하는 일이 많다. 지리산에서 만났던 독일 청년은 프랑크후르트 대학생이었다. 1977년 에베레스트 베이스캠프까지 혼자 걸어온 이란 대학생도 있었다. 그 이듬해 북극에서는 서로 나라가 다른 젊은이들을 셋이나 만났다. 그린란드 북단 카낙이라는 에스키모 마을에서 우리 옆에 천막을 쳤던 미국 대학원생과 폴란드 여성 그리고 독일에서 일한다는 호주 청년 등인데, 모두 미혼으로 혼자 그 먼 곳까지 왔던 것이다. 그 가운데 미국 청년은 우리가 비행기에서 내린 튤레에서 카낙으로 헬리콥터로 이동하는 것을 알고 같이 갈 수 없겠는가 묻던 젊은이었다. 그는 훗날 혼자 배로 왔다.

　백인 젊은이들이 이렇게 혼자 세계 구석 구석을 돌아다니는 것은 그들의 경제적 여유로만 볼 수는 없다. 그들이 모두 탐험가는 아니지만 한 가지 분명한 것은 그들이 언제나 새로운 세계를 추구한다는 것, 위험이나 고난을 두려워하지 않는다는 것만은 사실이다. 그러한 기질들을 타고 났다고 하는 수밖에 없을 것같다.

　오늘의 선진 문명이 서양 문명이고 지구의 공백을 그들이 메꾸어 나간 것을 부정하기가 어렵다. 그들의 진취성 탐구욕 그리고 모험욕 등이 등산의 세계에도 뚜렷한 자취를 남겼다. 즉 지구 위의 높은 산들을 그들이 누구보다 먼저 모두 디디고 넘었다는 이야기다.

　하루는 마리 끌러드와 북한산에 올라갔다. 몸매로 보아 산을 잘 타는 것 같지는 않았다. 그러나 그녀는 곧잘 따라오며 집 가까이 이런데가 있느냐고 놀라는 눈치였다. 마리 끌러드는 골짜기를 흐르는 물에 발을 담구고 옹달샘의 물도 마시며 어린아이처럼 좋아했다. 프랑스의 서울 빠리에서 자란 그녀가 언제 이런 맛을 보았겠는가?

　빠리는 인구 팔백 만, 자동차 만도 삼백 만대나 된다. 개선문을 중심으로 방사선으로 뻗은 멋진 불바드. 그야말로 세계에서도 으뜸가는 문화·예술·유행의 도시임에는 틀림 없으리라. 그러나 그곳의 젊은이들은 주말이면 남쪽으로 남쪽으로 차를 달린다. '훵테느블로'가 그들의 목적지다. 중세 이래 프랑스 왕의 수렵지였던 대자연이 그대로 남아 있는 곳, 나폴레옹이 코르시카 섬으로 쫓겨날 때 그의 근위병들과 작별의 눈물을 흘렸다는 곳, 화가 밀레가 '만종'을 그렸다는 바르비종이 여기서 멀지 않다.

그러나 빠리의 젊은이들이 찾는 것은 그런 역사적 고적이나 문화적 유산이 아니다. 이곳 대자연 속에 흩어져 있는 바위 덩어리들이다. 높이가 고작해서 3미터에서 20미터 정도 되는 암괴들을 보고 그들은 모여든다. 이런 데서 무슨 클라이밍을 하겠는가? 그러나 그만 하면 보울다링에 안성 맞춤인지 모른다.

서울의 북한산과 도봉산. 그 가운데서도 인수, 선인, 만장 등…… 알프스의 돌로미테나 미국 요새미테에 비할 것은 못되지만 우리의 자랑은 그런 데가 서울 대도시 근교에 있다는 것이다.

1963년, 이반 슈나드가 인수봉에 루트를 개척한 것을 모를 사람은 없다. 그러나 나는 그로부터 20년 뒤, 4월 초 성균관 대학생 일곱명이 느닷없이 휘몰아친 악천후로 벽에 매달린 채 희생된 사건을 더욱 중요시 한다.

나는 이 봄날의 인수봉 조난 사건을 바로 독일의 등산 전문지 "Der Bergsteiger"에 보고했다. 그들이 이 사건을 크게 다루리라는 것을 믿고 의심하지 않았기 때문이다. 그리하여 인수봉과 우리 젊은이와 한국의 잔인한 달 4월이 세계 등산계에 알려졌다.

그러자 독일의 세계적 등산 장비 메이커인 'SALEWA'의 사장 헤르만 후버 씨가 한국에 와서 인수봉을 올라갔다. 당시 그는 현역 클라이머로 암벽 등반 기술 서적의 저자이기도 했다.

나는 그와 처음으로 등산연구소에서 만났다.

후버 씨는 독일에 돌아가서 잡지 한 권을 보내왔다. 「로트 풍크트」라는 별 것 아닌 월간지였지만 그의 우정을 생각하고 들춰보다가 눈에서 불이 났다. 그 안에 '금강산의 3일간'이라는 기사가 있었기 때문이다. 후버 씨는 같이 보낸 편지에서 내가 관심 가질 만한 기사가 있다고 했는데 이것을 말하는 것 같았다.

'금강산의 3일간'은 북한의 김일성이 당시 동독의 도시 드레스덴의 산악인 열 명을 초청해서 금강산을 그들에게 개방한 내용이었다. 북한에 등산이 있을 리 없으니 금강산에는 처녀봉과 미답벽이 수두룩 할 것은 뻔하다. 독일 클라이머들이 그것을 모를 리가 없었다. 결국 그들은 그 가운데 한 곳을 오르고 세계 초등을 선포한 뒤 그들이 오른 루트에 이름을 붙였다. 인수봉의 '취나드 A'니 하는 식이다.

세계 최고봉에 서양 이름이 붙은 것을 우리는 잘 알고 있다. 현지 이름 '초모룽마'니 '사가르마타'가 있지만 서양 사람들의 생각은 다를 데 있었다. 그런 점에서 서양과 동양 사이에는 일찍부터 숙명적으로 넘을 수 없는 벽이 있는 것같다. 진취성, 탐구욕, 모험심 등이 그런 것이 아닐까 싶다. 그들이 세상을 보는 눈, 그들의 생활 의식과 태도에는 확실히 우리와 다른 데가 있다. 그것이 서양의 젊은이들로 하여금 혼자 돌아다니게 하는지 모른다.

프랑스 빠리에 있는 아가씨들 가운데 섞여 살던 마리 끌러드를 내가 잊을 수 없는 것은 그녀가 지구 반대쪽에 있는 미지의 나라 한국을 혼자 노자를 벌어가며 찾아왔기 때문이 아니다.

그녀는 서울에 있으면서 누구의 안내도 받지 않고 역시 혼자 속초에 갔다가 동해안을 따라 내려가서 제주도에 들린 뒤 서해안을 두루 살피고 어머니가 기다리는 빠리로 돌아갔다. 엄격히 말하면 프랑스로 바로 간 것이 아니라 도중 필리핀에 있다며 엽서 한 장 띄우고 소식이 끊어졌다.

　몇 달이 지나 이번에는 빠리에서 그녀의 어머니 편지가 날아들었다. 마리 끌러드 소식을 모르니 알려달라는 것이었다. 눈앞이 캄캄해졌다. 수줍어 하지 않고 그렇다고 말괄량이도 아닌 마리 끌러드가, 서구적 교양이 그대로 몸에서 풍기던 마리 끌러드가 필리핀에서 사라졌다. 나는 그 편지를 받고 가만히 있을 수가 없었다. 우리 집에 어쩌다 묵었던 외국 아가씨에게 일어난, 그것도 한국을 떠난 뒤의 일이라고 하기엔 너무 놀랍고 가슴 아픈 일이었다.

　나는 바로 주한 프랑스 대사 앞으로 장문의 편지를 썼다——대사관은 자기 국민을 보호할 책임과 의무가 있을 터이니 나는 적어도 대사가 이 사건을 본국에 보고하고, 외무성은 바로 필리핀에 연락하는 등 일련의 조치가 있으리라 믿었다. 그리고 마리 끌러드 모친에게 그 사실을 알렸다. 그녀의 어머니는 또 답장을 보내며 자기도 외무성을 찾아가겠다고 했다.

　그런데 이 일로 나는 서양 사회의 모르던 일면을 알았다. 그 어머니는 '천리안'을 가진 사람을 통해 딸의 행방을 물었더니 필리핀 어느 섬에 갇혀 있다는 이야기였다. 서양에 점장이가 있는 것을 알고 있고 그들이 대통령 선거에 점성술을 동원한다는 웃지 못할 사실도 알지만, '천리안' 이야기는 그야말로 금시 초문이었다. 그러나 딸 잃은 어머니의 심정을 남이 어떻게 이해하겠는가?

　그런데 주한 프랑스 대사나 대사관의 태도가 불쾌했다. 아무런 반응이 없었다. "당신 편지 건 본국 요로에 전했다"는 정도는 알려옴직 한데…… 하기야 내가 너무 세상을 모르는 지도 모른다. 내가 너무 감상적인 것일까? 무전 여행하는 프랑스의 젊은이가 얼마나 많고 그들 가운데 별의별 일이 다 있다면 그만인지도 모른다.

레마르크의 전쟁 소설 '서부전선 이상없다'가 생각난다. 주인공인 병사가 끝내 적탄에 쓰러지던 날, 사령부의 보고는 「서부전선 이상 없다. 보고할 것 없다!」로 그쳤다는 것이 이 소설의 클라이막스다. 큰 전쟁에서 하나의 생명 쯤 문제가 되지 않는다는 이야기리라.

한국전쟁 때 나는 백마고지에 있었다. 주저항선 일대는 조용하고 간간히 위협 사격이 쌍방 간에 있을 뿐이었다. 그러나 그러는 가운데도 병사들은 계속 죽어가고 다쳤다. 그런데 일선 연대에 배속된 미군 고문관의 보고는 언제나 "All quiet!"였다. 즉 전방은 조용하다, 이상없다는 것이었다.

마리 끌러드의 실종은 우리 가족들을 슬픔 속에 몰아넣었다. 말도 잘 통하지 않으면서, 그것도 열흘 동안 우연히 같이 지낸 것 뿐이지만 그녀가 잊혀지지 않는다. 마리 끌러드의 실종은 우리 가족에게는 그야말로 큰 '사건'인데 프랑스로서는 '사건'이 아닌 모양이었다.

마리 끌러드가 사라진 지 벌써 5년이 넘는다. 그러나 요새도 나는 그녀를 생각하며, 그녀의 「……탈출기」가 프랑스의 베스트 셀러가 되는 날이 오지 않을까 엉뚱한 상상을 해본다. 상냥하고 영리하고 교양있는 끌러드가 온갖 어려움을 이기고 살아 돌아와 소중한 체험기를, 그야말로 인간 승리의 기록을 남겨준다면 얼마나 좋을까?!

이탈리안 에스프렛소

연초에 부산에서 산악강좌가 있어 내려갔더니 지난날 에베레스트에 같이 갔던 곽수웅 씨가 숙소로 찾아왔다.

그는 방에 들어오자 커피를 끓이겠다며 가지고 온 작은 배낭을 열었다. 안에서 양파 두 개가 맞붙은 듯한 커피폿을 꺼냈다. 나는 그것이 에스프렛소를 만드는 이탈리아의 특수한 커피폿이라는 것을 알았다. 집에는 2인용이 있는데 곽수웅 씨가 내놓은 것은 그것보다 작았다. 수입 자유화가 되서 별의별 물건이 들어오고 있어도 이런 물건 만은 보이지 않았는데 어디서 얻었는지 모르겠다. 그는 역시 재미있는 사람이라고 혼자 생각했다.

곽은 1977년 에베레스트에 갔을 때 초전에 6,500미터 고소까지 올라갔다가 내려오자 부산 아나고가 생각나서 못견디겠다며 다시는 올라가려고 하지 않았다. 그래서 우리는 웃을 일이 없는 그곳에서 얼마나 웃었는지 모른다. 결국 그는 베이스캠프에서 줄곧 전진 대원들의 뒤를 돌보며 귀찮고 복잡한 일들을 도맡았다. 예를 들면 야크 쇠고기를 간장에 조려 전진 캠프로 올려보냈다. 위에서는 메뉴에 없는 이런 맛있는 것이 올라온다고 모두 놀라며 기뻐했다.

곽수웅과 에베레스트 사이에는 늘 커피 향기가 감돌았다. 그는 쿰부 빙하의 얼음과 돌밭에 천막을 치고 언제나 따끈한 커피를 끓이며 대원들을 기다렸다. 우리는 위로 올라가거나 위에서 내려왔을 때에 으레 그의 천막에 들러서 얼고 피곤한 몸을 녹이며 쉬었다.

곽이 스스로 관리를 맡은 이 천막은 알미늄 사다리와 각목으로 뼈대를 세우고 그 주위를 농예용 비닐로 둘러서 안에서 거대하고 광활한 아이스폴이 바라다 보였다. 그래서 여기에 어느새 '아이스폴 뷰 커피숍'이라는 멋진 이름이 붙었다.

곽수웅과 커피의 역사는 이렇게 해서 시작했는데, 이번 부산행에서 그가 여전히 커피와 인연이 깊은 것을 다시 확인한 셈이다. 그가 예나 지금이나 변함없이 위트가 있고 여전히 한 가지 일에 골똘하고 있는 것이 무엇보다도 기뻤다.

내게 있는 2인용 에스프렛소 커피폿에는 나름대로 사연이 있다. 카트만두에서 에베레스트로 가는 380 킬로미터 여정 가운데 높이가 4,200 미터 되는 페리체에 세르파의 집 세 채가 있었다. 그 가운데 하나가 '닝마 호텔'이다. 히말라야 산길을 가노라면 이런 집들을 심심치 않게 만나는데, 저마다 호텔이라고 써있다. 그러나 호텔은 고사하고 단순한 숙박 시설도 없다. 대개 침실이 마루나 흙바닥이어서 투숙객이 자기 매트레스를 깔고 침낭을 펴야 한다. 물론 요금이라 할 것도 없다. 하루 묵는데 우리 돈으로 80원 준 기억이 난다.

이런 숙소는 으례 한쪽이 매점이자 음식점이다. 히말라야를 찾아 온 등산대나 관광객이 주거나 버린 물건들이 매점 진열대에 오른다. 주로 서양의 깡통 식품, 담배, 등산 장비 등이며 우리가 세르파들에게 나누어 준 담배와 캔디도 있었다. 호텔에서는 알감자와 우유와 홍차도 팔았다.

페리체의 '닝마 호텔'은 내가 에베레스트 가는 길에 묵었던 곳인데, 에베레스트에서 내려오다가도 잠깐 쉬었다. 이 집주인은 우리 원정대의 짐을 나른 세르파 부부였다. 나는 여기서 쉬는 사이에 매점을 들여다 보았는데 색다른 물건이 눈에 띄었다. 주먹 만한 크기의 알미늄 주전자로 보이는 물건이었다. 네팔에는 우리 눈에 익지 않은 티벳 물건들이 많이 있는데, 이것은 첫눈으로도 그쪽 것같지 않았다. 그래서 이것이 무엇이냐고 물었더니 간장 그릇이라고 했다. 그러자 닝마는 그 짝이 있다며 부엌에서 비슷하게 생긴 것을 들고 나왔다. 나는 이것이 아래 위로 붙는 일종의 커피폿으로, 모르긴 해도 이탈리아 원정대가 버리거나 주고 갔으리라고 짐작했다.

이런 물건은 필경 이탈리아 사람들의 손재주로 밖에는 생각되지 않는다. 에스프렛소가 바로 이탈리아의 독특한 커피인 것처럼 이것도 에스프렛소를 만드는 기구에 틀림 없었다.

커피가 우리 생활 속 깊이 파고 든 지는 오래지만 커피를 제대로 알고 마시는 사람은 많지 않다. 게다가 요새는 원두 커피가 흔해지면서 커피 콩을 사는 사람이 늘고 있는데, 옆에서 보고 있노라면 그 원두를 어떻게 골라야 하는지 모르는 사람들이 적지않다. 그러니 그들이 원두를 어떻게 끓여서 마시는지 모를 일이다.

커피는 음료 가운데서도 독특한 음료다. 커피 만큼 분위기가 필요한 음료도 없다. 그것은 차와도 다르다. '티 타임'이 있어서 안될 것 없겠지만 암만해도 '커피 브레이크'의 분위기에 미치지 못할 것같다.

1975년 처음 유럽에 갔을 때, 로마 한가운데 있는 애천 '훤타나 디 트레비' 옆에서 에스프렛소라는 것을 처음 마셨다.

작은 잔에 그것도 절반 정도 새까만 커피가 나왔다. 그런데 그 맛이 어찌나 좋았는지 잊혀지지 않는다. 트레비의 분수를 바라보며 에스프렛소 잔을 들다가 그 거칠고 투박한 잔에 눈이 갔다. 접시와 잔에 분수의 그림과 '트레비'라는 옥호가 들어있었다. 트레비와 에스프렛소의 컴비네이션! 나는 이 잔이 마음에 들었다.

나는 젊은 점원에게 이 잔을 가져도 좋냐고 했다. 물론 돈을 주고 사자는 것이었다. 그러나 그는 안된다고 했다. 그러자 주인으로 보이는 늙은이가 나왔다. 그가 내 말을 듣더니 그렇게 하라고 했다. 나는 1,500리라를 주고 접시와 잔을 손에 넣었다. 이 작은 에스프렛소 잔은 보통 '데미 탓세'라고 하는데, 이때 얻은 것이 훗날 에베레스트에 갔다가 얻은 에스프렛소 커피폿과 나란히 내 서재에 있다.

빠리 샹젤리제 거리에 '후케'라는 유명한 까페가 있다. 레마르크의 반전 소설 「개선문」에 나오는 커피숍이다. 개선문이 바라다 보이는 그 까페 테라스에 앉아 있노라면 빠리까지 멀리도 왔다는 여수를 느낀다.

'후케'의 씁쓸한 에스프렛소의 맛도 잊을 수가 없다. 역시 데미 탓세 반 정도 나오는 것이 불만이지만 도리가 없다. 프랑스에서 맛있는 커피 달라면 이탈리아에 가라고 한다는데, 빵은 프랑스가 앞서도 커피는 역시 이탈리아가 한 수 위인 듯 싶다.

언젠가 어떤 이와 커피를 마시다가 재미있는 이야기를 들었다. 그가 10여년 전에 유럽에 갔다가 빠리에서 커피를 주문했더니 작은 잔에 까만 커피가 반도 안되게 나왔다고…… 그런데 그 때 마신 쓰디쓴 커피가 무엇인지 지금도 모른다고 했다. 이탈리아와 프랑스에서 '까페!' 하면 으레 에스프렛소가 나온다. 그토록 에스프렛소는 그들의 생활 속에 깊이 묻혀 있는 것 같다.

요새는 서울 거리에 '원두 커피 전문점'이 많이 생기고 여기서 에스프렛소를 마실 수가 있다. 그 중에는 에스프렛소 콩을 파는 곳도 있다. 한번은 이런 데서 에스프렛소 콩을 사자고 했더니 점원이 쳐다보며 우리나라 사람이 사가기는 처음이라고 했다.

커피가 우리나라에 들어온 지는 백년쯤 되나 널리 퍼지기는 역시 1945년 이후로 안다. 당시 미군이 주둔했지만 6.25 전쟁으로 미군들이 많아지면서 야전용 식량인 C 레이션이라는 것이 시장에 흘러나왔다. 당시만해도 커피가 정식으로 수입되지 않을 때여서 상인들은 C 레이션 안에 들어 있는 봉지 커피를 모아서 따로 팔았다. 이 밖에 역시 미군 부대에서 흘러나오는 '레귤러 그라인드 커피'라는 것이 있었다. 이것은 1 파운드 짜리 깡통 커피였는데 인스턴트 커피와 달리 끓이는데 신경을 써야했다. 이 거치른 알갱이 커피는 반드시 찬물에 적정량을 넣어서 끓이게 되어 있었다. 그런데 요새 흔한 원두 커피는 갈아서 여과지에 넣고 뜨거운 물을 위에서 붓는다. 만일 원두 커피를 레귤러 커피처럼 주전자에 넣고 끓이면 마시지 못하고 버리게 된다.

한국전쟁 당시 미군들은 일선에서 커피를 주로 캔틴컵에 가득 부어 그것을 난로 위에 놓고 이야기 해가며 마셨다. 커피 브레이크가 따로 없었다. 이렇게 일선 벙커 안에서 커피를 마시며 전쟁하던 그들에게 커피는 그야말로 생활 필수품이었던 것같다. 이런 때 커피가 아니고 티를 마셨다면 그 시간과 공간을 과연 메울 수가 있었을까?!

한편 당시 한국전쟁에 참전했던 영국군에서는 사기로 된 버젓한 커피잔을 썼다. 그 잔에는 육·해·공군용이라는 글귀가 들어 있었는데 조금도 군용 냄새가 나지 않았다.

이렇게 흘러간 세월 속에 커피로 해서 생긴 것들이 가끔 타임머쉰처럼 옛날로 끌고 간다. 에베레스트에서 내려오다 우연히 얻은 이탈리안 에스프렛소 커피폿과 로마 트레비에서 구한 데미 탓세는 쓸 일이 없어 오랫동안 나의 서재 한 구석에서 먼지를 쓰고 있었는데, 요새 이탈리안 에스프렛소 원두가 생기면서 모두 햇빛을 보게 됐다.

그리하여 한낱 장식물에 지나지 않았던 것들이 이제는 잊혀가던 지난날의 트레비와 후케에서 알게 된 그 독특한 맛을 되찾아 준다. 생각해 보니 그렇게 되기까지 꼬박 20년이 흘렀다.

우리에게 없는 것들

  독일에 갔을 때 이야기다.
독일에는 중소 도시가 많다. 정확히 말하면 작은 도시가 많다기보다 큰 도시가 별로 없다는 이야기가 옳을 것이다.
  그들의 큰 도시는 프랑크후르트·함부르크·뮌헨 등인데 그래봐야 인구 100 만에서 200 만을 오락가락 하며, 전국 곳곳에 흩어져 있는 중소 도시는 보통 5 만에서 10 만 정도의 인구를 가지고 있으며 20 만이 고작이다.
  이들 독일의 도시에는 …부르크, …도르프 그리고 …하임이라는 이름이 많다. 우리나라의 (한)성, (점)촌, (정)읍, (감)포… 하는 식이나 다름없다. 그런데 이들 이름으로 오늘의 독일의 국가와 도시의 역사를 짐작할 수가 있다.
  즉, 중세에서 근세에 이르기까지 오랜 세월 독일은 곳곳에 연방 국가와 독립 국가로 오다가 근대 국가로 통일 되면서 옛날 형태가 그대로 남은 셈이다. 오늘날 주(州)마다 자치권을 강하게 행사하며 역사와 수준 높은 문화를 자랑하게 된 까닭이다.
  이런 작은 도시에는 지금도 시대의 유물같은 전차가 달리고 있다. 사람으로 붐비는 일도 없고 시민들이 조용히 이용하는 모습이 눈에 뜨인다. 정류소에 자동 판매기가 있어 표를 사지만 표를 받는 사람이 없다. 차에 오르면 비치된 함에 각자가 넣는다. 그러다보니 무임 승차가 없지 않은 모양인데 발각되면 과중한 벌칙금을 내야 한다. 전차의 운전 기사는 유모차가 기다리면 내려가서 유모차를 들어 올리고 간다.
  언젠가 한 정류장에서 늙은이들이 10여명 올라왔다. 마침 자리가 없어 내가 일어섰다. 그러자 그 가운데 노인 하나가 갑자기 소리쳤다. "우리는 전쟁에 나가 싸우며 나라를 지켰는데 네놈들 젊은것들

뭐하는거냐?" 하는 것같았다. 이마를 맞대고 정신없이 속삭이던 젊은이 한 쌍이 고개를 들지 못하고 킥킥 거리다가 다음 정류장에서 내려버렸다.

거리 한 모퉁이에 선 큰 간판에 눈이 갔다. '불상사는 우발사가 아니다'라는 간단한 내용이 적혀있었는데, 독일어의 Unfall과 Zufall의 두 낱말을 맵시있게 대조시킨 것이 이 광고문의 묘미로 봐서 안 될 것 없다. 서양 사람들의 지적 수준을 보여주는 글은 적지 않다. 1993년 5월 매킨리에서 많은 조난이 있었을 때 외지의 보도 가운데 고산을 노리는 사람들의 마음가짐에 언급하며 Altitude(산의 높이)보다는 Attitude(사람의 마음)이 중요하다는 글이 있었다. '입차금지'니 '숙차 못함' 하는 글도 아닌 글을 제멋대로 만들어 쓰는 우리나라의 지적 수준이 부끄럽다. 한때 태능으로 가는 길안내판에 花郞을 花廊이라고 쓴 적이 있었지만, 지금도 동대문은 D로 동국대학은 T로 그것도 나란히 써붙이고 있다. '함유'라고 할 데를 '함입'이라고 한 큰 메이커의 광고 담당자는 도대체 무슨 생각을 하고 있는지 모를 일이다. 성서를 읽노라면 영어·독어·일어 판에 비해 한국어판의 글이 제일 매끈하지 않다면 누가 믿겠는가.

오늘날 유행하는 '관광'이 언제나 마음에 걸린다. '……방문의 해'를 선포한다고 외국 손님이 모여들지 않는다. 그들을 끌어들이는 힘이 있어야 한다. 이탈리아는 조상의 덕으로 먹고 산다지만 독일은 관광지가 따로 없다. 전국이 매력으로 가득하다. 역사적 유물은 물론이고 특색있는 문화와 전통 이외에도 자연이 그토록 아름답다. 우리는 '그림처럼 아름답다'고 부사와 형용사를 붙이는데 그들에게는 '피토레스크'라는 낱말까지 있다. 물론 '그림처럼 아름답다'에 해당하는 표현 방법이 없는 것은 아니지만.

독일에서도 남부 지방은 알프스가 가까와서 높은 산과 깊은 계곡 그리고 푸른 호수가 있다. '케니히제'는 독일의 호수 가운데서도 대표적인 아름다움을 가진 곳인데, 여기 떠있는 관광선은 주변의 고요를 깨뜨리지 않도록 소리 없는 엔진으로 설계했다고 한다. 전나무 숲이 넓은 지역을 덮어서 검게 보인다고 '슈바르츠발트' 즉 '검은숲' 이라고 하는 곳이 역시 남독에 있다. 그 관광 근거지가 중세 때 대학이 들어선 '흐라이부르그'인데, 인구 10 만이 될까 말까 하는 이 조용한 도시 한가운데로 맑은 도랑이 흐른다. '베힐레' 즉 '작은 시내'라는 이름의, 도랑인지 시내인지 하는 것이 중세가 그대로 숨쉬는 듯한 이 대학 도시의 명물의 하나로 되어있다. 도나우강의 발원지 '슈바르츠발트' 그 숲 속에서 흘러나오는 맑은 물이 언제나 흐라이부르그를 멋있게 씻어내린다.

    이러한 작은 시내는 샤모니에도 체르맛에도 있지만 스위스의 산촌 '엥엘베르크'를 흐르는 물이 더욱 인상 깊다. 흐라이부르그의 '베힐레'는 도랑의 넓이와 깊이가 50 센티미터 정도였지만 엥엘베르크를 흐르는 물은 훨씬 깊고 넓은 그야말로 '베홀라인'이라고 해야할 것 같다. 도랑 아닌 작은 시내다. 긴 통나무 속을 파내고 그 안에 아름다운 꽃들을 색색으로 심어서 그 '베홀라인' 기슭을 장식하고 있었다. 오가는 사람도 없는 시골 마을을 이토록 꾸며놓고 사는 그들은 도대체 어떤 인간들일까? 선진이니 문화니 하는 것이 사실 무엇을 뜻하는가 곰곰히 생각케 한다. 근거도 비젼도 없이 마구 '서울의 찬가'라는 것을 불러대고 떠들썩 하는 사람들과 근본적으로 다른 생활 의식이 그들에게 있다.
    도대체 스위스가 어떤 나라인가 한 번쯤 생각해 볼 일이다.

유럽 한가운데 끼어서 고유의 언어보다는 인접 국가의 말을 즉, 독어와 불어와 이탈리아 말을 공용어로 쓰는 나라, 땅덩어리가 남한보다 작고 인구 600 만, 농토가 거의 없을 뿐만 아니라 사철 눈과 얼음에 덮인 높은 알프스 외에 자원이 없는 이 나라가 1991년 1월 런던 에코노미스트지에 의하면 국민 소득이 35,000 달러로 세계에서 가장 부유한 나라로 계속해서 그 자리를 지키고 있다.

사람들은 누구나 스위스가 영세 중립으로 은행이 세계의 검은 돈을 모두 긁어 드리고, 시계로 돈 벌며, 아름다운 알프스를 내세워 세계 관광객들을 끌어들여 부자가 됐다고 생각한다. 그점 반드시 아니라고 할 수는 없겠지만 이런 식으로 스위스를 본다면 그야말로 수박 겉 핥기나 다름없다.

스위스는 그저 보아도 약소국의 조건을 모두 갖춘 나라다. 그런데 오늘날 지구상 가장 돋보이는 까닭의 근거가 무엇일까? 스위스는 헌법에 대통령에게 관용차를 제공하지 않도록 하고 있다. 그래서 대통령은 출퇴근을 버스나 전차로 한다. 물론 수도 베른이 작고 아름다운 곳이니 그렇게 해도 불편하거나 근무에 지장도 없겠지만 이것도 그저 그런 식으로 평가할 문제가 아니다. 한 번은 재무장관이 출근길에 택시 안에서 심장마비로 급사한 일이 있었다. 기사가 병원으로 차를 몰아 비로소 신분을 알게 된 것이다. 일도 제대로 못하면서 자기 얼굴과 이름 알리기에 바쁜 그런 정치가나 고급 공무원들과 역시 근원적으로 사람 됨됨이 다르다고 할 수밖에 없다.

스위스가 법으로 관용차를 제공하지 않는 것부터가 특이한 가운데 특이한 일이지만, 그렇다고 흔한 승용차를 개인이 가지지 않는 것이 더욱 특이한 것이리라. 대통령은 그 자리에 오래 있으면 권력이 집중하고 부패하기 쉽다고 임기를 1년으로 한 점, 지방 행정부 주지사가 돌아가며 대통령이 되기 때문에 떠들썩 하고 싸우고 돈 뿌리는 선거전이 없다는 것…… 이런 나라가 스위스다.

스위스는 나라 전체가 세계의 공원이라고 할 만큼 아름답다. 이탈리아 가까운 지방의 '테씬'이라는 곳은 헤르만 헷세가 '발하이마트' 즉 제2의 고향으로 삼았을 정도로 이상한 아름다움을 간직한 지방이다. 그런데 이곳의 향토사를 읽어보면 그 옛날 그야말로 찢어질 정도로 가난해서 주민들이 자기 아이를 팔았다는 기록이 나온다. 그러나 '테씬'만이 아니고 지난날 스위스는 가난해서 외국으로 품팔이로 모두 나갔다. 그렇게 해서 배운 기술로 오늘날 정밀 기계 생산의 기초가 됐다지만, 로마 한가운데 바티칸의 문지기가 지금도 스위스 용병이라는 사실을 아는 사람이 몇이나 될까? 미켈란젤로가 디자인 한 줄무늬 색깔옷을 입고 서있는 그들 이야기다. 스위스의 용병은 자기 직무에 충실하기로 이름나서 당시 유럽 각 나라에 많이 팔려나갔다. 1792년, 프랑스 루이 왕조의 친위대로 갔던 그들 용병은 빠리 뛰뤌리에서 최후까지 루이 16세를 위해 싸우다 모두 전사했다.

세상은 날로 복잡해지고 사람마다 매일 매일 사는 게 짜증난다고 한다. 이런 피하기 어려운 세상을 살아가려면 서로가 노력하고 슬기를 가져야 한다. 스위스는 이점에 있어서도 역시 다르다. 예를 들면 밤 열 시가 지나서는 목욕탕, 세탁기 등을 쓰지 않기로 돼있다. 위반하면 경찰에 고발해도 할 말이 없다. 그들은 집마다 창가에 꽃을 내놓고 뜰의 잔디를 말끔히 다듬어 둔다. 만일 그렇게 하지 않는 집이 있으면 주위에서 잔소리가 심하다.

언젠가 시골 역 '우쯔나하'에서 '쮜리히'로 가는 열차의 회수권을 차안에 놓고 내렸더니 그것이 출발역에 돌아와 있었다는 이야기를 들었다. 누가 언제라도 쓸 수 있는 승차권을 승객이 주어서 역에 가져간 것이다. 스위스는 이런 나라다.

　프랑스의 빠리 아침은 또한 재미있다. 보도와 차도 사이 턱 진 데로 물이 흐른다. 밤새 오물이 싸인다고 아침이면 이렇게 수도물을 틀어서 씻어내린다. 이 더러운 물이 밑의 하수구로 흘러 들어가겠지만, 빠리의 하수구가 어떻게 돼있는지 빅또르 위고의 「레 미제라블」에 잘 나와있다. 그 하수구 한 구간은 관광객이 배를 타고 구경하도록 되어있다.
　하수구를 이렇게 넓고 크게 한 데는 까닭이 있다. 도로의 표면을 수시로 파헤치고 무엇인가 묻곤 하는 그런 공사가 빠리에는 없다. 모두 이 지하에서 처리한다는 것이다.
　그런데 이러한 도시 계획이 100 년 전에 이미 서있었다. 오늘날 사람들은 눈에 보이는 빠리의 거리를 감탄하지만 눈에 보이지 않은 지하의 빠리를 놓쳐서는 안된다고 본다. 이러한 빠리 100 년의 역사는 지하철에도 나타나 있다.
　빠리의 지하철은 고무 타이어여서 소리가 적지만 도대체 안내 방송 따위가 없다. 그리고 비좁은 사람들 사이로 소리지르며 뚫고 다니는 신문팔이도 없다. 차내 전광판에 안내문이 나오고 역 구내에 키오스크까지 만들어 놓고 서로 불편하게 떠들어대는 나라와는 본질적으로 다르다.
　빠리 지하철 구내에도 대형 광고물이 나붙는다. 프랑스에서는 담배 광고를 못하게 돼있어서 어느 회사가 머리를 짜냈다. '지나친 흡연은 건강을 해칩니다. 우리 ××담배도 예외가 아닙니다'고.
　그런 지하철 입구에 나무 상자에 흰 탁보를 씌우고 마주 앉아서 나이프와 포크로 식사를 하는 노 부부가 있다. 물론 걸인인데 그들의 음식은 가까운 큰 호텔 주방에서 얻은 제대로 된 일품 요리다. 그런데 그들은 바캉스 철이 오면 빠리를 떠나 꼬트 다쥘로 간다. 돈 많은 빠리 시민들이 주로 가는 지중해변 휴양지로 자리를 옮긴다는 이야기다.

 프랑스 사람들은 사회적 신분과 관계없이 각자 자기 생의 질과 수준과 지킬 것을 알고 있는 것같다. 지난날 북극 탐험에서 돌아오는 길에 몽블랑 구경에 나섰다. 전세 낸 버스에 기사가 둘인데 물론 프랑스 사람들이었다. 프랑스에서는 장거리 운행에 기사가 둘 있어야 한다는 것이다. 빠리에서 몽블랑이 있는 샤모니까지는 일곱 시간 거리다. 그들은 먼 길 가느라 조용히 음악을 틀고 소곤소곤 이야기 했다. 하찮은 기사 신분이라 할런지 모르나 샤모니가 초행이라는 이들이 어찌 흥분하지 않으련만, 끝내 그들은 단정한 몸가짐이었다. 물론 담배도 피우지 않고.

 빠리의 특색은 한두 가지가 아니리라. 그런 가운데 까페 만큼 돋보이는 곳도 쉽지 않다. 일본 도꾜의 커피숍은 너무 사치스럽게 꾸며 오히려 맛이 없다. 이에 비하면 빠리는 역시 까페의 본고장 답다.

 이곳의 특색은 우선 소리가 없다는 점이다. 음악은 물론이고 사람의 말소리도 들리지 않는다. 그리고 아침부터 저녁까지 앉아 있어도 이상한 눈초리로 보지 않는다. 그래서 신문을 읽고 편지를 쓰며 낮잠까지 자는 사람들이 있다. 주문도 받으려 하지 않고 돈 받을 생각도 없는 것같다. 돈은 나갈 때 그 자리에 놓으면 된다.

 빠리에 그 많은 까페가 있지만 역시 보도에 의자들을 내놓은 곳, 다시 말해서 '까페 테라스'가 더욱 재미 있다. 빠리에 갔다가 이런 테라스에 앉아 보지 못했다면 과연 빠리에 갔었다고 할 수 있을까?

이탈리아는 확실히 독일이나 프랑스는 물론이고 그밖의 유럽 나라들보다 가난하게 보인다. 이탈리아의 후진은 스위스 안의 이탈리아 말을 쓰는 지방에서도 느껴진다. 다시 말해서 스위스의 프랑스어권이나 독일어권에 비해 어딘가 초라한 모습을 띠고 있다.

이탈리아는 밀라노를 중심으로 한 북부가 풍요롭고 로마가 중심인 남부가 가난하다고 흔히들 말한다. 북부는 공업 경제가 발달하고 남부는 조상의 덕으로 관광 수입이 크다. 북부가 벌어 남부를 먹여 살린다느니 차라리 북이탈리아가 독립하자느니 하는 농담인지 진담인지 알 수 없는 말까지 나도는 곳이 오늘의 이탈리아다.

그러나 로마, 나폴리, 폼페이, 소렌토, 카프리…… 세계 관광객을 도맡아 모아들이는 남쪽의 매력을 어디에 비하랴!

로마는 '테르미니' 즉 그 유명한 종착역에 내리자 기분을 잡치게 하는 일들이 벌어진다. 그러면서 로마에는 전세계에서 사람들이 끊임없이 모여든다. 2,000년의 역사가 지금도 그대로 숨쉬고 있기 때문이리라.

이탈리아에는 소매치기니 자동차 절도니 사기꾼이니 하는 것들이 판친다. 대신 그들은 무서운 대형 사건이 없다고 자랑한다. 다혈질이어서 축구 경기장을 습격하는 추태를 부리기도 하지만 인종 학살같은 비인간적 만행을 좋아하지 않는 나라가 이탈리아다. 그만큼 그들은 정답고 명랑하고 서민적이다.

나폴리는 로마보다 더욱 악명 높은 곳이다. 세계 3대 미항의 하나를 자랑하는 '나폴리를 보고 죽으라'는 말이 있을 정도로 아름다운 곳! 싼타 루치아 거리에서 멀리 주후 76년에 폭발하여 폼페이를 덮었던 베스비오 화산을 바라볼 때 나폴리의 여수가 짙게 온몸에 스며든다.

괴테가 "이 도시에 있으면 로마는 생각도 나지 않는다"고 그의 「이탈리아 기행」에 썼지만, 오늘날 나폴리는 그리스 시대에 '네아 폴리스' 즉 신도시로 불리면서 오랜 세월 지녀온 그 명성을 무질서 와 불안과 불결 앞에 송두리채 내던진 상태다. 그래도 사람들은 나 폴리 시내 고층 건물 사이에 줄을 매고 물이 뚝뚝 떨어지는 세탁물 을 줄줄이 내걸은 모습에 흥미를 느낀다. 만일 정부와 행정 기구가 없을 때 현대 사회는 어떻게 될 것인가 연구하려고 나폴리에 온 독 일 여대생이 있었다는 이야기가 생각난다.

소렌토는 노래에 나오는 유명한 곳. 로마에서 태양도로를 따라 나 폴리 폼페이를 거쳐 하룻길이다. 폼페이를 떠난 관광 버스는 해안선 절벽 위를 달리다 소렌토가 바라다 보이는 곳에 잠깐 선다. 물감을 풀어놓은 듯한 파란 지중해가 발 밑으로 내려다 보이지만, 여기는 원래 차를 세우지 못하는 좁은 커브길이다. 그러나 버스들은 모두 여기서 선다.

기사가 "이탈리아는 모든게 금지되어있고 동시에 모든게 허용된 다"고 말문을 열었다. 긴 여행에 지친 승객들의 얼굴이 순간 활짝 웃으며 모두 박수를 쳤다. '돌아오라 소렌토로'라는 이탈리아 민요가 아니더라도 다시 가보고 싶어지는 곳이 또한 소렌토다.

독일・스위스・프랑스・이탈리아…… 그들은 사상과 효율, 에스프 리와 유모어의 나라다. 우리에게 없는 것이 그들에게 있다면 지나친 말일까?

컴퓨터와 원고지

　로버트 린드의 수필 가운데 '철학자가 되지 않는 까닭은'이라는 글이 있다. 철학을 연구할 시간도 기력도 없으니 철학자가 연구한 데서 그 지식을 얻으면 된다는 이야기다. 계란을 농부한테서, 과일은 과수원에서…… 하면 되지 굳이 스스로 고생할 것 없다는 것이 린드의 주장이다. 그래서 그는 이따금 에머슨과 마르크스 아우렐리우스를 읽는다고 했다. 한 번쯤 생각해 볼 일이다.
　요새는 어디를 가나 컴퓨터가 일을 하고 있다. 컴퓨터가 로버트처럼 혼자 움직이는 것이 아니고 사람이 그 앞에 앉아서 컴퓨터를 움직이고 있다. 컴퓨터는 현대 과학 기술의 첨단을 가는 기계지만 그것으로 일하는 사람은 과학자도 기술자도 아닌 보통 사무원이다.
　컴퓨터가 우리 생활 속에 파고 든 지는 얼마 되지 않는데, 지금은 컴퓨터를 모르면 밥벌이도 못한다고 야단들이다. 한때 사회의 문화 수준을 전화 보급으로 따지더니 이제는 컴퓨터가 그 자리를 차지했는지도 모른다.
　그런데 그 정도로 유행하는 컴퓨터를 나는 도저히 이해할 수가 없다.「컴퓨터란 무엇인가?」하는 책도 있는 모양인데 읽어봐야 내 의문을 풀어줄 것같지 않다. 물론 사람들은 그런 것 따지지 않고 그것을 움직이는 방법을 익히고 편리하게 사용하고 있다. 문명의 이기라는 것들은 무엇이나 보통 사람에게는 그런 것이고 그러면 되리라고 나도 생각한다.
　컴퓨터라는 말은 '컴퓨트'에서 왔을 터이니 '계산기'라는 뜻이리라. 내가 아는 것은 그것 뿐이다. 나 자신은 그런 계산기를 쓰진 않지만, 그것을 사용하면 셈이 빠르고 정확하다는 것만은 안다. 그런데 컴퓨터의 공은 실은 그런데 있는 것같지 않다. 많은 인력을 대신해서 어렵고 복잡한 일을 혼자 빨리 처리한다고 들었다. 이 바쁘고 할

일 많은 세상에 얼마나 고마운 이야긴가! 그러나 사실 그것이면 그만일까? 컴퓨터에 일터를 뺏긴 사람들은 어떻게 할 것인지 모를 일이다.

텔레비전을 생각해 본다.

내가 '텔레비젼'이라는 말을 안 지는 꽤나 오래다. 보통학교 다니던 때 이야기니 이럭저럭 반 세기도 훨씬 전이다. 그때 '텔레'는 멀다는 뜻이고 '비젼'은 그림이라고 들었다. 어떻게 해서 멀리 있는 그림이 눈 앞에 비친다는 것인지 아무리 생각해도 알 수가 없었다. 그 의문은 텔레비젼 없이 살지 못하는 지금도 풀리지 않는다. 과학자가 아니고서는 그 이론을 누가 알겠는가?

요새는 느닷없이 핸드폰의 홍수다. 저마다 전화기를 들고 걸어가며 이야기한다. 어떻게 해서 세상이 이 지경이 됐는지 모르겠다. 말 끝마다 과학기술이라니 좀더 살아 봐야 알겠지만 세상이 어디까지 갈런지 누가 알겠는가만 그럴수록 마음 한 구석에 의심이 싸인다.

텔레비전 없이는 못살겠다고 해도 좋고 컴퓨터가 사람일을 대신하는 것도 마다하지 않겠다. 그런데 차를 운전하며 길을 걸으며까지 통화하는 일만은 납득이 가지 않고 찬성할 수 없다. 그토록 결정적 순간 순간을 살아가는 듯 한 그 인생을 나는 도저히 모르겠다.

'달아 달아 밝은 달아……' 하는 동요의 세계는 오늘날 전자 오락물 앞에 아예 자취를 감추고 어린이들은 상상의 날개를 배트맨과 슈퍼맨과 스타워즈의 세계로 편다.

그전에는 아무리 세상이 달라져도 사람이 달에 가리라고는 생각하지 못했다. 맑은 별 하늘에 뜬 둥근 달이나 앙상한 나무가지에 걸린 초생달은 사람에게 한없는 시정을 안겨주었다.

과학도들이 천체 망원경을 들여다 보며 달 속의 토끼와 계수나무의 비밀을 캐려고 애썼던 것은 그리 옛날 이야기가 아니다. 그런데 안방에서 텔레비젼으로 인간이 달 표면에 내리는 모습을 본 뒤로 사람들은 달을 더이상 신비의 세계로 여기지 않게 됐다.

"열려라 참깨!"는 「알리바바와 40인의 도둑」에 나오는 유명한 장면이지만 지금 어느 어린이가 이런 글이나 이야기에 흥미를 느끼겠는가? 전자 레인지가 새로운 기능을 선 보인 일이 있다. "열려!" 하니까 저절로 문이 열리면서 구어진 생선이 나왔다. 물론 오늘날의 기술로 보면 그 메카니즘이라야 별 것 아니겠지만 이상한 세상이 돼 가는 것 같아서 기분이 언짢다.

G는 지금 30대의 성숙한 가정 주부다. 그녀는 어렸을 때 마당에 박은 펌프에 매달려 놀다가 식빵 장사가 지나가면 "식빵 사줘……" 하며 엄마를 못살게 굴었다. 세월이 흘러 G는 한동안 외국에서 공부한 뒤 출가 외인이 되었고, 펌프가 있던 뜰에는 후박 나무가 자라서 그 가지가 넓은 공간을 덮었다. 한 세대가 간 것이다.

50년대 후반으로 기억하는데, 텔레비젼이 처음 들어왔을 때 서울 거리 한 모퉁이가 그것을 보려는 사람들로 인산인해를 이루었었다면 누가 믿겠는가? 지금 그 길가에는 고층 건물이 즐비하게 들어서고 자동차의 물결이 날로 거세간다.

식빵 장사가 지나가던 골목에는 차들이 빽빽히 서있고 사람들은 핸드폰으로 이야기 하느라 바쁘다. '세월은 유수같다'고 한 옛 사람들의 감회보다는 세태의 변화가 무서워지는 요즘이다.

사무기기 외판원들이 자주 연구소의 문을 두드린다. 주로 팩시밀리를 놓으라는 것이다. 아닌게 아니라 원고를 팩시밀리로 보내달라는 청을 종종 받으니 귀가 솔깃해지기도 한다. 편리한 세상이 됐다. 그렇게 하면 원고를 복사할 필요도 없고 분실 염려도 없을 뿐더러

시간까지 절약되니 일거 삼득이리라.

편리·정확·신속…… 모두 좋은 말들인데, 무슨 일에나 효율을 따지며 조금도 손해 보려 하지 않으니 그야말로 각박한 세상이 됐다. 아놀드 토인비가 "가속화 하는 지금 꾸물꾸물 하는 자는 롯의 아내와 같은 운명에 놓이게 된다"고 말한 적이 있다. 그러나 그렇다고 요새처럼 저마다 달리고 설치다가는 세상 전체가 소돔과 고모라처럼 될 것만 같다.

지금은 사람들이 글을 원고지에 쓰지 않고 워드프로세서로 처리한다고 들었다. 컴퓨터에 그런 기능이 있다는데, 알고보니 컴퓨터에서는 글을 마음대로 고치고 문장을 이리저리 옮기며 편집 일까지 해버린다고.

인공 두뇌가 통역을 하게 됐다는 이야기를 듣고도 별로 놀라지 않았지만 이렇게 기계가 원고를 써주는 일만은 아무리 생각해도 반갑지 않다.

임어당의 「생활의 발견」속에 '明窓淨机'라는 글귀가 나온다. 풀이할 것도 없이 문자 그대로 밝은 창가에 깨끗한 책상을 놓고…… 책 읽고 생각하며 붓을 드는 분위기를 말하리라. 사무적 통신문이나 보고서같은 것은 모르되 원고지에 글을 쓴다는 것은 같은 글을 써도 분위기가 다른 법이다.

기계가 글을 쓰는 것은 굳이 컴퓨터가 아니더라도 일찍부터 타이프라이터라는 것이 있었다. 물론 서양 사람들이 그렇게 하고 있었다. 그러나 멋을 아는 사람은 자기의 글솜씨를 육필로 남겼다. 프랑크푸르트의 '괴테 하우스', 빠리의 '빅또르 위고 기념관' 그리고 쮜리히의 '토마스 만 아르히브' 등에서 보게 되는 거인들의 원고의 가지가지…… 만일 그들이 편리하다고 타자기를 썼다면 오늘날 이 명소들은 무엇을 보여줄 수 있겠는가?

 원고지와 떨어질 수 없는 것이 만년필이다. 볼펜이 나오면서 만년필은 어느덧 우리 주변에서 멀어졌지만 그래도 만년필을 손에서 놓지 못하는 사람들이 있다. 독일의 텔레비젼 해설자로 이름이 있는 '울리히 빗케르트'는 한 때 '그리고 신은 빠리를 창조했다'라는 장편의 루뽀르타쥬를 써서 그의 명성을 더욱 높였지만, 최근의 글 가운데 나온 그의 만년필 애용론이 재미있다. ── 만년필은 볼펜보다 아름답게 써지고 연필보다 오래간다. 그리고 무엇보다도 잉크가 마를 때까지 생각하게 되어 좋다는 것이다. 빗케르트가 만년필을 애용한다는 것은 많은 책을 쓰는 그가 지금도 타자기나 워드프로세서로 글을 쓰지 않는다는 이야기리라.

 코난 도일이 만들어 낸 명탐정 '샤이록홈즈'는 벽에 쓴 글씨나 모자에 붙은 머리칼로 복잡한 문제를 풀었다. 그러나 도일이 지금 소설을 쓴다면 그의 명탐정의 머리가 적어도 달리 돌아갔을지 모른다. 사람들이 손보다 기계로 일을 하는 세상으로 바뀌고 있으니까.

 지난해 가을, 나는 고희 기념으로 한국산서회 회원들로부터 워터만 만년필을 받았다. 집에 파카와 몽블랑이 있는데 워터만까지 생겼으니 끝내는 원고지를 떠나기 어렵겠다는 생각이 들었다.

 라인홀트 메스너의 낭가 파르바트 단독 등반기 「검은 고독 흰고독」이 생각난다. 책 머리에 그의 산중 일기 한쪽이 실려 있는데, 그가 어려운 산행을 하며 틈틈이 써나간 육필 원고다. 서양 사람들의 필적은 보통 알아보기 힘들다. 그들도 써가며 지우고 고치고 하지만, 잘못 쓴 데가 그대로 있는 경우도 적지 않다.

 금세기 초 남극점에 도전했던 영국 탐험대의 스코트 대장이 돌아오는 길에 대원 넷을 먼저 보내고 마지막으로 천막안에 남긴 그의 처절한 글 한 토막은 어떤가? '신이여, 우리 가족을 돌보아 주소서!' 이 짤막한 글을 끝으로 스코트는 절망의 얼음땅에서 갔지만 그의 필적은 무서울 정도로 정확하며 흐트러지지 않았다.

 엄동 설한의 천막 안에서 손 끝을 호호 불어가며 써나간 한 등산가의 필적, 그리고 죽음의 순간을 앞에 두고 절망적으로 손 끝을 놀린 한 탐험가의 필적에서 나는 어떤 문명의 이기로서도 전할 수 없는 준엄한 인생과 극한의 세계를 엿본다.

베로니카의 베일

「짐 비숍」이라는 작가가 「예수가 죽은 날」이라는 제목으로 한 권의 책을 썼다. 서기 30년 4월 6일에서 7일 사이에 있었던 일로서 예수가 제자들과 최후의 만찬을 마치고 겟세마네 동산에서 잡힌 뒤 골고다에서 십자가에 달릴 때까지를 시간적으로 추적한 기록이다.

예수의 수난에 관해서는 성서의 네 복음서에 기록된 것이 전부며 그것도 매우 간단한 내용뿐이다. 이 정도의 자료를 가지고 책 한 권이 나오게 된 데는 물론 작가의 풍부한 상상력과 예리하고 치밀한 분석력, 그리고 역사적 고증 능력 등이 신앙의 심도와 지식을 토대로 유감없이 발휘되었다고 생각된다.

예수의 수난을 전후해서 일어난 사건이 어찌 성서에 기록된 사건들 뿐이랴. 오늘의 성서가 정전(正典)으로 결정되어 역사의 표면에 떠오르기까지에는 여러가지 관련된 고대 문서가 검토되었을 것이며, 그 취사 선택의 과정에서 누락된 이른바 '외경'이니 '위경'이니 하는 문서에 담긴 이야기들 가운데서도 우리의 무딘 심령을 깨우쳐 주고 종교의 높은 차원으로 고양시키는 힘을 가진 내용들이 얼마든지 있으리라.

그 좋은 예의 하나가 널리 '쿠오 바디스'로 알려진 베드로의 수난에 관해 전승된 이야기다. 베드로의 운명은 요한복음 21장 18절에 암시적으로 나타나 있을 뿐 다메섹 도상의 바울의 이야기처럼 기록으로 남아 있지 않다.

그러나 오늘날 로마 교외의 앗비아 가도에는 베드로가 예수를 만났다는 장소에 쿠어 바디스 교회가, 그리고 베드로가 십자가에 거꾸로 달려 수난당했다는 지금의 베드로 성당 앞 광장, 바티칸 언덕 자리에는 이를 기념하여 거대한 오벨리스크가 하늘 높이 서 있다. 이처럼 베드로에 관한 전승은 값진 역사적 유물로 남아 있다.

'베로니카의 베일'은 예수 고난에 관한 전승 이야기가 그로부터 1900년이 지난 금세기에 와서 한 프랑스 화가에 의해서 재현된 종교화다.

예루살렘의 4월은 우리 나라의 6~7월처럼 햇살이 뜨겁다. 전날밤 겟세마네에서 잡힌 뒤 가야바를 거쳐 빌라도에게 재판을 받는 등 이리저리 끌려다니며 한잠도 못잔 예수는 지칠대로 지쳤다. 그러나 그는 무게가 70 킬로그램이나 되는 십자가에 짓눌리며 내리쪼이는 뙤약볕 속을 걸어야 만했다.

예수는 몇 번이고 쓰러졌다. 그럴 때마다 로마 군병들의 조롱과 노성과 채찍이 사정없이 그에게 퍼부어졌고 예수는 다시 몸을 일으켜 달팽이처럼 기어갔다.

이 때의 광경을 복음서 가운데 마태·마가 두 곳에는 '시몬 구레네 사람을 만나서 그에게 예수의 십자가를 지웠다'고 되어 있고, 누가복음에서는 가슴을 치며 슬피 우는 여자의 큰 무리가 따라오는 것을 보고 예수는 "예루살렘의 딸들아 나를 위하여 울지 말고 너와 너희 자녀를 위하여 울라……"고 말씀했다고 그런대로 당시의 분위기를 묘사하고 있다.

이러한 여자의 무리 속에 한 소녀가 끼어 있었다. 그녀의 이름은 '베로니카'. 어려서 세상 물정을 모르는 천진 난만한 소녀였다. 그러기에 베로니카에게는 예수의 고난을 이해할 수가 없었으며, 더구나 언니와 어머니 같은 어른들이 눈앞에 보는 처절한 광경에 가슴을 치며 통곡만 하고 있는 것이 또한 이해하기 어려웠다.

죽음의 행렬이 베로니카가 서 있는 앞에 다가왔다. 예루살렘의 거리는 좁고 꼬불꼬불하며 길가에 가난하고 초라한 집에서 흘러 나오는 오물과 양과 나귀들의 분뇨로 더러울 대로 더럽고 악취가 코를

절렸다.
 이런 길에서 예수는 몇 번이고 쓰러졌다. 베로니카의 얼굴은 흥분으로 고조하고 자기도 모르게 눈물이 뺨을 적셨다.
 그녀는 더 이상 견딜 수가 없었다. 베로니카는 무리를 헤치고 앞으로 나갔다. 그리고 머리에 썼던 베일을 벗어들고 그것으로 땀과 먼지와 오물로 뒤범벅이 된 예수의 얼굴을 닦았다.
 예수는 눈을 감은 채 움직이지 않았다. 순간 군중의 통곡 소리와 야유와 조롱이 멎었다. 기세 당당 하던 로마병정의 노성과 공기를 가르던 채찍 소리도 멎었다. 아니 시간의 흐름이 멎은 듯했다. 베로니카의 베일에 예수의 얼굴이 나타난 것은 그녀가 집에 돌아가서야 알게 됐다.

 '죠르쥬 앙리 루오'(1871~1958)는 어느 유파에도 속하지 않고 독자적인 경지를 구축해 나간 세계 화단의 거성이다. 종교적 심정을 바탕으로 한 깊은 정신성과 그것의 추구로 나타난 회화적 진실은 바로 '루오'의 화가로서의 위대성을 말해준다.
 루오는 대체로 위대한 인간들이 그랬듯이, 고독과 빈곤과 싸우며 불행한 시기를 극복해 나가는 동안에 인간의 고뇌를 그렸으며 그 고뇌를 종교적 차원에로 고양시켰다. 루오가 실존주의 화가로서 지칭되는 까닭도 여기에 있으리라.
 그가 '베로니카'의 베일에 예수의 얼굴이 나타났다는 전승 이야기에 깊은 관심을 가진 것은 극히 당연한 일이다.
 루오는 그 모습을 자기 화폭에 그대로 재현해 보고 싶은 강력한 충동을 받았다. 그래서 그는 예수의 얼굴을 그리고 또 그렸다. 루오의 예수 얼굴은 40여 장이나 됐다.

루오는 미완성의 그림을 모두 태워버린 일로도 유명하지만 그는 죽기 얼마전에 40여 장이나 되는 예수 그림도 한 장만 남기고 있다. 그리하여 '베로니카의 베일'에 나타났던 예수의 얼굴은 오늘날 프랑스 화가 '죠르쥬 앙리 루오'의 종교적 심정의 고양과 회화적 진실의 추구의 산물로 우리에게 전승됐다.

우리는 생애에 '한 권의 책' '한 장의 그림' 또는 '한 곡의 음악'을 가질 수가 있다. 만일 '한 장의 그림'의 경우 무엇을 택할 것인가는 지금의 나로서는 그리 어렵지 않을 것 같다.

용설란

　집에 용설란이 두 그루 있다. 친지한테서 나누어온 것이다. 뿌리에서 갓 나온 눈을 가져다 심었는데 이태 여름을 나면서 곧잘 자랐다. 보는 사람마다 제법 볼 품이 있다고들 한다. 생각해보니 이만 하기에도 남모르는 심뇌가 얼마나 있었는지 모른다.
　집에는 화초라고 할 만한 것이 별로 없다. 나도 산과 들과 하늘을 좋아하며, 정원을 꾸며보고 싶은 마음이 적지 않으나, 만사가 뜻대로 되지 않는 것이 인생의 도리렸다. 이것도 한낱 꿈으로 그칠런지 모르겠다. 요새도 나는 가끔 인근의 화원을 찾아가거나——우이동 일대에는 화원이 많은데——서점에서 식물도감같은 것을 뒤적거리곤 한다. 그러나 화원의 화초도 도감도 나에게는 금단의 열매나 다름없었다. 눈에 들만한 화초면 값이 터무니없고 식물도감은 모두 아트지에 원색 인쇄한 호화본이어서 이것도 보통 값이 아니다. 나는 결국 집에 있는 용설란 두 그루에 당분간 정을 붙이기로 했다.
　집을 청량리에서 우이동으로 옮긴 것은 복절이었다. 단칸 살림은 하는 수 없다손 치더라도 뜰이 좁아서 하늘을 시원히 내다볼 수가 없다던가, 지나가는 사람들의 말소리, 동네 아이들이 떠드는 소리는 딱 질색이다. 우이동으로 이사한 데는 여러가지 이유가 있었겠지만 첫째 이러한 위협에서 해방될 수 있었기 때문이다.
　지금 이곳에서 나는 무서울 만큼 정적에 둘러싸여 있다. 언젠가는 한밤에 늑대가 우는 소리에 잠이 깼다는 이웃 사람 이야기를 들었는데 나도 한번은 부엉이 소리에 놀란 일이 있다.
　그러나 청량리는 청량리대로 맛이 있다. 나는 그 구차한 구석에서 잠시나마 벗어나려고 아침 저녁으로 뒷산에 오르곤 했다. 그야말로 조석으로 비가 오면 우산을 쓰고 산 언덕에 섰다. 이런 날에는 사람의 그림자도 보이지 않았다. 그럴수록 이런 시간이 더욱 좋았다.

낙조에 물든 구름, 진홍색에서 담황색으로 바뀌는 홍릉의 구름은 마치 '고원의 구름' 같은 정서는 없어도 그 변화가 재미있다. 밤비가 쏟아진 새벽 산 언덕을 걷던 일이 잊혀지지 않는다. 길에는 사람이 지나간 자욱이 없다. 인적 미답의 세계를 가는 듯 하다면 지나친 말일까?

사람은 정적을 좋아한다. "동양인은 고독을 찾아 산으로 들어가고 서양인은 거리로 나온다"고 한 철학자의 말이 생각난다. 중년에 낚시를 즐기거나 청년들이 등산에 열을 내는 것도 따지고 보면 정적과 고독을 찾아서가 아닐까 싶다. 정적은 반드시 음향의 결핍을 뜻하지 않는다. 전자는 적극적이고 후자는 소극적이다. 어느 러시아 작가의 글로 기억하는데 정적에 대한 적절한 표현이라고 생각되어 아래 적어본다.

It was not stillness, for stillness is merely the absense of sounds ; it was silence, because it seemed that they who were silent could say something but would not say.

그것은 정적이 아니었다. 정적은 그저 소리가 없기 때문이다. 그것은 침묵이었다. 그들은 무슨 말을 할 수가 있었지만 말하려고 하지 않았으니까.

야 삼경 개 짖는 소리는 주위를 더욱 정막하게 하며, 산중의 총성, 숲속의 바람 소리도 우리에게 더욱 고요한 감을 준다. 낙엽 지는 소리, 바람 없는 날 밤알이나 도토리 떨어지는 소리는 어떠한가? 나는 텅 빈 교회의 새벽 시간을 좋아하며, 만고의 침묵 속에 잠들고 있는 백두산의 천지가 보고 싶다.

"신은 산에 내리고 인간은 산에 오른다"고 한 빅또르 위고의 글이 생각난다. 정적이나 침묵을 매개로 하지 않는다면 교회의 권위도 산의 위엄도 없으리라. '空山不見人'이라던가 '空山落葉滿'이라고 한 당나라 사람의 말에는 틀림없이 동양인의 고독감이 엿보인다. 그러나 서양인의 글에서 동양적인 지성을 발견하고 나는 크게 공감한 적이 있다.

That night, when they camped by the lake and across the motionless water, Ralph felt the wilderness silence deepen around him, it was like being in a great empty cathedral. A new peace and elation entered his life, never to be lost and not to be forsaken.
　　　　　　　"The Amazing Crusoes of Lonesome Lake."

즉 R은 호반에서 야영을 했다…… 대자연의 침묵이 점차 깊어가자 그는 텅 빈 대성당에 홀로 앉아있는 듯이 느낀다. 그때 그는 일찌기 느껴본 일이 없는 마음의 평화와 환희를 얻었다. 인조 문명이나 인공적 예술보다 대자연에 접할 때 인간은 자기의 존재를 확인하고 자기의 문제를 해결하는 암시를 얻는 일이 적지 않다.

1945년 해방 직후의 이야기다. 대학 예과 시절에 서울 청량리 밖에서 잠시 하숙 생활을 했다. 좀 떨어진 산기슭에 절이 있었다. 겨울철 냉방에서 책을 읽고 있노라면 꽁꽁 얼어붙은 고요한 새벽 공기를 뚫고 목탁 소리가 들려왔다. 이럴 때마다 나는 불승들의 정진을 눈앞에 그리며 자기의 허약한 의지에 한층 채찍을 가했다. 요즘도 밤늦도록 앉아 있거나 새벽 이른 시간에 눈을 뜨면 오래전 그때가 생각난다. 방의 공기를 바꿀 겸 머리를 식히려고 넓은 뜰에 나선다……
…… 도봉산과 북한산의 능선이 밤 하늘에 뚜렷한 윤곽을 그린다. 멀리 솔밭의 검은 실루에트가 희미하다. 집들의 등불이 꺼진 지 오래고 하늘의 별빛이 한층 더 차갑다……

I crept out of bed and tiptoed softly out of the house……
But I wanted to sit in the swing for a while and watch the moonlight…… The whole countryside was hushed and sleeping : no lights burned in any house. The moonlight was liquid silver and so bright we could see the dark outline of the woods a mile away.

"Perfect Moment"

나는 잠자리를 빠져나와 소리 안내고 밖으로 나갔다. ……나는 잠시 그네에 걸터 앉아 달빛을 쳐다보고 싶었다. ……주위는 죽은 듯이 고요하고 불빛이 보이는 데가 한 곳도 없었다. 달빛은 마치 수은 같이 밝았고, 그 빛으로 멀리 나무숲의 검은 윤곽까지 보였다.

나는 이런 글을 읽은 적이 있는데, 그 필자의 생활을 요새 내 주변에서 찾게 되어 얼마나 기쁜지 모른다. 그러나 생활의 표리는 여기에도 있다. 백설이 개개한 광야를 조석으로 달릴 때에는 때로는 아직 20대같은 자기를 축복하고 때로는 산저와 같은 만용을 부끄러워 하며, 이렇게 살아야 하는 스스로의 신세를 슬퍼한다. 역경이 사람을 만든다고 한 것은 누구의 말인가? 나는 동결한 암야의 귀로에 이 금언을 반추하며 안이한 자위를 넘어서서 흐뭇한 만족감에 도취

했다.

 일양 내복의 계절이 머지 않다. 백운대의 눈이 녹아내리고 뜰의 낙엽송이 생기를 얻을 무렵이면 용설란도 맑은 대기 속에서 봄빛을 담뿍 쏘이리라. 그런데 이 용설란에 시련이 왔다.
 언젠가 엄동 설야의 일이었다. 겨우내 햇볕을 모르고 갇힌 신세가 가엾어서 낮에 양지 바른 곳에 내놓았다. 일장을 아낀다는 북구 사람들의 이야기가 생각났던 것이다. 그날은 비교적 날씨가 풀리고 아내는 모처럼 외출하고 없었다. 그러지 않아도 짧은 겨울 해는 곧 지고 말았다. 밤이 깊어가자 다시 바람이 일고 온도계의 수은주가 내려갔다. 아내가 용설란이 어디 있냐고 물었다. 바람 소리에 잠에서 깬 듯 했다. 새우잠을 자던 나는 펄떡 일어나서 밖으로 뛰쳐나갔다. 용설란을 얼려 죽였다는 생각밖에 없었다. 가슴이 터지는 것 같았다. 지난 이태 여름을 좁은 뜰에 스며드는 햇살을 쫓아 이리저리로 끌고 다니지 않았던가? 창경원의 용설란 앞에서 시간 가는줄 모르고 서있던 내가 아니었던가?
 날이 새기 바쁘게 이웃에 사는 K를 찾아갔다. 그는 대학에서 생물학을 공부한 친구로 우리집의 용설란의 유래를 잘 알고 있었다. 나는 K의 얼굴만을 주시했다. 그는 환자의 맥을 짚는 의사처럼, 실험을 응시하는 과학자 모양 용설란의 가시 돋은 두터운 잎을 만지작거릴뿐 말이 없다. 그러자 K는 괜찮겠다고 했다. 나는 그의 말을 그대로 받아들이지 못했다. 멕시코 원산인 식물이 간밤의 추위에 견디냈으리라고 믿어지지 않았던 것이다. 그러나 K는 웃으면서 말을 이었다.——온실에서 자란 것이라면 영낙없이 얼어죽었겠지만 가난한 집에서 푸대접 받아왔기 때문에 괜찮다는 이야기였다. 우리는 서로 얼굴을 마주대고 웃었다. 얼어붙은 방공기가 순간 녹아내리는 듯한 순간이었다.

용설란은 죽지 않았다.

그뒤 달포가 지났는데 여전히 싱싱하다. 나는 이 '시련에 선' 용설란을 통해서 자기의 과거가 가지는 의미를, 그리고 미래에 대한 또 다른 의미를 생각했다.

엘리오트의 라일락도 좋고 워즈워스의 히아신스도 좋다. 소월의 진달래는 언제 가볼지 모르는 이북 산천의 심볼. 옥잠화의 그윽한 향기…… 그러나 나에게는 용설란이 더 마음에 든다. 추상같이 가열하고 준엄하면서도 심산 유곡을 가는 듯한 그 위용이 나를 끈다. 애교와 명랑과 화려보다는 진중과 과묵의 미덕을 나는 좋아한다. 16세기에 비로소 세계에 소개되었다는 용설란이 그후 오늘날까지 몇 번밖에 개화한 적이 없다는 기록을 읽었을 때, 나는 그 진중과 과묵의 도를 시험한 듯 싶어 내 자신의 일처럼 기뻤다.

우리집의 용설란은 언제나 꽃이 필까? 내 생에 있어서의 또 하나의 정진이 여기에 있는 듯하다.

(이 글은 1961년 고교 교사 시절에 학생들의 청으로 교우지에 냈던 것을 그대로 실었다.)

수재에 대하여

새로 나온 「대동강」을 받고 맨 먼저 읽은 것은 박영희의 '추억속의 평고보 시절'이다. 퍽 재미있는 글이었다.

동창이란 원래 그렇지만 중학교를 떠난 뒤 박과 만난 기억이 가물가물 하다. 그러기에 옛날을 회상하는 동문지에서 그의 글을 보고 나는 무척 반가웠다.

「대동강」에 실린 글들은 대체로 재미있다. 굳이 흠을 잡는다면 '수재'라는 말이 지나치게 쓰이고 있다고 할까. 평양고보가 당시 전국을 통해서 이른바 명문교였던 것은 사실이고, 학교 건물이 우뚝 섰던 만수대에는 그야말로 머리 좋은 학생들이 모여들었을 것이다. 그러나 나는 솔직히 말해서 '평고보의 수재'가 어떤 것인지 모르고 있었다. '공부 잘하는 것'이 곧 수재라고 생각하지 않았기 때문이다. 그런데 이러한 나의 고집과 과문을 이번에 「대동강」에 실린 박의 글이 깨우쳐 주었다.

우리가 어려서 다닌 중학교는 5년제였는데, 그 5년을 마치고 대학으로 올라갔다. 그것도 바로 진학하는 것이 아니라 대학예과 아니면 고등학교라는 중간 과정을 2~3년 거치기로 되어 있었다. 그런데 이 과정을 밟기란 매우 어려워서 당시 그토록 유명했던 우리 학교에서도 한 해에 하나 아니면 둘 정도가 뽑힐까 말까 했다.

그러나 우리 때 4학년에서 일본의 고등학교로 뛴 학생이 둘 있었다. 이를테면 월반한 셈인데, 하나는 한동섭이고 다른 하나는 김영삼이라는 학생이었다. 한은 사회적으로 저명한 가문에 태어났고, 일찌기 서울 명문 대학의 교수로 이름을 떨치다가 50고개를 넘지 못하고 요절했고, 김은 농촌 태생으로 사상이 달랐던지 월남하지 않아서 그 뒤의 소식을 모른다.

그들은 모두 나와 같은 반이었는데 확실히 공부를 잘했다. 그러나 나는 그들을 수재라고 생각해 본 적이 없다. 그들의 숨은 노력을 잘 알고 있었기 때문이다.

박영희는 이들에 뒤질 것 없었지만 5년을 마치고 역시 수재들이 밟는 길로 돼있는 경성제국대학예과에 들어갔다. 이때 김모도 같이 갔는데, 김은 재학 시절 수석을 뺏긴 적이 없는 학생이고 박은 그를 바싹 따라붙었다고 들었다. 그러니 누가 봐도 그들은 만수대 수재중의 수재라고 해도 좋으련만 김도 역시 코피를 쏟으며 공부한 것을 아는 사람은 안다.

나는 이러한 김과 4년을 마치고 일본의 고등학교로 간 다른 김과 가까이 지냈는데 박영희와는 말 한번 나눈 일이 없었다.

1945년 태평양전쟁이 끝나고 일본이 한반도에서 물러가자 경성제국대학이 문을 닫고 그 자리에 경성대학이 새로 탄생했다. 그리고 서울 교외에 있던 대학예과도 이에 따랐다. 나는 그해 겨울 38선을 넘고 이듬 해 봄 그 대학예과에 들어갔다. 간판이 바뀐 대학예과에는 박영희가 그대로 있었고, 김모는 고향 이북으로 돌아간 뒤였다.

동문회지에 실린 박의 글에는 그가 어려서부터 천문학을 공부하고 싶었다고 했는데 대학에 올라와서는 의학을 공부했다. 천문학으로는 먹고 살 수 없다고 시골의 아버지가 타일렀는지도 모른다. 그는 시골 출신이지만 도시에서 자란 학생들이 따라가지 못할 만큼 공부를 잘했다. 그러나 그는 모교를 자랑하고 수재 선배들을 높이면서도 자기 이야기는 없다. KS 마아크가 풍기는 씁쓸한 뒷맛같은 것이 그의 글에서는 느껴지지 않는다. 나는 그의 중학 시절 추억담을 통해서 비로소 평고보의 수재가 어떤 것인지 알았다.

박영희는 부산에 살고 있다. 그가 어떻게 되어 부산까지 내려갔는지 궁금하다. 살다 보면 그럴 수도 있지…… 하면서도 박을 만나면

꼭 한번 물어보고 싶다.

　그런데 박이 끝내 잊지 못하고 있는 그 수재 선배는 한국전쟁에 말려들어 포로 수용소에 있었다는 이야기다. 그 대목에서 나는 또다른 수재 선배 김사량을 연상했다. 1932년 졸업을 앞두고 일본 경찰에 쫓겨 도망치다시피 도일하여 형이 다니던 고등학교에 들어갔다가 동경제국대학을 나왔다는 그 선배…… 일본 문학의 등용문인 아꾸다가와상(芥川賞) 후보에 오른 그의 문제작 '光の中に'를 중학 시절에 읽은 일이 있지만, 역시 한국전쟁 때 인민군에 끼어 원주 부근에서 소식을 끊었다는 그 기구한 운명.

　모교를 자랑하는 일은 흔히 있다. 이런 자랑은 옆에서 듣기에도 거북스러운 것이지만 나는 평고보를 나온 사람들이 모교를 자랑하는 경우 특히 그렇다. 그러나 박영희의 '추억속의 평고보시절'을 읽고부터 내가 다닌 학교가 한층 돋보였다. 실은 모교가 돋보였다기보다 같은 교사에서 공부하고 같은 교정에서 뛰놀던 어린 학생들 가운데 그야말로 뛰어난 인물들이 있었다는 것이 자기 일같이 자랑스러웠다. 머리가 좋아 성공적 인생을 달려간 부럽고 멋진 이야기가 아니라, "공부 시간에 바둑만 두고…… 저녁에는 음악회를 열며…… 자정이 지나서 공부했다"고 박이 말하는 그 선배들. 그리고 끝내 전란에 휩쓸려 이 세상에서 꺼져버린 그 형제들 이야기에 수재란 어떤 사람이며 인생이란 또한 무엇인가 다시 한번 생각하게 됐다.

나의 친구 K

오랫동안 소식없던 대학 동문인 K가 찾아와서 나를 놀라게 했다. 그의 생각은 언제나 유별났기 때문에——그러다 보니 이따금 엉뚱한 일을 저지르기도 하기에 어쩌다 전화라도 걸려오면 이번엔 무슨 일이 있나 하고 가벼운 기대와 불안이 뒤섞인다.

그는 책을 좋아했다. 그러나 그것도 옛날 학창 시절의 이야기였고, 생물학을 공부하면서도 거의 무신론자같이 살아온 그였다.

그러니까 벌써 여러 해 됐다. 신록이 눈부신 5월 어느날로 기억하는데, K가 찾아와서 느닷없이 책을 번역했다고 말했다. 책을 번역했다고? 무슨 책이게? '이누가이 미찌꼬'의 「신약성서 이야기」란다. 순간 나는 그가 어떻게해서 이런 책을 알게 되었는지 그것부터 물어보고 싶었다.

K와의 만남은 이래저래 반 세기가 된다. 그러니까 일본이 우리나라를 지배하고 있을 때, 남쪽 S시의 시골 중학교에서 4학년에 다니다가 당시 경성제국대학예과에 들어갔다고 하니 그는 누가 보나 이른바 수재 가운데 수재에 틀림없었다. 그러나 이렇게 조숙한 사람들의 생애란 반드시 잘 풀리지는 않는 것 같다. K 역시 자기 앞에 활짝 열린 듯한 길을 가지 않았다. 그는 대학을 나오자 한동안 어느 학교에서 교사로 있다가 끝내는 조용한 시골로 내려갔다. 거기서 그는 생물학을 저버릴 수가 없었던지 책을 보며 농사를 지었다. 요새 말로 무공해 유기 농법을 살려 나간 셈이다. 그러나 그런 농사가 수지맞을 리 없고 그의 살림은 결코 편하지 않았다. 일꾼없이 혼자 힘으로 농사를 짓자니 못해먹겠다는 푸념이 60을 바라보는 K의 입에서 가끔 튀어나왔다. 원래 누가 보아도 종교와 거리가 멀었던 그가 카톨릭 문을 두드렸다는 이야기가 들려온 것은 그런 무렵이었다. 그리고 이번에는 이런 책을 옮겼다.

번역은 일종의 창작이며 아무나 하는 일이 못된다. 물론 K의 성품으로 보아 심심풀이로 해보았을 리는 없었겠지만, 문필과 거리가 먼 그의 작업은 보나마나 잘 됐을 리도 없었다. 그는 잠시 이야기를 나누다가 무거운 원고 보따리를 들고 웃으며 시골로 내려갔다. 그뒤 이야기는 역자의 변 '옮기고 나서'에 잘 나와있다.

K는 이 글에서 '이 책을 단순한 호기심에서 읽다가 …… 옷매무시를 바로 잡고…… 단숨에 읽어버렸다'고 하는가 하면, 이 책을 통해 '처음으로 말씀과 만나게 됐다'고도 했다. K 앞에 새로운 지평선이 열린 것이다. 나는 그가 옮긴 이 「신약성서 이야기」에 따로 붙일 말을 모른다. 그저 놀랄 따름이었다.

성서는 책 가운데 책이요, 베스트셀러 중의 베스트셀러라고들 말하는데, 그렇더라도 성서처럼 읽히지 않는 책도 없는 것 같다. 하나님의 말씀은 인간이 영감으로 쓴 것이라고 하니 그런지도 모른다. 그러나 믿음을 갖는 데 동기가 있듯이 성서와 가까워지는 데도 길이 있다고 본다. 「신약성서 이야기」는 바로 그런 길잡이가 아닌가 싶다. 이 책은 물론 저자인 '이누가이 미찌꼬'가 이해한 성서의 세계다. 그렇기는 하지만 원래 돈독하고 신실한 크리스챤이고 서구적 교양을 쌓은 그녀가 쓴 것이니 그대로 받아들여서 좋을 듯하다.

이러한 책을 지금까지 자기 멋대로 살다가 카톨릭으로 들어간 K가 매명이나 업적이나 항차 돈벌이를 생각했으랴? 필경은 견디다 못해 우리말로 옮겼으리라. 그러니 다소 번역에 흠이 있다손 치더라도 그의 마음이 갸륵하다.

그러나 이 흐뭇한 일 한 구석에 응어리지고 쉽사리 풀리지 않는 것이 있다. 기독교의 교세나 믿음의 깊이로 보더라도 문제가 안되리만큼 앞서있는 우리 한국이 이른바 신도이즘의 나라 일본의 책을 옮기게 됐다는 점이다. 이렇게 부딪혀 오는 현실에 대한 의혹과 불만이 교역자나 문필가가 아닌 사회 한 구석에서 조용히 묻혀 살고 있는 나의 친구 K가 고생 끝에 해낸 일이기에 적이 풀렸다.

책은 읽는 사람마다 평가를 달리할 수 있다. 그것은 책이 스스로 지니는 운명이기도 하다. 다만 나는 K가 옮긴 「신약성서 이야기」를 볼 때 '토마스 카라일'의 「프랑스 혁명사」를 연상했다. 완성한 원고를 가정부가 불쏘시개로 모두 태워버리자 카라일은 말없이 처음부터 다시 써나갔다는 이야기…… K는 자기의 무력을 탓하고 일만 장 가까운 원고를 버리고 처음부터 새로 손댔다.

그 이야기에 나는 서로 20대였던 옛시절로 돌아갔다 —— 집을 서울에 두고 기숙사로 들어온 그, 그리고 조용한 이층 구석 방에서 흰 생쥐를 키우고 벽에 드가의 그림을 걸고 독일의 '레크람' 문고를 읽고 있던 그의 기숙사 생활을 머리에 떠올렸다.

그 무렵 나는 그와 함께 배낭과 천막을 지고 사람을 볼 수 없는 광릉 숲속을 가서 하룻밤 지냈던 일이 있다. 새싹이 돋기 시작한 광릉 숲을 갈 때 바람에 날리는 노란 꽃가루가 우리 온몸을 덮었다.

365 일

「365 일을 어떻게 살 것인가?」라는 책자가 나돈 적이 있다. 아침에 눈을 뜨면 누구 지갑에나 '24시간'이 들어 있다는 그 서두의 글이 그토록 신선감을 주었다.

그런데 이 24 시간은 깊이 생각할 것도 없이 누구에게나 같은 시간이 아니다. 사람은 한 세상 살다가 가지만 그 한 세상이 사람마다 다른 것은 우선 그가 이 24 시간을 남들과 달리 어떻게 살았던가 하는 데 있다.

교회에는 매일 새벽 미명에 기도 드리는 시간이 있다. 이 새벽 시간에 나가면 오늘도 새날을 주셔서 감사하다는 소리가 여기저기서 들려온다. 이 간단한 말 한마디가 또한 내 마음을 흔든다. 그러나 이 '새날' 역시 아무에게나 새날은 아니리라.

「365 일을 어떻게 살 것인가?」는 1년 동안의 생활 계획표가 아니며, 만병 통치 약처방이 그 안에 적혀있을 리도 없다. 매일 생기는 24 시간을 어제와 다른 새날로 받아들이는 시간 개념과 생활 의식에서 사람마다 365 일을 사는 방법이 나온다. 그날이 그날이라고 생각한다면 1 년 365 일은 그저 흘러가는 세월에 지나지 않는다.

사람은 어렸을 때 시간 개념이 없다. 즉 시간을 모르고 살아간다. 그러다가 나이가 들면서 시간이 무엇인지 알게 되고 사람 입에서 "세월이 빠르다"는 말이 자주 튀어나온다.

세월의 빠름은 동양이나 서양이나 마찬가지나 동양에서는 유수와 같다고 하고 서양에서는 나는 화살에 비한다. 이런 비유 밑바닥에는 모두 인생의 무상함이 깔려 있다.

그런데 이러한 인생의 무상함과 인간의 무료함이 반드시 같은 것은 아니다. 지난날 사람들은 무상한 인생을 주로 살아온 셈이나, 오늘날에 와서는 이러한 무상보다는 무료함을 더욱 느끼고 있는 것 같다. 무상은 긴 인생에서 오지만 무료는 하루 하루의 짧은 시간에서 온다. 그러나 그것이 어디에서 오건 인생 무상이니 무료한 시간이니 하는 것은 모두 사람의 생활 의식과 생활 태도에 달려있다.

사회의 저명 인사였던 모씨는 대학도 나오지 않은 분으로 60여 평생 국내외를 좁다하고 쉴새 없이 뛰어다니며 큰 일을 했는데, 그는 끝내 제주도를 가보지 못하고 일생을 마쳤다. 그에게는 하루도 무료한 시간이 없었고 인생 무상 같은 것은 평생 느끼지 못했으리라.

무료한 생활 감각은 동양보다 서양에서 먼저 문제가 되었다. 그들이 말하는 'boredom'이 그것인데, 일종의 권태 의식이 개인에서 끝나지 않고 한 계층의 인생에 번져 나가고 있다. 그런데 우리 사회도 정적인 상태에서 동적인 상태로 옮겨가면서 많은 사람들이 권태에 시달리기 시작했다.

365일을 사는 문제는 누구에게나 해당하지 않는다. 한창 공부하는 젊은 세대나 사회에서 일하는 중년층에게는 새삼 365일을 어떻게 보내야할지 문제가 안된다. 이것이 문제가 되는 세대는 무료한 시간이 고민하는 후기 인생들이다. 나이 60 전후해서 사람들은 갑자기 늙기 시작한다. 한창 일하다가 하는 일이 없게 되자 시간이 무서워지는 것이다. 바로 무료함이 엄습해온다.

"Forget your age!"라는 말이 있다. 언젠가 외국 책에 실린 글이었는데 세월이 가며 더욱 새로운 느낌을 준다. "나이를 잊으라!"는 이 말은 사람들이 나이 들면서 나이 타령을 자주 하는 데 대한 일종의 경고다. 나이를 의식하면 사람은 늙으며 나이를 잊고 사는 사람은 언제나 바이탤리티를 유지하게 된다는 이야기다.

서양 사람들 가운데는 60이 넘어서 피아노를 배우거나 러시아어 같은 외국어 공부를 시작하는 사람들이 많다고 한다. 나이를 잊고 권태 의식을 씻어 버리는 생활의 지혜가 그들에게는 있다. 흔히 은퇴한 사람들 입에서 "미치겠다"는 푸념을 듣는데, 하는 일 없고 갈 데 없으니 매일 시간 보내기가 죽을 맛이라는 이야기다. 무료함은 무서운 병이다. 바이러스에 의한 병에는 의사가 있으나 무료함에는 의사도 없다.

중학 동창들이 모여서 산에 가기 시작했다. 자주 모이지는 못해도 60을 넘은 인생들이 산길을 거닐며 주로 옛날 이야기 꽃이 피고 흠 없는 농담으로 철부지처럼 떠들어댄다. 무료한 인생들에게 생기가 돌아오는 시간이다.

그런데 늙어가며 할 수 있는 일이 어찌 이런 정도밖에 없으랴. 무엇이나 일을 찾아 나서는 것이다. 경제적 여유가 있어서 골프 치는 따위는 여기에 들지 않는다. 그러한 취미 활동은 결코 인생의 바이탤리티가 되지 않는다.

우리 사회에서는 60대가 되면 으례 '회갑연'이 벌어지고 '경로우대증'이 나온다. 이러한 관습과 제도는 이를테면 미풍 양속에 속하는 것같지만 확실히 사람을 의식적으로 늙게 한다. 특히 경로우대증으로 사람은 스스로 늙어갈 뿐만 아니라 그것을 이용할 때 스스로 무용지물이라는 인식을 사회에 심어주고 있다.

회갑이니 고희니 하는 개념은 시대가 변하면서 그전과 달라지고 있다. 그러나 이 어차피 지나가는 인생의 전환점을 짚고 넘어서는 지혜가 없지 않다고 본다. 예를 들면 글을 써서 자기 문집을 꾸미거나 책을 번역해서 널리 친지들에게 나누어 주며 그 출판 기념으로 회갑연이니 고희기념을 지킬 수도 있으리라. 은혼식이니 금혼식을 이것으로 대신한다면 그 인생은 어떨까?! 이런 일은 학자나 문인들이 하는 것으로 여기는 발상에서 벗어나는 사고의 탄력이 인생의 두 번째 출발을 가능하게 하리라. 아무나 하는 일이 아니라고 할런지 모르나 아무나 못하는 일도 아니다.

　중학교 대선배인 이근배 박사는 4반세기에 걸쳐 묵묵히 바자리의 대작 「이탈리아 르네상스 미술가전」을 우리말로 옮겼다. 생화학인 전공 분야와 거리가 먼 이런 일을 할 수 있었던 것은 그가 남달리 부지런하고 시간을 아낀 때문이리라. 그리고 남다른 심신의 건강이 그 큰 일을 가능케 한 것은 아니라고 본다. 그가 남과 다른 '24시간'을 의식하고 매일을 '새날'로 살아간 자취가 그러한 결실로 나타났으리라. 그는 언제나 나이를 잊고 살았을 것이다. 그래서 남들처럼 나이 푸념으로 늙을 시간이 없었으리라.

나의 동숭동 시절

6.25 전

연전에 김규영 선생의 고희를 기념하는 모임이 있었다. 대학 동문회나 철학회에서 간혹 무슨 연락이 와도 별로 얼굴을 내밀지 않았지만 이번에는 나가보고 싶었다.

내가 청량리에 있는 대학예과에서 동숭동의 학부로 올라온 것은 1948년 봄이었다. 으례 있는 일이지만 신입생 환영회가 정릉 골짜기에서 있었는데, 바람이 차고 음산한 날이었으나 진달래가 피어있었다. 조가경 군이 철학하는 것은 푸른 풀밭에서 마른 풀을 뜯는 것과 같다는 파우스트에 나오는 말을 인용하며 신입생 대표 인사를 한 기억이 난다.

앙상한 야산 언덕에 앉아있노라니 김규영 선배가 —— 연구실을 지키는 30대의 젊은이었을까 —— 신입생 한 사람 한 사람 찾아다니며 술잔을 돌렸다. 술을 못하는 나도 잔을 받았는데, 김 선배는 작은 사기잔에 진달래꽃을 넣으며 소월의 시 한 구절을 읊지 않는가…… 그때 나는 그분이 평북 시골에 태어난 수재인 것을 알았다.

당시 철학과에는 안호상, 김두헌, 박종홍, 고형곤, 최재희 선생 등 여러분이 계셨다. 때는 남로당 사건이니 여수 순천 사건에 국대안 반대까지 곁들어 사회와 학원이 온통 소란했다. 청량리 붉은 벽돌 교사에서 좌익 학생들의 데모로 강의가 중단되곤 했지만 학부에 올라와서도 그 소란은 여전했다.

중앙도서관 뒤편에 있던 이층 벽돌 강의실에서 안호상 교수가 흑판 가득히 'Freiheit der Forschung'이라고 써놓고 독일 대학의 학문의 자유에 대해 열을 올린 것도 이 무렵이었다. 안 선생님은 또한 '유물론비판'이라는 제목의 강의를 했는데, 한번은 좌익 극렬 학생 하나가 질문 아닌 질문으로 싸움을 걸어와 학생들 사이에 일대 소란이 벌어졌다. 결국 안 선생님이 그 학생을 데리고 연구실로 가고 강의는 중단됐다.

예과에서 같이 올라온 학우들로 한정우, 임춘갑, 조요한, 조가경, 전두하, 정진, 문승욱, 박근 등이 있었다. 이 가운데 한은 일찍이 스웨덴으로 건너가 통계학을 공부하고 그곳에 정착했고, 문은 오래전에 죽었으며, 박은 미국에서 전공을 바꾸어 외교관이 됐다.

1975년 한여름 박근, 임춘갑과 나는 우연히 제네바의 레망 호반에서 만났다. 당시 박은 주스위스 대사였고, 임은 보이스카웃 사무총장으로 오슬로에서 열리는 국제 잼버리대회에 가는 길이었다. 나는 국회에서 구미 시찰 길에 제네바에 들렸는데 우리는 모두 철학에서 벗어난 방랑자였다.

1977년 가을, 나는 에베레스트 원정대를 이끌고 히말라야를 오가는 길에 주태국 박근 대사와 방콕에서 다시 만나게 되어 많은 신세를 졌다. 그는 18명이나 되는 우리 일행을 시내에서 그리고 관저에서 맞아주었다.

조가경은 우리 사이에서도 유별난 존재였다. 언제나 말이 없고 혼자였다. 그 무렵 학생들의 외모는 초라했고 대체로 낡은 군복에 헌 군화 차림이었는데, 조는 단정하게 타이를 매고 가죽가방을 들고는 강의실에 나타났다가 사라졌다.

당시는 텍스트나 참고서라는 것이 없었다. 그래서 나는 학비를 벌 겸 교수의 교재를 빌려다 복사해서 학생들에게 팔았다. 그러던 어느 날 청량리 기숙사로 조가 찾아왔다. 교재가 필요했던 것인데, 그는 방에 들어오지 않고 복도 창문에서 용건을 마치자 돌아갔다. 시간을 아꼈는지 사람 사귀기를 싫어했는지 지금도 모르겠다.

선배 가운데 가끔 생각나는 사람이 있다. 지금은 이름도 잊고 생사도 알 길이 없는데 가냘픈 몸매와 중키에 안경을 쓴 조용한 학생이었다. 그와 나는 만날 때마다 다정하게 이야기했는데 캠퍼스에서 그는 칸트의 제일 비판서를 세 번째 읽는 중이라고 했다.

이태윤 선배는 몇 해 전에 미국서 세상을 떠났지만 나는 그를 또한 잊지 못한다. 해방 전에 경성제대 예과에 들어온 그는 철학보다 수학에 더 매력을 느꼈던지 철학과를 나오자 수학을 다시 공부하고 동국대학에서 수학강의를 하기도 했다. 그는 뼈대있는 집안에 태어났다고 들었는데 헌칠한 키에 과묵하며 선비의 풍을 지니고 있었다. 그가 일찍 간 것이 두고두고 아쉽다.

박종홍 선생은 학생들이 저마다 강당에 설 생각만 하고 있다고 강의 시간에 말씀한 적이 있다. 나는 중학시절에 막연히 철학이라는 말에 끌려 38선을 넘어왔지만 끝내 이 학문을 해나갈 처지가 못되었다. 강의는 열심히 듣고도 저녁마다 아르바이트에 나갔다가 밤늦게 돌아와 밥을 지어먹어야 하는 생활이었다.

그러던 어느날, 눈이 내린 구정 무렵으로 생각되는데, 늦어서 돌아오니 기숙사 옆방에서 불이 났다고 한다. 선린의 기숙사가 탄 뒤라 당국에서는 적색 분자의 소행으로 보고 조사에 나선 모양인데, 당시 자취위원회 책임자로 있던 나는 동대문경찰서에 끌려갔다. 그러나 바로 조윤제 학장의 전화로 이튿날 새벽에 풀려났다.

해방후 서울에는 영어학원이 많이 생기고 학생 아닌 일반인들이 공부에 열을 올리고 있었다. 나는 이런 데서 일하느라 최재희 선생 시간을 도중에 빠져나가야 했다. 하루는 그 교재를 역시 복사하려고 혜화동 자택으로 최재희 선생을 찾아갔더니 선생은 내 사정을 아시고 학비를 도와주겠다고 말씀하셨다. 나는 사양했지만 6.25가 일어나서 나의 동숭동 학창 생활도 그것으로 중단됐다.

6.25 후

나는 해방 후부터 고생하며 모았던 책들을 모두 버리고 기숙사 친구들과 한강을 넘었다. 태평양전쟁 때 일본의 대학생이 남긴 「젊은 철학도의 수기」가 생각났다. 졸업 논문을 쓰려고 대학 도서관에서 빌려온 칸트의 책 한 권을 그가 돌려보내지 못하고 죽게 되어 안타까워했다는 이야기…… 그런 책은 나에게 없었지만 당시의 책들이 더욱 그립다.

나는 피난길에 기숙사 친구들과 군대에 들어갔다. 이렇게 해서 모인 수는 60명이었는데, 낙동강 방어선이 무너지려는 무렵 우리는 특공대로 투입되어 60명 가운데 40명 가량이 죽고 내 분대는 11명에서 두 명이 남았다. 그날이 바로 UN군의 인천상륙 전날이었으니 경주 북방에서 벌어진 이 전투가 더욱 잊혀지지 않는다. 이 참담한 전투가 끝나자 이어서 인천상륙 작전에 참가하게 되어 나는 생각지도 못했던 서울을 다시 보게 됐다. 그때 중대장이 나를 가엾게 보았던지 졸병에서 장교가 되는 길을 열어주었다.

이렇게 해서 나는 그뒤 3년을 일선에서 미군 고문관과 일했다. 그 무렵 나는 서울에 나오면 길가에서 헌 책들을 사가지고 일선으로 돌아갔다. 조가경 군이 독일 대학에 간다는 소식이 들려왔고 육군사관학교에서 임춘갑 군이 진해로 내려오라는 편지를 보내왔다. 그러나 나는 일선을 뜨지 못하고 레마르크의 전쟁 소설을 읽으며 스스로 외로움을 달랬다.

한정우가 내 소식을 알고 편지를 보내왔다. 긴 사연이 또박또박

깨알같이 적혀있었는데 나는 그의 편지를 지금도 가지고 있다.

그러자 5년만에 학창으로 돌아와 보니 동숭동 캠퍼스는 낯설기만 했다. 그전 얼굴들이 하나도 보이지 않았다. 나는 임춘갑 군과 고형곤 선생님 시간에 들어갔다. 고 선생은 우리를 보시더니 오늘 귀한 손님이 왔다며 학생들에게 소개했다.

고형곤 선생은 그간 미국에 가셔서 과학철학을 공부하시고 그것을 강의 했는데, 그 내용을 이해하기가 어려워 선생님의 텍스트를 빌리려고 강의가 끝나자 앞으로 나갔다. 고형곤 선생은 책을 내주시면서 나도 잘 모르겠어……하고 웃었다.

고 선생님은 또한 하이데거의 'Holzwege' 강독도 하셨다. 하루는 의과대학 잔디밭에서 10여명의 학생이 둘러앉았는데, 선생님은 읽어 나가시다가 한번은 낱말의 뜻을 모르겠다며 아는 학생 없는가고 묻기도 했다.

고 선생님에게는 언제나 그런 분위기가 있었던 것 같다. 경성제국대학 시절의 모 철학교수 이야기를 여쭤보았더니 그분은 저명했지만 공부를 하지 않았으며 언제나 노트 하나로 지냈다고 했다.

임춘갑 군은 나와 동향으로 예과 시절부터 같이 하숙을 한적도 있는데 그도 강의에 빠지는 일이 많았고 졸업식에도 나오지 못해서 내가 그의 증서를 받아다 주었다.

고형곤 선생은 임춘갑 군을 잘 기억하시고 언제나 나에게 임군의 소식을 물으며 좋은 술 있으면 가지고 집에 놀러오라고 하셨다. 그러나 우리는 그런 기회를 한번도 가지지 못했다.

임의 이야기로 잊혀지지 않는 일이 있다. 김규영 선생님의 쟈끄 마리땡 원서 강독 시간에는 학생들이 돌아가며 읽었다. 한번은 임군의 차례가 왔는데 김 선생님은 임군이 옮기는 것을 받아쓰면 그대로 책이 되겠다고 평하셨다.
 임과 나는 대학원에 올라가지 않고 동숭동 교문을 떠났다. 임은 일찍부터 톨스토이와 도스토예프스키의 대작들을 번역하며 밥벌이를 했는데 훗날 그는 그 글재주를 가지고 키에르케고아의 거의 전 작품을 우리말로 옮겼다.
 어느덧 세월이 흘러 옛 스승들이 한분 또 한분 가시고 나도 칠순이 넘었다. 그러나 고형곤, 김규영 선생님이 지금도 건재하시니 나의 동숭동 시절은 아직 끝나지 않은 것만 같다.

우다 선생

마사끼(正木) 선생이 건재하시다는 이야기를 듣고 우다(宇多) 선생이 생각났다. 나는 중학생 때 고학년 3년을 우다 선생이 담임했던 반에 있었다. 3년은 짧은 기간이 아니었는데 선생과 나 사이는 한 교사와 한 학생의 그것으로 평범하게 지나갔다.

우다 선생이 담당한 과목은 역사와 지리였다. 이 학과는 학생들에게 인기 있는 과목이 아니었다. 수업 시간에 선생과 만나고 때로는 가까워지는 것이 학교 생활이기도 했지만, 이런 점에서도 우다 선생은 학생들에게 그다지 돋보이지 않았던 것같다.

우다 선생은 일본 사람 가운데서도 키가 작은 편이었다. 게다가 언제나 말이 적고 웃거나 화내는 일이 없었다. 그에게는 학생들이 즐겨 붙이는 별명도 없었다. 선생으로서 별명을 가지지 않은 것도 특이한 일이다.

그는 일본의 제7 고등학교를 거쳐 동경제국대학을 나왔다고 했다. 당시 교사 중에 동대 출신이라는 학벌 좋은 이가 없었던 것은 아니지만 일본의 고등학교와 동대를 나왔다면 우선 학생들의 존경을 받았다. 그를 학생들이 경원한 일이 있다면 그 원인은 다른 데 있었으리라. 그런데 학생들이 선생을 보는 눈은 달랐다. 그처럼 좋은 학벌을 가지고 하필이면 식민지 중학교에 와 있는가 하는 점이었다.

우다 선생은 술을 좋아했다. 얼굴이 불그스름해서 교실에 들어오는 일이 종종 있었다. 그럴 때마다 구석구석에서 수근거리는 소리가 들렸다. 학생 중에는 이렇게 짓궂은 놈이 있었다. 밤길 늦은 시간 전신주에 머리를 기대고 서 있는 선생을 발견하고 거수 경례를 붙였더니 이런 데서 경례하는 법이 아니라고 호통치더라는 이야기다. 물론 선생의 호통은 취기에서 나왔다.

이른바 대동아전쟁의 전망이 흐려지던 무렵, 학교 선배가 당시 일본군 대위로 남방 전선에 나가는 길에 모교에 들러 후배들의 환송을 받는가 하면 해전이 심한 남태평양에 보도요원으로 종군한 일본의 저명 작가가 와서 공회당에서 시민들을 모아놓고 화려한 전황보고를 했다. 그 무렵 학교에서는 느닷없이 수업을 중지하고 전교생을 강당에 모아놓고 교내 시국강연회가 열렸다.

연사는 교무주임과 우다 선생이었다. 필경 당국의 지시로 열린 이러한 모임이고 보면 교사 가운데서 적당히 강사를 뽑았으리라. 교무주임과 우다 선생. 이 강연에 교무주임을 내세우는 것은 조금도 이상하지 않지만, 평소 잘 나서지 않는 우다 선생이 강사로 뽑혔다는 것은 그가 역사와 지리라는, 일본의 제국주의 내지는 팽창주의의 해석 근거가 될 수 있는 분야의 학자였기 때문이 아니었을까 싶었다.

이날 강연에서 교무주임은 누구나 예상했던 대로 진부한 이야기로 학생들의 조롱 거리가 됐다. 그런데 우다 선생은 달랐다. 선생에게는 역시 사학도로 나라의 처지를 말 못하는 안타까움이 엿보였다. 그의 입에서는 당시 누구나 사용하던 '성전'이라는 용어가 끝내 나오지 않았던 것 같다. 이 시국 강연이 있은 뒤 학생들 사이에 우다 선생의 인기는 더 한층 올라갔다.

여름 방학이 되었다. 당시 고등학교나 제국대학 예과를 지망하는 학생들이 모여 특별히 공부하는 시간이 있었다. 그러던 어느날 우다 선생이 귀한 손님이라며 두 분을 데리고 왔다. 대학 동창으로 일본의 고등학교 교수와 조선총독부의 고관이라고 했다. 그들은 만주로 가는 길에 대학 동문이 근무하는 학교를 찾아 온 셈이다. 우다 선생은 그 교수와 우리가 잠시 만나서 이야기할 수 있도록 기회를 마련했다. 학생들이 일본 고등학교의 신년도 입학 문제 출제 경향을 알고 싶어 했다. 일본 학생들이 공부하는 태도를 묻기도 했다. 이때 나는 최근의 일본 학생들은 요즘 어떤 책들을 읽는가고 물었다. 그때였다. 우다 선생이 내 이름을 불렀다.
"언젠가 일기에 책 이야기를 썼던데 무슨 책이었지?"
그 무렵 학교에서는 학생들의 사상 문제를 단속하려고 학생들에게 일기를 쓰게 하고 담임선생이 검열하고 있었다. 그런데 선생이 철부지들이 쓴 그 많은 일기장을 제대로 보리라고는 아무도 생각하지 않았다. 특별히 주목되는 학생들의 것 아니라면.
일제 말기에는 책이 아주 귀했다. 그러한 가운데 일본에서는 동경제대의 가와이 에이지로 교수가 펴낸〈학생총서〉가 젊은이들 사이에 선풍적 인기를 차지하고 있었다. 그러나 전쟁으로 사상의 자유, 학문의 자유는 이미 시든지 오래고 읽고 싶어도 읽을 책이 없었다. 평양 시내 몇 군데 안되는 고서점에 간혹 귀한 책이 나오곤 했는데 그런 책은 나오기가 무섭게 없어졌다. 어느 날 신시가 해락관이라는 개봉관 근처에 있는 서점에 니시다 기따로의 「일본문화의 제문제」가 나온다는 예고가 나붙었다.
군국주의니 국수주의가 판을 치고 있을 때 일본의 최고 지성 니시다의 철학이 자국의 문화를 어떻게 보는가? 나는 이 신간을 주문하고 일기에 적었던 것 같다. 우다 선생은 그 책 이야기를 했던 것이다. 일본 교수는 의아하다는 듯이 그 책은 어려울 터인데…… 하고 말 끝을 흐렸다.
부산과 시모노세끼 사이를 오가던 연락선이 소련의 부유 기뢰에 맞아 침몰한 사건이 있었다. 학생들이 일본 고등학교에 가려던 꿈은 산산히 깨지고 말았다. 문제는 그것 뿐만 아니었다. 전국이 위태로워지면서 문과 학생에는 징병 연기의 혜택이 없어졌다. 따라서 전쟁에 끌려 나가지 않으려면 이과로 진학하는 수밖에 없었다. 나는 문과 진학 준비를 해오다가 갑자기 방향을 바꾸고 만주의 여순고등학교로 갔다. 이해 여순에 지원생이 몰린 것은 말할 필요도 없지만 그런 속에서 합격은 처음부터 기대하기 어려웠다.

그해 희망대로 진학한 학생은 별로 없었다. 일찍이 학교 당국의 주선으로 일자리를 찾아나선 학생들이 많았다. 나는 이렇다 할 목표도 없이 집에 있었다. 긴장이 풀리고 따분한 나날이었다.

그 무렵 건넌방에 사는 아저씨가 "자네 심심할테니 나하고 일이나 하러 가세"했다. 그는 평양역 구내에서 새로 짓고 있는 기관고 공사장에 나가고 있었다. 그야말로 막노동이었다. 아침 일찍 도시락을 싸들고 걸어서 다니고 있었다. 그때 집에서 평양역까지는 제법 멀었다. 그러나 나는 가벼운 걸음으로 멀고 먼 철길을 아침 저녁으로 오가곤 했다.

중학교를 나오고 막노동을 한다는 것은 한번 생각해 볼 문제였다. 아저씨는 한달 노임이 5원이라고 했다. 5학년 때 일이 생각났다. 신시가 어느 고서점에서 에드워드 기본의「로마제국 쇠망사」전 5권과 부딪쳤다. 값이 5원(당시 쌀 한가마 1원)이었다. 달리다시피 집으로 돌아오니 아버지가 먼지를 쓰고 물건을 팔아 넣어 두었던 돈이 바로 5원 있었다. 아버지가 아무 말씀없이 그 돈을 내주었다. 나는 뛰는 가슴을 부둥켜 안고 온 길을 다시 달려갔다. 그러나 기본의 책은 보이지 않았다.

생활이 어려웠던 당시 아버지가 종일 번 돈을 털어서「로마제국 쇠망사」를 사다가 어떻게 하자는 것이었을까? 언제 빨간 딱지가 날아와 군에 들어갈지 모르는 그 무렵 이 5원을 둘러싸고 나는 한없이 서글퍼졌다. 나는 노동을 하기로 마음먹었다. '노동은 신성하다'는 글을 우찌무라 칸조의「나는 어떻게 해서 기독교 신자가 되었는가」

라는 책에서 읽은 기억이 났다.

그때부터 건넌방 아저씨와 함께 철로를 따라 동평양을 왕래하는 생활이 시작됐다. 기관고 신축 공사장 일은 생각했던 대로 완전한 육체 노동이었다. 일본인 십장 밑에서 그때 표현을 빌리면 조선 사람들이 땀을 흘리며 땅을 파고 벽돌과 자갈, 시멘트 등을 날랐다. 나는 중학교 다니며 유도와 철봉을 즐겼던 터라 몸이 단단한 편이었다. 어머니는 역시 아들을 애처롭게 여겼는데 아버지는 이런 일을 해보는 것도 괜찮다는 생각을 가지셨던 것 같다. 그런데 시간이 가며 일본인 십장이 이상한 눈초리로 나를 보기 시작했다.

그러던 어느날 가까이 사는 후배가 학교에 한번 들리라는 우다 선생의 말을 전해 주었다. 후배는 우다 선생이 수업에 들어와서 졸업생 가운데 노동일을 하는 선배가 있다는 이야기를 했다고 덧붙였다. 졸업한 뒤 만수대 모교쪽으로 걸음을 옮긴 일이 없던 나는 비로소 우다 선생을 찾아갔다.

그는 여전히 말이 적었으나 아주 반가워했다. 선생은 내게 취직하지 않겠느냐고 물으며 도립병원 약제국에 일할 자리가 있다고 했다.

결국 나는 평생 처음이자 마지막으로 남의 소개로 직장을 가져 보았다. 나는 여기서 일하다 드디어 빨간 딱지를 받고 일본 군대에 들어가고 일본의 패전으로 집으로 돌아왔다. 그리고 그해 겨울 혼자 눈보라 속에 38선을 넘었다.

내 고향은 피앙이다

　내 고향은 평양이 아니고 피앙이다. 어려서부터 그렇게 들어왔고 그렇게 불렀다.
　부모는 평북 정주에서 삼십 리 떨어진 청동이라는 시골 중의 시골 출신이지만 나는 피앙에서 자라고 중학까지 마쳤다. 반세기가 훨씬 넘는 옛날 이야기다.
　독일어에 '발하이마트'라는 낱말이 있다. 자기가 선택한 고향이라는 뜻으로 제2의 고향을 말한다. 인생은 대체로 뜨내기다 보니 태어난 곳에서 살고 그대로 묻히는 사람은 적으리라. 그러니 사람들은 고향 아닌 고향을 가지기 마련이다.
　나이 20대 초반에서 70이 되는 사이에 입에서 어느새 사투리가 없어지고 지난 날이 가물가물 해졌다. 그러면서 자식들에게 이따금 고향 이야기를 한다. 너희 친할머니 할아버지는 평양에 계신다…… 평양은 이런 곳이다……고. 그러나 자식들은 조금도 흥미를 느끼지 않고 관심을 가지려고 하지도 않는다. 하기야 자식들은 고사하고 나 자신이 생각해도 부모가 살아계실 것 같지 않고 옛집이 그대로 있을 리도 없다. 평양은 이름 뿐, 내 고향은 지구 위에서 영영 사라진 거나 다름없다.
　언젠가 친지들과 산에 갔다. 등산을 즐기는 조촐한 모임인데, 여기에 색다른 손님이 끼였다. 서울에 있는 러시아 상역관에 근무한다는 젊은 부부, 루마니아 대사 내외 그리고 일본 대사관 직원 등이다. 느닷없이 소련말, 루마니아말과 일본말이 범벅이 되는구나 했더니 그런 걱정은 한낱 기우에 지나지 않았다. 그들이 모두 그런데로 한국말을 했던 것이다. 그런데 특히 루마니아 대사의 우리말 솜씨는 어떻게 평해야 좋을까? 풍부한 어휘도 어휘려니와 그 억양이며 심지어는 속담과 사투리까지…… 그야말로 나무랄 데 없는 한국말이다. 산길을 스쳐가는 사람들이 이상하다는 얼굴로 힐끗힐끗 쳐다보았다. 도대체 어디서 이렇게 배웠을까?

"대사님, 제 고향이 평양입니다……"

"아, 피앙이요! 제가 바로 피앙에 10년 있었는데요……"

나는 할 말을 잊었다. 그리고 그 외인의 얼굴을 물끄러미 쳐다보았다.

피앙! 그래 평양이 아니고 피앙이었지!! 이 말을 언제 들었던가 싶었다. 38선을 넘어온 지도 어느새 반세기가 됐다. 잊을 수 없다던 고향을 나는 까마득히 잊고 살아온 셈이다.

피앙을 떠날 때, 서문 밖 신양리 골목길에서 어머니가 몸조심하고 공부 잘 하라며 손을 흔드셨던 일이 엊그제 같다. 그때 어머니는 젊었을 터이고…… 아버지랑 동생들은 그 자리에 없었다. 온 식구가 나와서 전송하다가는 의심살까 두려워 집에 있었는지도 모른다. 누구나 남의 눈을 피해가며 38선을 넘어야 하던 시절의 이야기다.

이렇게 헤어진 사람이 어찌 한둘이겠는가? 운명의 장난이라고나 할까…… 어쩌다 이산 가족들이 만나 서로 부둥켜 안고 통곡하는 장면을 본다. 그 심정을 그들 말고 누가 알겠는가?

해방 되던 해 서울의 인구가 80만 정도로 생각된다. 하기야 당시 동대문 밖으로 집이 많지 않았고, 신설동에서 청량리까지 훤히 내다보였으니까. 미아리 일대가 공동묘지였던 사실을 아는 사람은 안다. 피앙은 어떠했을까? 인구가 고작 사오 십 만, 종로 네거리에 오직 화신백화점 건물이 앙상하게 서있었고, 그 앞길을 장난감같은 전차가 털털거리며 느릿느릿 달렸다.

이 종로 거리에 난데없이 비단천 더미가 산을 이루고, 전선이라는 전선에는 온통 울긋불긋한 천들이 마구 걸려 있었다. 무슨 일이나도 단단히 난 모양인데 보통학교 학생이 그것을 알 리가 없었다. 이른바 '만보산 사건' 때 이야기다.

당시 피앙에는 중국 사람이 많았다. 돈이 많다는 비단 장수부터 만두와 호떡 파는 집 그리고 보통벌에서 농사 짓는 사람들이었다. 그들이 하루밤 사이에 이처럼 날벼락을 맞은 것이다. 집 근처 중국 사람들을 아버지가 숨겨서 난을 피하도록 한 일이 잊혀지지 않는다.

피앙은 크게 발전할 만한 자연 조건을 갖추고 있었다. 이름도 시원스런 대동강을 끼고 벌어진 넓은 평야, 그 동북녘으로 대성산에 이르는 높지도 낮지도 않은 대지 일대를 수놓은 모란봉과 을밀대, 부벽루와 청류벽 그리고 능라도…… 그야말로 한 폭의 그림이다.

그런데 피앙의 겨울은 정말 추웠다. 서울보다 북쪽이어서 그런지 한강에서 얼음 지친다는 이야기를 듣지 못했는데 대동강에는 철이 되면 사람들이 개미떼같이 모여들었다.

대동강과 한강은 처음부터 비교가 안된다. '한강의 기적'이니 하지만 그 옛날 한강변 풍경은 마포의 새우젓 배들이 북적거렸을 때는 그런대로 하나의 풍속도였으리라. 그런데 대동강의 여름은 어디서 떠내려 오는지 꼬리를 문 뗏목과 뗏목, 선창가를 꽉 메운 크고 작은 배들, 겁 모르는 아이들이 알몸으로 뗏목 사이를 숨박꼭질 했다.

나는 이런 대동강을 두고 끝내 헤엄을 배우지 못했다. 어머니가 한사코 강에 나가지 못하게 했으니까. 그래서 그 한을 골목대장으로 풀었다. 저녁이면 동네 아이들과 거리를 달리고, 보통강을 건너 멀리 나가서 전쟁 놀이로 해가 지는 줄 몰랐다.

그런데 내 고향 피앙은 어린 마음에도 일본 사람들과 서양 사람들의 것이었다. 신시가와 야마데마찌니 양촌이라고 불리던 곳들. 사람

살 만한 데는 모두 그들이 차지하고 특권층으로서의 생을 누리고 있었다. 특히 양촌은 나무가 우거진 넓은 땅을 높고 긴 담으로 두른 딴 세상이었다. 그 한가운데 담쟁이 넝쿨이 덮인 벽돌집이 여기저기 보기좋게 서있었다. 동네 장난꾸러기가 호기심에 담을 넘어 들어갔다가 잡혀 매를 맞았다는 이야기가 어린 마음에도 서글펐다.

피앙이라는 말에는 현대 문명의 냄새가 없다. 촌스럽고 소박한 그 뉘앙스는 삼사 십 년대의 옹색했던 모습을 그대로 풍기는 것만 같다. 그렇다고 돈 많고 잘 사는 사람들이 없었던 것은 아니다. 제대로 지은 한옥이나 양옥도 많았으니까. 그러나 그들은 역시 큰 사업가가 아니면 변호사나 의사들이 아니었을까?

피앙의 향토색을 대표하는 것은 뭐니뭐니해도 기생과 냉면일게다. 그렇지만 나의 향수는 사촌형을 따라 보통강을 오르내리며 투망을 던지고 강바닥을 긁어 조개 잡던 일이다. 사람들은 어죽을 좋아했다. 때로는 생닭과 솥을 가지고 강가로 나가기도 했다. 또한 서문밖에는 가까운 시골서 온 소달구지와 지게꾼들로 붐볐다. 장작과 솔가지단을 파는 무리였다.

피앙은 공차기로도 유명했다. 변두리에는 공터가 많았는데, 이런 데서는 으레 어른들이 뻥 둘러 서서 공을 찼다. 그런데 공이 어찌나 센지 우리는 멀찌감치 떨어져 바라보곤 했다. 평양축구가 유명했던 것도 그럴 만한 까닭이 있지 않았을까?

여름이 되면 이런 공터에서 연날리기가 한창이었다. 얼레 하나에 몇 씩 붙어서 구경했다. 실에 유리가루로 풀을 먹여 하늘 높이 날리며 상대방의 연을 공격해서 그 줄을 자르는 것이 큰 자랑이었다. 줄이 끊긴 연이 바람을 타고 너울거리며 떨어진다. 그러면 어디서 보고 있었는지 그것을 잡으려고 아이들이 이 골목 저 골목에서 달려나온다. 그 속에는 어른도 끼어있곤 했다.

　피앙은 또한 패싸움으로도 유명하다. 일컬어 날파람 뜬다고 했는데, 아마도 기세가 날쌔다고 그렇게 불렀던 모양이다. 하여간 아래 윗 동네가 무슨 패권이나 잡으려는 듯이 떼를 지어 날과 장소를 골라 한바탕 붙는다. 필경은 철부지들의 놀음이겠지만 아무도 말리지 못했다.

　피앙을 생각하면 잊혀지지 않는 것이 또한 강서약수다. 요새는 공해로 오염되어 누구나 약수니 생수니 하지만 당시는 그런 궁한 이야기가 아니었다. 자전거 뒤에 큰 됫병을 싣고 거리를 오가는 사람들의 모습은 여름 한철의 풍속도였던 셈이다.

　내 고향 피앙은 다름아닌 서문밖 신양리와 서성리 그리고 보통강 일대다. 1945년 겨울 눈보라 속에 38선을 넘을 때까지 이 언저리를 떠난 적이 없었으니까.

　집에서는 북과 남으로 들어가고 나가고 하는 기차의 기적 소리가 곧잘 들렸다. 사람들이 기차에 치거나 보통강에 빠져서 죽는 일도 많았다. 그런 소리가 들리면 호기심에 쏜살같이 달려가곤 했다.

　이 찻길은 다름아닌 경의선이었는데, 당시 기차는 압록강을 건너 멀리 만주땅 봉천까지 이어졌다. 독일 작가 '안톤 슈낙'의 유명한 글 「우리를 슬프게 하는 것들」 가운데 지나가는 밤기차의 밝은 창가 이야기가 나온다. 나는 지금도 안톤 슈낙의 글을 읽으면 북으로 들어가던 밤기차의 구슬픈 기적소리가 들려오는 것 같다.

　경의선 철도를 건너면 이른바 토성랑이다. 흙으로 된 성이라는 뜻이겠지만 필경은 보통강의 범람을 막으려 쌓아올린 흙더미가 아닌가 싶다. 그런데 이 토성랑에는 가난한 사람들이 모여 살았다. 일본 문학의 등용문으로 이름난 '아꾸다가와 상'의 후보작으로 오른 적이

있는 김사량(金史良)의 작품 '光の中に'에 이 토성랑을 주제로 한 단편이 있다. 1940년의 이야기다.

　남과 북이 갈라진 지도 반 세기가 됐다. 그동안 협상이야 어떻게 됐든 남과 북에서 사람들이 몇 차례 오가고 피양 거리의 모습이 텔레비젼에 심심치 않게 비쳤다. 그러나 아무리 보아도 내 고향 피양은 아니다. 대동강은 흐르지만 선창가도 뗏목도 보이지 않는다. 모란봉과 을밀대, 부벽루와 청류벽만 있으면 무엇하랴?

　골목대장으로 달리던 그 길과 그 언덕, 연 날리고 공 차며 날파람 뜨던 그 공터, 전쟁놀이로 해 지는 줄 몰랐던 그 벌판은 모두 어디 갔는가? 오늘의 평양은 진정 내 고향 피양이 아니다. 이제 나에게는 돌아갈 곳이 없다. 나는 완전한 실향민이 되고 말았다.

암산 주태익

　북한산으로 오르는 길 한 모퉁이 조용하고 깨끗한 음식점에서 30명 남짓이 모여 옛 친구를 추모하는 저녁 시간을 가졌다. 17년 전에 간 '암산 주태익'을 추모하는 시간이었다. 여기 모인 사람들이라야 생전에 고인과 가깝던 연고로 저마다 글을 써서 책 한 권을 만들게 되어 그 출판도 아울러 자축하려는 필자들이 중심이었다.
　세상에는 '자서전'이라는 것이 있다. 자기가 살아온 나날의 일들을 스스로 쓰거나 또는 남에게 구술하여 기록으로 남긴 책이다. 그런데 이러한 자서전과 달리 친지들이 그 사람 이야기를 쓰는 경우도 있다. 그것을 '타서전'이라고 할 수 있는지 잘 모르겠지만 이러한 타서전은 쉽사리 만들어지지 않는다.
　"호랑이는 죽어서 가죽을 남기고……"라는 옛말이 있지만 사람의 경우 요란하게 장례식을 치르는 일은 있어도 달리 무엇인가 뒤에 남기는 일은 그다지 흔하지 않다.
　지난 해는 유난히도 가물었고 지구 곳곳에서 엄청난 천재 지변이 잇달았다. 날로 풍요해지는 세상인 듯 하면서도 이러한 인재와 천재가 심해지는 가운데 사람의 마음은 우울해질 뿐, 세계의 권력도 경제력도 고도의 과학기술도 이에 대해 아무런 대책을 세우지 못했다. 천재 지변 앞에 인간은 그저 무력할 따름임을 보여주었다.
　이러한 인간 부재의 한계 상황 속에서 우리는 '암산 주태익'을 되새겨보는 시간을 가졌다. 그리고 「내가 만난 주태익」이라는 '타서전'을 만들어 서로 나누어 가졌다. 주태익 본인은 자서전도 타서전도 생전에 생각하지 않았을 인물이었지만 결국 그가 죽은 뒤 '타서전'이 남게 되었다.
　주태익을 아는 사람은 세상에 그리 많지 않으리라. 그는 이름 있는 학교를 나오지 않았고, 흔한 학위도 좋은 자리에 앉은 일도 없다.

물론 돈도 없었다. 굳이 내세운다면 고아의 아버지라는 의미에서 사회 사업가요, 기독교인으로 글을 썼으니 기독 문학인이요, 방송극을 썼으니 방송 작가였다고 해도 안될 것은 없으리라. 그러나 이러한 업적이나 활동이 바로 그를 유명하게 한 것은 아니다. 그에게는 언제나 사람들이 모였다. 유난히 큰 체구와 소박하면서 깔보기 어려운, 얼굴에 풍기고 넘쳐 흐르는 인간미가 이처럼 사람들을 끌어당겼다.

그는 언제나 잔잔한 웃음을 띠고 있었으나 그렇다고 그저 유순하지만 않았다. 평생을 넉넉치 못한 속에서 살면서도 실의와 주춤과 후퇴를 몰랐다. 요란하지 않으면서 불사조처럼 살았다.

주태익은 흔히 '암산'(岩山)으로 통했고 지금도 '암산'으로 그를 회상한다. 그런데 나는 한번도 그렇게 불러보지 못했다. 주 선생과 나 사이에는 언제나 일정한 거리가 있었는데, 그 거리는 그가 둔 것이 아니고 내가 두고 지켰다.

셰익스피어에 "Out of sight, out of mind"라는 말이 있다. 주태익이 간 지도 벌써 상당한 세월이 흐르고 세상도 많이 바뀌었다. 인생이란 이러한 시간의 흐름과 변화로 이어지기 마련이다. 그러나 주태익은 눈에 보이지 않아도 내 마음에서 결코 가시지 않고 있다. 적어도 나에게는 그럴 사연이 있었다.

나는 지금도 '암산'이 주 선생의 별명인지 호인지 모른다. 알려면 어렵지 않으나 굳이 알려고 하지 않았다. 별병이면 어떻고 호면 어떠랴. '암산'은 필경 '岩山'일테니 그것으로 족하고 그토록 그에게 맞는 칭호도 없을 성싶다.

나는 주태익 선생과 비교적 일찍 만난 셈이다. 8.15해방 전, 그러니까 태평양전쟁이 한창일 무렵이었다. 당시 나는 이북 평양에서 중학교를 다니고 있었다. 구제 중학교는 5년제였는데, 그때가 4학년이었는지 졸업 학년이었는지 분명치 않다.

그 무렵 중학생 가운데는 책을 읽는 사람이 많았다. 나는 학교 공부보다 일반 독서에 골몰했고, 중학생답지 않게 책을 많이 가지고 있었다. 알지도 못하면서 철학이니 문학이니 하며 이름 있다는 단행본은 물론이고 총서나 전집들도 제법 많았다.

그런데 어느날 실업학교에 다니는 사촌 동생이 찾아와서 책을 많이 가지고 있는 사람이 있으니 만나보지 않겠느냐고 했다. 그리하여 찾아간 곳이 평양신학교의 기숙사였고 거기에 훗날의 주태익 선생이 있었다.

평양신학교는 내가 매일 학교를 오가던 바로 길목에 있었다. 이 근처는 민가가 없었고, 서문여고·숭덕학교·숭의여고 등이 서로 담으로 이어지거나 길을 가운데 두고 마주 보는 그런 학교촌이었다. 그러다 보니 평소에도 한적한데, 특히 이 신학교는 수목이 울창한 넓은 뜰에 선 붉은 벽돌 건물로 구미의 대학이 이런 분위기가 아닌가 싶은 느낌마저 주었다.

기숙사의 방은 좁았고 혼자 쓰는 것같지 않았다. 그러한 방의 한쪽 벽으로 간이 침대와 낮은 책상이 있었는데 그것이 기숙생들 생활 용구의 전부인 듯 했다. 책상 머리에 책이 몇 권 꽂혀 있었으나 그저 보아서는 그렇게 눈에 들어오는 것이 없었다. 우리는 좁은 방에서 나란히 침대에 걸쳐 앉아 잠깐 이야기를 나누었는데, 그때 무슨 이야기를 했는지 기억에 없다.

기숙사를 나오면서 내가 실망한 듯한 눈치를 보였던지 사촌 동생이 다음에는 주 선생 집으로 가자고 했다. 집에는 책이 많다는 것이었다. 그래서 얼마 뒤 우리는 대성산으로 주 선생을 찾아가게 됐다.

대성산은 평양 동북쪽으로 모란봉 을밀대를 지나 대동강변을 거슬러 올라간 곳에 있다. 대성산의 이름은 용악산과 함께 평양 주변의 대표적인 산으로 알려졌지만 실은 산이라고 할 것도 없는 얕으막한 곳이다. 그러나 요새 같으면 몰라도 1940년대에 나이 이십 안팎의 신학생이 그런 오지에 들어가 무엇을 생각하고 있었는지 모르겠다. 필경은 가난했을 그가, 그렇다고 장차 대농을 꿈꾸었던 것 같지도 않으며 더더구나 은둔의 길을 택했을 리가 없었을 터이니……

주태익 선생은 대성산 기슭에서 몇 채 안되는 농가들 사이에 끼어 살고 있었다. 다시 말해서 초라한 농가가 그의 거처였는데, 여기서 그는 만삭된 아내와 같이 양을 치고 있었다.

내 사촌 동생은 여기에 한두 번 왔던 모양이다. 그런데 그가 어떻게 해서 주태익이라는 신학생을 알았고 이 구석을 왕래했는지 모를 일이었다. 나는 이런 의문이 풀리지 않은 채 하루를 여기서 묵기로 했다. 그날로 돌아가기엔 길이 멀었고 달리 교통 편도 없었다.

우리가 도착했을 때 주 선생은 집을 나서려던 참이었다. 방목하는 가축들을 우리 안으로 가둘 시간인 듯 했다. 그래서 우리도 주 선생을 따라 나섰다. 벌거벗은 구릉 지대는 기울기 시작한 가을 햇살을 받고 더욱 앙상했다. 양들이 여기저기 흩어져 풀을 뜯고 있었는데, 그는 나무가지를 손에 들고 양떼를 한 데로 몰기 시작했다. 처음 보는 목동의 생활이었다. 그런데 그것은 결코 목가적인 모습이 아니며 거칠고 힘겨운 막노동이었다. 그러나 흙먼지를 쓰고 이리저리 뛰어다니는 그의 모습에는 인생의 고뇌같은 것이 엿보이지 않았다.

산에서 내려와 나는 궁금했던 주 선생의 장서를 찾았다. 그의 책들은 따로 떨어진 헛간 같은 곳에 있었다. 이곳에 오고나서 아직 정리하지 못했다는 본인의 이야기였는데, 풀지 않은 짐들이 그대로 한쪽에 쌓여 있었다. 나는 눈앞에 흩어져 있는 책더미 속에서 일본 출판사 춘양당이 내고 있는 문고판으로 된 앙드레 지드의 「한알의 밀」이라는 것과 또 다른 책을 집었다. 그 한 권이 무엇이었는지 기억에 남아있지 않으나, 나는 이 책들을 빌려가지고 집으로 돌아왔다.

1945년 8월 15일 해방을 맞으며 나는 그 해 겨울 혼자 38선을 넘었다. 그러한 소용돌이를 전후해서 나는 신학생 주태익도, 그한테서 빌린 책도, 대성산의 농가도 까마득히 잊었다. 세월이 흘렀다거나 세상이 바뀌었다는 상투적 표현 가지고는 이해할 수 없는 세상 한가운데 우리는 던져졌던 것이다.

나는 지금은 흔적도 없는 서울 교외 청량리 대학 캠퍼스에서 임춘갑을 알게 됐다. 그도 평양에서 혼자 왔는데 사귈수록 가까와졌다. 임은 나와 중학교는 달랐지만 독서를 즐기고 철학을 공부하려고 했다. 그러던 어느날 나는 임과 함께 남산에 있는 성도교회라는 데 갔다. 그는 기독교를 믿었으나 나는 그에게 끌려 처음으로 교회에 갔던 것이다.

그런데 이날 나는 임춘갑의 소개로 주태익이라는 분과 인사를 했다. 서로 처음 만난 셈이다. 주태익 씨는 당당한 체구를 하고 있었으며 시종 웃는 얼굴이었다. 임과는 구면 정도가 아니라 아주 가까운 사이인 듯 했는데, 나에게는 아무리 생각해도 대선배로 보였다. 나는 옆에서 그들이 주고받는 이야기를 들을 뿐이었다. 그때 주태익과 임춘갑 외에 또 누가 있었던 것 같은데 지금 내 기억에는 주태익 씨밖에 없다.

이날을 계기로 나는 임을 따라 종종 교회나 신자들이 모이는 곳에 얼굴을 내밀곤 했다. 그러면서 주태익 씨와 만나는 날도 많아졌다. 그러나 나는 이렇게 만나고 있는 주태익 씨가 그전에 평양신학교와 대성산에서 만나고 그의 책까지 빌려온 주태익 씨라는 생각을 전혀 하지 못했다.
 8.15해방이, 38선이, 역사의 일대 전환이 서로의 과거를 산산 조각을 낸 것이다. 아무리 그렇다고 해도 어쩌면 나도 주 선생도 그토록 서로를 몰라 보았을까?
 해방 직후 저마다 38선을 넘어온 임과 나는 청량리에 있던 대학예과 시절 회기동 한 방에서 자취 생활을 했는데, 그 뒤 동숭동 학부 철학과에 올라가면서 나는 기숙사로 들어가고 임은 시골로 내려가서 교편을 잡았다. 누구나 학비를 벌어야 할 때였다. 그러나 우리의 학창 시절은 그 정도로 끝나지 않았다. 느닷없이 6.25 한국전쟁이 터져 우리는 뿔뿔이 헤어지고 군대에 들어가 5년 동안 젊음을 바쳤다.
 임춘갑과 나는 군복 차림으로 결혼 생활을 하며 간신히 대학을 마쳤다. 그리고 구차한 사회 생활이 이어졌는데, 임은 언제부터 인지 교계에 발이 넓어 많은 사람들과 어울렸다. 나는 그를 따라다니며 얼굴을 내밀고 주태익 선생과도 다시 만나게 됐다.
 한때 나는 고등학교 교사로 있었는데 내 반에 「주대성」이라는 학생이 들어왔다. 알고보니 주태익 선생의 장남이었다. 그런데 이 학생을 맞으면서 나는 나도 모르게 깊고 깊은 하부의식 속에서 무엇인가 싹트는 것을 느꼈다. 그러면서 차차 멀리 그 옛날 대성산 밑에서 하룻밤 신세 진 주선생의 부인 모습이 떠올랐다…… 바로 그때 만삭이었던 모습이……
 그 옛날 파리했던 20대의 신학도 주태익과 지금 거구의, 원숙한 기독교 문학인의 연결을 이 아둔한 눈이 제대로 찾는 데 이토록 오랜 시간이 필요했던 것이다.

그때가 그리운 까닭은

1950년 9월 14일을 나는 잊을 수가 없다. 학도 지원병 60명으로 된 2개 소대가 특공대로 나가 공격을 개시한 날이다. 눈 앞에서 소대장 둘이 한꺼번에 쓰러지고 40명 가까운 친구들이 삽시간에 죽었다.

그때 나는 제2 소대 제1 분대장이었다. 내 뒤로 친구들인 분대원 열 명이 따랐고 맨 뒤에 내 동생이 있었다. 서울대 상과대학 재학중인 그는 부분대장이었다.

바로 옆에 있는 능선으로 제1 소대 제1 분대가 붙었는데, 그 선두에는 청량리에 있는 대학 기숙사에서 같이 공부하던 공과대학생 김종우가 있었다. 그 역시 분대장이었는데, 이 밖에도 법과대학에 다니던 친구의 동생이 어느 분대엔가 끼어 있었다.

그런데 이들은 모두 이 공격전에서 전사했다. 내 분대, 다시 말해서 11명의 분대원 가운데 살아 남은 친구는 둘뿐이었다. 공격을 시작한 지 한 시간 안팎에 벌어진 일이다. 아군이 지원하는 연막탄의 흰 구름을 뚫고 우리가 공격 개시선을 넘어서자 산마루턱에서 적의 박격포와 기관총이 무섭게 불을 뿜었다.

눈앞에서 말없이 쓰러진 소대장은 내가 바로 전날 처음 만난 사람이었다. 이름도 얼굴도 확실하지 않은 소대장이었다. 그는 공격하기 하루 전에 우리 앞에 나타나서, 현지 임관한 아무것도 모르는 소대장이니 잘 부탁한다고 자기를 소개했다. 9월 13일 저녁, 강뚝에 판 산병호 안에서 있었던 일이다.

그리 늦은 시간이 아니었는데, 하늘은 온통 검은 비구름에 덮이고 때아닌 찬비가 무심하게 쏟아지고 있었다. 우리는 이 빗속에 저녁 어둠을 타고 공격 대기선 가까이 접근할 참이었다.

공격 대기선이라고 하나 뚜렷한 선이 그어져 있는 것도 아니다.

여느때 같으면 무릎도 차지 않는 얕은 냇가가 그날따라 종일 쏟아진 비에 어깨까지 차서 흙탕물이 도도히 흘렀다. 우리는 강둑을 따라 군데 군데 파놓은 산병호 안에 두세 명 씩 들어갔다. 여기서 밤을 지새기로 되어 있었다.

　호 위에 걸친 쌀가마에서 빗물이 뚝뚝 떨어졌다. 언제까지 이 찬비 속에 쭈그리고 앉아 있어야 할 것인가? 차라리 산으로 기어오르며 몸을 놀리는 편이 백 번 나을 법 하다는 생각밖에 없었다. 그러나 스스로 택한 길이니 아무런 불평도 털어놓을 수가 없었다. 학도병들의 얼굴에는 웃음은 없었으나 그렇다고 어두운 그림자도 보이지 않았다.

　그러자 분대장 집합하라는 전갈이 왔다. 소대장이 부른다는 이야기였다. 소대장은 어둠침침한 호 안에서 말없이 배낭을 풀더니 이것저것 물건들을 꺼냈다. 그래봤자 총구를 닦는 몇 가지 기구와 그때 쓰는 기름 같은 것들인데, 우리 눈에는 모두가 신기하게 보였다. 제대로 군대 생활을 하지 못한 학도병들이 이런 물건을 만저 볼 기회가 없었으니까. 사실 우리는 입대해서 일선에 나올 때까지 총을 세 발씩 쏘았을 뿐, 수류탄같은 것은 구경한 일도 없었다.

　소대장이 그의 손때가 묻은 소품들을 모두 우리에게 나누어 줄 때 나는 그의 마음을 읽은 듯해서 기분이 무거웠다. 소대장은 현지 임관이라고 했으니 필경 하사관으로 처음부터 싸워온 그야말로 역전의 용사일게다. 그가 내일 벌어질 칠보산 공격전이, 그것도 풋나기 학도병들 데리고 감행하게 된 특공대의 운명을 모를 리가 없었다.

　그러나 그는 이에 대해 말이 없었다. 자기는 아무것도 모르니 대학생 여러분만 믿는다는 것이 그가 우리와 나눈 처음이자 마지막 인사였다. 그리고 그는 다음날 우리가 보는 앞에서 그대로 쓰러졌다.

마치 이 일을 예기했던 것이나 다름없는 죽음이었으며, 그 운명의 날이 바로 9월 14일이었다.

그 무렵 우리는 경주 북방 20킬로 지점에 있었다. 사방리라는 곳이었다. 흔히 일선 일선 하지만 여기야 말로 일선에서도 최전방이고 또한 최후 방어선이었다. 여기가 뚫리면 모두 끝나는 그런 절박한 지점이었다.

북한의 인민군이 38선을 넘어 계획적이고 대대적인 기습 공격을 가해 온 것이 3개월이 채 되지 않았다. 그런데 남한의 국군은 한번 제대로 싸우지도 못하고 밀리고 밀려 이렇게 낙동강 남쪽까지 쫓겼다. 이제 동해안 포항에서 안강·영천·대구 그리고 남해안의 마산까지 잇는 이른바 '부산 교두보'가 구축됐다. 솔직히 말해서 구축한 것이 아니라 거기만 남은 셈이다.

보병 제17 연대에 소속된 우리들 학도 지원병 중대는 그 며칠 전 비학산과 기계 전투에서 밀려 안강을 버리고 이곳 사방리까지 내려왔다. 인민군은 이미 사방리 칠보산 고지를 차지했는데 여기서 경주까지는 훤히 내다보이는 넓은 평야 지대였다. 칠보산이 전술 전략면에서 어떤 중요성을 띠고 있는가는 우리 눈에도 뻔했다.

칠보산을 둘러싸고 피차간에 공방전이 어느때보다 치열해진 것은 두말 할 것도 없다. 당시 국군 가운데 강하기로 이름났던 17연대는 벌써 몇 차례 공격을 감행하였고, 경주에서 안강과 포항으로 이르는 국도에는 대전차용 직사포들이 늘어서서 칠보산 꼭대기를 연일 불바다로 만들었다. 포구가 굉음과 더불어 불을 토할 때마다 누렇게 무르익어 고개를 숙인 논의 벼들이 그 폭풍으로 미친 듯이 마구 쓰러졌다. 전쟁만 아니었다면 이 넓은 경주 평야와 칠보산 일대가 맑게 갠 가을 하늘 아래 얼마나 평화롭고 아름다웠으랴!

그러는 사이에 우리는 잠시 쉬며 언젠가 떨어질지 모르는 다음 명령을 기다리고 있었다.
　칠보산의 적군의 기세는 조금도 꺾이지 않았다. 낮에는 멀리 우리가 있는 데까지 그들의 포탄이 떨어졌고, 밤이면 칠보산 산마루를 향해 빨간 예광탄이 쉴새 없이 날아갔다. 아군의 야간 공격이었다.
　파죽지세라는 말이 있지만, 38선부터 여기까지 거의 단숨에 밀고 내려온 그들이고 보면, 이제 부산까지 밀어붙이기는 누가 보아도 시간 문제나 다름없었다.
　가을이 눈앞에 있었다.
　야산을 덮은 들풀 가운데 팔(八)자로 보이는 무늬가 있는 풀이 어디를 가나 있었다. 우리는 어느새 이러한 풀밭과 친숙해졌다. 낮에는 그 풀밭에 누워 잠자고, 밤이면 그위에 엎드려 눈을 부릅뜨고 적을 감시했다. 풀밭에는 여기저기 수류탄이 뒹굴고 있었다. 병사들이 무겁다고 버렸으리라.
　우리들 사이에 8월이면 전쟁이 끝날 것이라는 소문이 나돌았다. 그런데 그 8월이 가고 9월도 중순 가까운데 전투는 눈앞에서 날로 치열하기만 했다. 그러나 학도병들은 들풀의 팔자 무늬에 대한 기대를 저버리지 않았다.
　하기야 여기까지 내려왔으니 앞으로 어디로 가겠는가? 누가 이기고 지던 간에 싸울 곳이 없어질 날도 머지 않았다는 이야기다.
　그러던 어느날 우리에게 특공 명령이 떨어졌다. 끝내 올 것이 온 셈이다. 머지 않아 전쟁이 끝나리라고 믿고 의심치 않았던 학도병들은 바로 닥칠 운명도 모르고 칠보산 공격에 나섰다. 지휘관도 없었고 독전하는 고참병도 없었다. 우리는 스스로 택한 길을 우리끼리 말없이 갔다.

앞뒤에서 적의 박격포탄이 터지고 기관총탄이 공기를 가르며 스쳤다. 돌이 날고 흙먼지가 하늘을 덮었다. 모든 생각이 멈춘 순간이었다. 시간이 잠시 멎었는지도 모른다. 그러는 사이에 학도 지원병들은 레마르크의 전쟁 소설 「서부전선 이상없다」에 나오는 주인공들처럼, 그 독일의 학도병들처럼 하나 하나 쓰러졌다.

1950년 9월 14일, 이날은 짓궂게도 미군이 인천에 상륙하여 전선에 걸쳐 인민군이 썰물처럼 후퇴하기 시작한 바로 전날이었다. 그리고 운명의 칠보산 전투는 학도병 2개 소대의 특공 작전과 그들의 숱한 희생으로 막을 내렸다. 들풀의 팔 자 무늬를 보고 전쟁이 끝나리라고 점을 쳤던 학도병들의 기대가 노상 허망된 몽상이 아니었는지도 모른다.

그러나 이렇게 싸우고 죽어간 당시의 젊은이들은 행복했다. 그들은 내일이 없는 나날을 만족하며 살았다. 정신적 고뇌와 배회가 없었다. 적어도 나약하거나 저속하지 않았다. 풍요롭고 자유스러운 속에 매몰된 퇴폐적인 인생이 아니었다. 그들에게는 자기 정열을 불태울 이념적 목표가 있었다.

6.25 한국전쟁을 싸운 군인들은 서로 아끼고 서로 믿었다. 그러지 않고서는 죽음이 바로 앞에 보이는 데를 스스로 뛰어들 수는 없는 노릇이다. 그들에게는 상급자와 하급자라는 간격이나 벽이 없었다. 특히 공격을 앞두고 자기 봉급을 털어 소주와 오징어로 대원들과 한 자리에서 밤을 지샌 일선 중대장을 나는 안다.

물론 전쟁이 3년을 끄는 사이에 탈선한 추악한 군인들이 없었던 것은 아니다. 그러나 요새처럼 사회가 어지럽지 않았고 특히 젊은 세대가 나약하고 안이만을 추구하지도 않았다.

시간이 흐르고 과거가 점점 멀어지는 가운데 내일을 모르고 살며 싸우던 그 무렵이 종종 생각나는 것은 결코 전쟁과 혼란에 대한 찬가가 아니다. 지난날이 아름답게 보인다는 속담과도 관계가 없다. 오히려 암울한 미래로 치닫고 있는 오늘의 현실에 대한 무언의 저항이 강요하는 짙은 향수인지도 모른다.

지구를 살리겠다는 여인

　이웃의 어떤 이가 「지구를 구하는 1,001가지 방법」이라는 책을 주며 한번 읽어보라고 했다. '하나뿐인 지구를 살리자!'는 이야기가 나돈 지도 오래지만 환경 오염 문제가 날로 심해지는 요즘이다.
　연전에 스위스에 갔다가 구한 손전등이 생각났다. 라이터 크기인데 충전해서 쓰라고 돼있고 어떻게 보면 장난감이다. 그런데 몸통에 깨알 글씨가 적혀 있어서 들여다보니 '쓰고나면 산 데로 돌려보내라'는 것이다. 안에 든 수은 전지를 회수하려는 것이었다.
　언젠가 독일 친구로부터 편지를 받았는데, 편지지 아래쪽에 역시 깨알같은 글씨가 있었다. '이 종이는 환경 보호지로 휴지를 표백·탈색·착색하지 않고 만든 재생지다'라는 내용이었다. 그러고 보니 종이질이 좋지 않았다. 역시 스위스와 독일 이야긴데, 그들은 자동차가 신호에 걸리거나 일방 통행으로 잠시 서 있을 때에는 엔진을 끈다. 기름 절약보다는 그 사이에도 배기 가스를 내보내지 않으려는 것이다. 로스엔젤러스에서는 기름 4 갤론 가운데 1 갤론이 엔진의 아이들링으로 없어진다고 하니 자동차 홍수 속에 사는 우리 처지가 한심스럽다.
　나는 이렇게 지구 한 구석에서 벌어지고 있는 일들을 생각하면서 결국 이 「지구를 구하는 1,001가지 방법」에 끌려들어갔다. 오늘의 공해를 가져온 원흉이 서구문명이다 보니 그들이 이 문제에 대해 우리보다 더 신경을 쓰는지도 모른다. 그러나 문명에는 국경이 없고 우리도 그 혜택 속에서 살고 있으니 지구를 구해야 하는 과제와 사명은 바로 우리 일이기도 하다. 그런데 '지구를 구하는' 일의 성질이나 방법 그리고 범위 등은 두뇌를 가진 전문적 과학자들의 연구가 우선되고, 행정력과 예산을 가진 기관이나 조직체가 그 일을 맡아서 밀고 나아가지 않고서는 하기가 어렵다고 본다. 그 좋은 예가 낙동강 오염 사건과 골프장 농약 문제에 상징적으로 압축되어 있다.

이런 착잡한 심정으로 나는 「지구를 구하는 1,001가지 방법」을 읽어나갔다. 그리고 먼저 필자에 끌렸다. 그럴싸한 타이틀을 가지고 발언을 일삼는 요새 흔한 학자나 전문가가 아니고 나이 30도 안된 여성이라는 점, 특히 그녀가 주어진 자리에서 맡겨진 일을 하는 것이 아니라 스스로 일을 찾아 나섰다는 점에서 나는 세상이 기대하는 새로운 인간을 발견했다.

현대인은 지구 환경 문제를 에콜로지스트의 일로 생각하고 21세기의 문제를 미래학자들의 과제로 보려는 경향이 짙다. 그리고 가까이 우리 나라의 자연보호 운동은 산의 쓰레기 문제 정도로 여겨왔다. 그러나 이제 이 모든 문제는 저자의 관심사와 맥을 같이하고 있으며, 문제의 소재와 문제 제기와 대책 사이에 조금도 다를 바가 없다는 것이 이 책을 읽고 난 소감이다.

지구를 살리는 1,001가지 일들이 먼저 여성 필자답게 주방과 욕실부터 시작하여 정원과 애완 동물에까지 이른다. 그런가 하면 건강과 행복, 어린이와 청소년, 쇼핑과 휴가 등 그야말로 오늘의 우리 생활 전체에 미치고 있다. 물론 그 가운데 우리가 알고 있는 일들도 적지 않아서 더욱 실감이 간다.

필자는 머리말에서 지구의 파괴가 '저 밖에 있는 누군가'에 의한 것이 아니라고 했다. 그녀는 우리 한 사람 한 사람이 알고 실천하는 길밖에 없다는 것을 이런 말로 시작하며 이 책을 썼다. 사실 여기에 나와 있는 천 가지 일들은 모두가 간단하다. 하기야 이보다 앞서 해결할 일이 없는 것은 아니다. 필자가 지적한 '일회용 용품' '패스트 후드' 골프장의 농약 사용 문제 등…… 행정부가 전문가의 의견을 들어 적절한 조치를 취할 일이다. 그런데 우리가 사는 사회가 그렇게 논리적인 것은 못된다. 신이 창조한 자연은 에덴의 동산이었으나 인간이 끼어들면서 오늘의 오염이 시작됐다. 어떻게 보면 숙명이다. 그러나 이제 누구를 탓할 것인가?

　이러한 현대적 상황 속에서 배러리의 「지구를 구하는 1,001가지 방법」은 보기 드문 소득이다.

4

배낭 속의 단편
구름
군밤 장수
차이트로제
세번째 비둘기
기별
여인숙
초를 마리아에게
아버지의 값어치
네팔의 맥주

배낭 속의 단편

배낭 속의 단편은 말 그대로 배낭에 들어 있는 단편이다. 산에 갈 때 가지고 가는 짧은 읽을거리를 말한다.

배낭 속의 단편은 산을 오가며 차의 창가에서 읽기도 하고 산에 가서 천막 안에 누워서 읽는 단편 이야기다.

배낭 속의 단편은 또한 반드시 산에 가지고 가지 않더라도 산에서 읽고 싶은 그런 글들을 뜻하기도 한다. 물론 이것은 모두 내 생각에 지나지 않는다.

배낭 속의 단편을 내가 이렇게까지 규정하는 데는 이유가 있다. 배낭을 꾸릴 때 누구에게나 언제나 문제가 되는 것은 짐의 무게다. 그러다 보니 아무래도 책을 등한시 하게 된다. 책이 등산 장비 속에 들지 않기 때문이다.

배낭의 무게에 대해서는, 그리고 배낭에 넣는 물건에 대해서는 산에 자주 다니는 사람이면 누구나 알고 있으리라. 그러나 다음에 하는 이야기들은 그다지 널리 알려져 있지 않은 것 같다.

짐은 산행에 따라 커지기도 하고 작아지기도 한다. 또한 무거운 짐을 지는 것을 자랑으로 삼는 사람도 적지 않다. 산사나이가 힘을 자랑하는 셈이다. 그런데 짐의 무게는 자기 체중의 3분의 1을 넘지 않아야 한다는 말이 있다. 과중한 부담이 후년에 가서 후유증으로 나타난다는 것이다. 원래 짐의 무게를 적당히 조절하기는 쉬운 일이 아니며, 경우에 따라 무겁게 지어야 할 때도 있다.

짐의 무게는 산에 가져가는 물건에 달려 있는데 이 물건을 고르기도 간단하지 않다. 이에 대한 헤롤드 레이번의 말이 재미있다.

> 등산에서 30 시간 활동을 기준으로 필요하다고 생각되는 물건들을 고른다. 그 중에서 이 정도의 것은 없어도 괜찮겠다는 물건들을 삭제한

다. 그리고 남은 것들 가운데서 절반만 가지고 가라.

짐 하나 싸는 데 이렇게 신경을 써야하니 여기에 책까지 넣기는 쉽지 않다. 세상에 나도는 등산 안내서에도 산에 책을 가져가라고 권하는 것을 보지 못했다. 책은 분명히 등산 장비가 아니기 때문이다. 그러나 나는 책을 장비의 하나로 보고 싶다. 산에서 생명과 직결되는 장비는 아니지만 그 소중한 산중 생활을 윤택하게 해주는 뜻에서 다른 장비하고 비할 수 없는 위력을 가지는 것이 책이라고 나는 생각한다.

사실 배낭에 넣을 단편은 그 부피나 무게로 보아 짐이라고 할 것도 없다. 자주 꺼내야 할 것이니 배낭 윗 주머니에 올려놓으면 된다.

책은 언제 읽어도 좋고 어디서 읽으나 좋다. 무엇을 읽든 자기가 읽고 싶은 글이면 된다. 그러나 책은 골라서 읽기 마련이고 읽을 때와 장소도 사람에 따라 다른 법이다.

산에서 읽는 책도 이와 다를 것이 없다. 산을 오가며 창가에서 읽고 싶은 글이 있는가 하면, 산 속에서 천막 안에 누워 읽어야 맛이 나는 글도 있다. 나에게는 적어도 그렇다.

나는 유명하다는 장편 소설 따위를 별로 좋아하지 않는다. 우선 긴 소설을 붙들고 있을 시간도 없지만 그런 장황한 플로트에 끌려다니기가 싫다. 그래서 자연 단편을 좋아하게 됐는지도 모른다.

그런데 단편이라고 하면 먼저 단편소설을 생각하기 쉬우나 나는 소설이라는 것이 싫다. 그전에는 그렇지도 않았지만 언제부턴가 소설을 멀리하게 됐다. 사람 머리에서 멋대로 꾸며낸 가상적인 이야기에 흥미를 느끼지 않는다. 그런 뜻에서 텔레비젼의 홈드라마 따위에 정신을 뺏기고 있는 것은 딱 질색이다.

내가 배낭 속에 넣고 싶은 책에는 그런대로 기준이 있다. 먼저 그것은 산과 관계가 없어야 한다. 산에까지 그런 책을 가지고 가고 싶지 않다. 산 책은 산을 떠나서 읽어야 맛이 있다는 것이 나의 주장이다.

산사람들은 조용한 곳에 혼자 있으면 그것이 고독인줄 알기 쉬운데, 실은 복잡한 거리에서 오히려 외로움을 실감한다. 동양에서는 고독을 찾아 산으로 가고 서양 사람들은 고독을 찾아 거리로 나온다는 재미있는 말을 한 철학자도 있지만, 산과 산 책의 사이에도 이와 비슷한 논리가 있을 것 같다.

내가 산에서 읽고 싶은 책은 풍자와 유모어가 담긴 생활 주변 이야기다. 그것이 언어와 습관과 사고 방식이 같은 생활권의 이야기보다는 지구 저편에 살고 있는 우리와 다른 사람들의 이야기 일 때 더욱 좋다.

나는 단편 가운데서도 안톤 체호프와 알퐁스 도데 그리고 오 헨리를 좋아한다. 그런데 언제부터인가 독일 작가들의 글이 내 마음을 끌기 시작했다. 그것도 지금까지 우리에게 별로 알려지지 않은 사람들의 글이다.

글은 그 사람의 것이라고 모두 마음에 드는 것은 아니다. 좋아하는 글이 따로 있기 마련이다. 여기 모은 열 편의 글은 내가 산에 오가며 읽었거나 산에 가져가서 읽고 싶은 글들이다. 나는 이 글들을 읽고 또 읽었다. 특히 잡다한 일들을 정리하고 한결 마음이 홀가분해졌을 때 이런 글을 펼친다. 그리하여 지금까지 이 글들과 사귄 시간이 결코 적지 않다. 개중에는 읽을 때마다 감정이 북받쳐 이 나이에 혼자 흐느끼는 글들이 있다.

내가 배낭 속에 책을 넣는 것은 그저 책을 좋아해서가 아니다. 산에 가서 산만 보고 돌아오는 등산을 나는 싫어한다. 산은 자기와 만나는 곳이다. 잃는 줄 모르고 잃었던 자기를 되찾는 곳이 산이라고 나는 생각한다.

산에 가면 자기 세상인 줄 알고 떠드는 사람들을 보는데 산에서는 말이 필요없다. 가까운 사람끼리 산에 가면 더욱 말이 적어진다. 진짜 친구는 말없이 앉아 있어도 상대의 마음을 읽는 법이다. 산과 사람 사이도 이와 다를 것이 없다고 본다.

산에 들어가서 무엇을 하겠는가? 배낭에 들어 있는 책에 손이 갈 때가 그런 시간이다. 숨을 돌리고 땀을 식히며 커피나 차를 끓인다. 그리고 산의 품에 안겨서 혼자 책을 읽는다. 읽어나가다 주위를 둘러보고 생각하며 다시 읽는다.

언제인가 내설악의 곰릉을 타고 귀때기에 올랐다. 8부 능선에서 어두워져 간신히 천막을 쳤다. 휘황찬란한 가을 달이 천막에 나뭇가지 그림자를 던졌는데, 모진 바람에 나무가 울고 가지들이 흔들렸다. 여느때 같으면 랜턴 밑에서 책을 펼쳤겠지만 나는 천막에 떨어진 나뭇가지의 그림자가 바람에 노는 것에 정신이 쏠렸다.

이튿날 쉰길 폭을 내려오자 숲속에 넓은 공터가 나타나고 그 한가운데 수정같이 맑은 물이 고여 소리없이 밑으로 흘렀다. 나뭇잎들이 수없이 떨어져 물 위를 빙빙 돌다가 더러는 가라앉고 더러는 그대로 흘러 내려갔다. 하늘과 물과 나뭇잎 그리고 고요함이 협연하는 자연의 교향시…… 무대와 스케일은 비록 다르다 할지라도 리햐르트 슈트라우스의 '알펜심포니'가 어디선가 때로는 강하게 때로는 약하게 들려오는 듯 했다.

일행 셋은 짐을 내려놓고 커피를 끓였다. 나는 이 태고적 선율에 젖어들어 배낭에 손이 갔다. 그런데 그날따라 배낭에는 책이 없었다.

짐을 꾸리면서 무게를 줄이느라 책을 넣지 않았던 모양이다.
　결국 나는 책을 읽는 대신 뜻하지 않았던 자연의 교향시를 감상하게 됐다. 그러나 책을 넣을 것을 잊었던 그날의 산행이 두고 두고 뉘우쳐졌다.

구름
―Peter Camenzind

헤르만 헷세

　나는 산과 호수와 비바람과 태양과 사귀며 자랐다. 이 친구들이 언제나 재미있는 이야기를 해주어 그 이야기를 들으며 자랐다. 그래서 그들은 나의 오랜 친구가 되어 어느 누구보다 어떤 운명보다 가까웠고 좋아했다.
　나는 반짝거리는 호수와 수심에 잠긴 듯한 소나무와 양지 바른 바위를 좋아했지만 그런 가운데서도 구름이 더욱 좋았다.
　이 넓은 세상에서 나보다 구름을 더 잘 알고 구름을 더 좋아하는 사람이 있거든 알려다오! 또한 세상에 구름보다 아름다운 것이 있으면 나에게 보여다오!
　구름은 유희며 위안이다. 구름은 축복이고 신이 준 선물이다. 구름은 분노며 사신의 힘이다. 구름은 갓난 아기의 혼처럼 부드럽고 가냘프며 평화롭다. 구름은 선한 천사처럼 아름답고 푸짐하며 너그럽다. 구름은 사신이 보낸 사자처럼 어둡고 피하기 어렵고 사정없다.
　구름은 엷은 은빛 천을 두르고 떠돈다. 구름은 금빛 술을 달고 흰 돛을 단 배처럼 빨강 파랑 빛을 띠고 머물며 쉰다. 구름은 살인자같이 음흉하게 슬그머니 다가온다. 구름은 미친 기수처럼 바람을 일으키며 달려간다. 구름은 우울한 은둔자처럼 슬픔에 잠겨 빛바랜 하늘에 걸려있다.
　구름은 행복한 섬과 축복하는 천사의 모습을 드러낸다. 그런가 하면 무서운 손놀림과 바람에 펄럭이는 돛과 하늘 나는 학과도 같다. 구름은 신의 하늘과 가엾은 땅 사이에서 그 어느 곳에나 붙어서 사람이 바라는 아름다운 온갖 모습으로 떠다닌다. ――그것은 대지의 꿈이며, 대지는 그 꿈 속에서 더러워진 영혼을 깨끗한 하늘의 품에 안기도록 한다.

구름은 모든 방랑과 모든 탐구와 앙망과 향수의 영원한 상징이다. 구름이 하늘과 땅 사이를 주저하고 동경하며 자부하듯 인간의 혼도 시간과 영원 사이를 주저하고 동경하며 자부하듯 걸려있다.

아아, 구름아. 아름답게 떠돌며 쉴줄 모르는 자여! 나는 아무것도 모르는 아이 때 그대를 사랑하고 그대를 쳐다보았다. 그리고 나도 구름처럼 떠돌며 어디를 가나 마음 붙이지 못한 채 시간과 영원 사이를 헤매고 인생을 살아갈 줄 몰랐다.

어린 시절부터 구름은 나의 여자 친구며 나의 자매였다.

나는 좁은 길을 갈적마다 구름과 눈짓하고 인사하며 잠시나마 눈과 눈을 마주쳤다. 그때 나는 구름한테 배운 것을, 그 생김과 빛, 표정과 장관, 춤과 쉼 그리고 이상 야릇한 이 세상 이야기와 저 하늘의 이야기를 잊지 않았다.

군밤 장수
―Der Maronibrater

알프레드 폴가

군밤 장수는 큰 도시의 어린이들에게 겨울의 즐거움을 안겨준다. 벌겋게 타고 있는 김이 서린 작은 쇠가마는 누추한 옷차림으로 갈 곳 없어 떨고 있는 가난한 아이들이나, 좋은 외투와 장갑 차림을 한 잘 보살피는 엄마나 가정교사의 손을 잡고 가는 부잣집 아이들의 마음을 한결같이 끌어당기는 힘을 가지고 있었다. 군밤 장수야말로 큰 도시의 동화책에 나오는 한 장면이었다.

그런데 군밤 두 알의 값은 한 크로이처였다. 당시 이것은 밀가루 흰 빵의 값과 맞먹었다. 솥가마에는 입을 벌린 누런 밤알들이 구수한 냄새를 풍기며 소복하게 반달 모양으로 왼쪽에 큰 것 오른쪽에 작은 것들이 쌓여 있었다. 그리고 신문지로 만든 세모꼴 봉투들이 손님을 기다리고 있었다. 마치 서커스의 광대들의 머리에 간신히 붙어 있는 작은 고깔 모자같은 것들이 삐쭉삐쭉 포개져 있는 꼴이 재미있었다.

그리고 솥판에는 고구마도 있었는데, 한 크로이처 주면 고구마 한 개와 작은 세모꼴 봉투에 든 소금을 같이 주었다. 이런 잔치가 또 어디 있을까! 군밤은 껍질이 두텁고 잘 구어진 것이 제일 좋다. 고구마는 너무 뜨거워서 한 입 물을 때마다 입을 벌리고 훌훌 불며 식혀야 했다.

군밤 장수는 사과도 구웠는데 이것이 또한 크리스마스의 기분을 냈다. 껍질이 터져서 달콤한 짙은 물이 맺히거나 갈라진 껍질의 잔금 사이로 하얀 좁쌀알 진주같은 과즙이 나온다. 사과는 솥판 위에 있는 동안 시커멓게 탄다. 그러나 이렇게 된 것이 맛도 좋고 값이 비쌌다. 이 군 사과도 하나에 한 크로이처였다.

군밤 장수는 이 뛰어난 맛을 만들어 내느라 솥에 허리를 굽히고 고구마와 사과를 이리저리 굴려가며 골고루 알맞게 굽는다. 그리고 종이를 접어 봉투를 만들거나 석쇠 밑에 연탄을 넣곤 했다.

군밤 장수는 보통 검은 빛을 한 구겨지는 가죽 모자를 쓴다. 입김이 쇠판에서 올라오는 증기에 서리고 얼굴은 안개 속에서 불빛을 받아 빨갛다. 그는 일이 없으면 주머니에 손을 넣는다 —— 군밤 장수는 한결같이 목도리를 두르는데, 번갈아 발을 놀려가며 소리지른다. 주위에 지나가는 사람이 보이지 않는데도 "따끈따끈한 밤 사려!" 하고 외쳤다.

군밤 장수에게는 언제나 친구들이 있었다. 궂은 일 하는 남녀 잡부와 노동자들 그리고 마부들이 군밤 장수의 따사로운 불 가에 모여 손을 녹이며 어려운 살림살이 이야기를 했다.

그들이 말하는 어려운 살림살이란 어떤 것이었을까? 그것은 북구식 사교의 거룩한 중심인 난로와 솥과 타오르는 불꽃을 가운데 두고 읊어지는 겨울 거리의 서정시다.

그런데 오늘날 군밤 장수는 연탄을 쓰지 않고 나무 조각으로 불을 지핀다. 뿐만 아니라 가마솥에서는 밤이나 고구마 대신에 개암을 굽는데, 이 볼품 없는 개암 열매 열 두 알이 20헬러나 한다! 지금도 사과는 있지만 하나에 역시 20헬러를 줘야 한다. 오므러들고 작은 이것은 보기 만해도 먹고 싶은 생각이 안나는데, 이것은 굽지 않고 따끈하게 데운다.

아이들은 이제 군밤 장수에 흥미를 느끼지 않으며 군밤 장수도 아이들을 상대로 하지 않는다. 그는 그전처럼 짐승털 모자를 쓰지 않고 머플러도 두르지 않는다. 그리고 저녁 시간이 되면 벌써 그 초라한 가마의 약한 불을 꺼버리고, 도둑이 가져가지 못하도록 솥을 쇠사슬로 잠근다.

그런데 오늘날 군밤 장수에 대신할 만한 것이 없는 것 같다. 나로서는 군밤 장수가 없어도 괜찮은데 아이들에게는 서글픈 일이다. 도시에서 자라는 그들은 어디를 쳐다보아야 할런지 모른다. 스산하고 침울하며 냉혹한 모습 뿐이다.

오늘날 도시의 아이들은 애처롭다. 한마디로 가난해진 것이다. 10헬러 동전이면 큰 도시의 아이들은 그만이었다. 그것으로 낭만적인 분위기를 맛볼 수가 있었으니까. 그런데 지금은 어떤가. 개암 네 알이 고작이다. 그렇지 않으면 과외 공부가 있을 뿐이다.

차이트로제
−Die Herbstzeitlose

에른스트 펜졸트

나는 상어를 무서워 한다. 뱀과 독초도 무섭다. 이렇게 무서움을 타는 것은 모두 어머니에게서 왔다. 결국 이래서 지금도 여름이 가고 그 가냘픈 연보라빛을 한 차이트로제를 보면 먼저 독이 있다는 생각부터 든다. 나는 그것을 쳐다보면서 호기심과 공포심으로 마음이 설렌다. 꽃은 다시없이 아름다운데 이렇게 의심쩍고 언짢은 화초인 것을 알고부터 마음이 멀어졌다.

나는 혼자 생각에 잠긴다 ──

'너는 남달리 예쁘게 보이려고 조금도 나무랄 데 없는 듯이 놀지만 마음이 좋지않다. 너는 점잖은 친척들을 자랑하며 자기도 백합화 가족이라고 큰 소리 치는데 그래봐야 소용없다. 백합화는 심지도 않고 거두어 드리지도 않으나 천부께서 기르신다고 했다. 그러나 너는 자기자신을 바로 그 백합화처럼 여기는가 보다.'

차이트로제는 보기에 여간 아름답지 않다. 그 꽃에는 도움 받지 못하는 서글픔과 의지할 곳 없는 외로움이 있는데 그래서인지 마음을 끈다.

차이트로제는 꽃줄기가 땅에서 바로 올라와서 마치 꽃은 그대로 꽂은 듯이 보이며, 줄기가 어두운 땅 속에서 햇빛을 보지 못하여 눈처럼 희다. 줄기는 둥글하지 않고 늘 반쪽이어서 이 신세를 벗어나려고 애탄다.

그렇듯 차이트로제에게는 동경 어린 모습이 엿보인다. 울적한 가을에 암수 딴 꽃이 무엇인가 바라듯 서로 혀를 내밀고 있다. 꽃은 안개가 끼었을 때 가장 아름답고 아침 저녁으로 어둑어둑할 무렵과 달빛 아래 요괴처럼 희뿌옇다.

차이트로제는 눈을 돌리게 하는 단호한 매력을 지니고 있다. 연보라 빛의 달콤한 바람끼가 있어서 나는 그 꼬임에 넘어가 생활이 흔들리거나 어떤 해를 입던지 하여 위태로운 지경에 빠지지나 않을까 걱정스럽다.

괴테 같으면 차이트로제를 '매혹의 극치'라고 말했을런지 모른다. 옛날에도 사람들의 눈길을 끌었던지 '연보라빛꽃'이라며 '꽃받침 한 가운데 희고 작은 순들이 있다'고 했다. 이런 말만 들어도 마음이 끌린다.

수꽃술이 들어있는 카람 열매처럼 생긴 작은 바구니는 노랗다. 연보라와 노랑은 대담한 빛깔의 배색인데, 이러한 배색이 결코 좋을 리가 없지만 차이트로제에게는 잘 어울린다. 이것이 바로 이 식물의 이중 성격을 말한다.

차이트로제를 보면 누군가 생각이 난다. 그 꽃 속에 사람을 연상하기 때문일까? 경박하고 행실이 좋지않은 인간을. 물론 그럴 수 있다. 차이트로제를 닮은 사람이 있으니까.

차이트로제는 그리스 신화에 나오는 고집센 미녀 셋이 사람의 마음을 끌도록 예쁘게 만들었는데, 그 점 특히 우리가 좋아하는 봄의 사자 크로카스와 구별이 안갈 만큼 닮았다.

사프란이라고도 하는 크로카스는 오늘날 과학의 빈틈없는 실험을 통해서 그 진실성이 증명된 민간 신앙에 따르면 크로카던이라는 사랑의 묘약인 액체가 들어있다고 한다. 그러나 차이트로제는 죽음을 부르는 음흉한 독을 가지고 있다. 그녀야말로 꽃은 작지만 위험하기 그지없다. 젖소가 이 풀을 먹으면 피같은 붉은 젖이 나온다고 하니 아주 언짢은 이야기다.

식물학에서는 '콜키쿰 어템날레'라고 부르는데, 이것은 '콜키스 태생의 가을다운 것'이라는 뜻이다.

그녀는 그리스 신화의 영웅 야존의 메데아라는 마술을 일삼는 위험한 콜커 여인과 사귀었다는 이야기다.

전설에 따르면 차이트로제는 마법의 물약이 쏟아져 싹이 났다며, 메데아는 그의 남편 야존의 늙은 아버지를 이 물약으로 젊게했다는 것이다.

식물에 얽힌 신화에는 자연스럽고 식물학적인 진리가 담겨있는 일이 종종 있으니, 사프란처럼 차이트로제에도 사람을 회춘시키는 힘이 있으리라는 것을 완전히 배제하지 못하리라. 이 꽃을 '흉악한 꽃'이라고 부르는 지방이 많은데, 미신에 따르면 겨울의 고민에서 지켜준다고 한다. 부녀자들이 이 꽃을 손으로 부비면 나쁜 사람들의 해를 입지 않으며, 눈까풀에 부비면 기나긴 겨울 밤에 졸음을 쫓아주어 일할 수 있다고도 한다. 그래서 나도 실험해보았더니 언제나 기분이 상쾌하고 정신이 들었다.

이밖에 크로카스에도 가을에 피는 것이 있어서 유능한 정원사 친구들이 차이트로제와 가을 사프란을, 다시 말해서 독성 있는 것과 회춘력 있는 것을 함께 같은 못자리에 키우고 있다. 그런데 이렇게 되면 여기저기서 콜키쿰을 '야생 사프란'이라고 할 것이니 혼란만 자아낸다.

나는 이 두 가지를 같이 기르는 것을 찬성하지 않는다. 그러나 다행히도 속일 수 없는 차이점이 두 가지 드러났다. 즉, 독이 없는 크로카스는 그 가늘고 아름다운 푸른 잎에 흰 줄기가 있었고 처음부터 엷은 잎이 말린 모양이 만지기가 조심스럽다. 그건 그렇고 사프란에서는 값진 색소가 나온다. 중국 사람은 노랑을 좋아해서 이 색소로 고관의 옷에 물을 들인다.

그런데 이에 반해 차이트로제는 마치 꽃인양 차림을 하고 있으나 실은 남에게 해를 입힌다. 그래서 프랑스에서는 '벌거벗은 여인'이라고 정식으로 부르는데 이 이름은 우리나라의 '나체 처녀'에서 왔다. 전에는 벌거벗은 매춘부라고 천시했다. 그녀는 수치를 모르는 인간으로 좋은 이름이 없음을 알 수 있다. 이밖에도 그녀는 단정하고 참된 화초들처럼 계절을 제대로 지키지 않는다. 즉, 가을에 피었다가 이른 봄에 잎과 씨를 사방에 날린다. 그래서 그녀에게는 '애비 없는 자식'이라는 별명까지 붙었다.

그러나 이처럼 계절도 모르는 차이트로제(철 모르는 풀)이지만 편들 일이 있다. 그 까닭은 이렇다. 의학에서는 휭어후트에서 지기탈리스가 그리고 톨키르슈에서 아트로핀이 나오 듯이 콜키쿰에서도 약제가 나오는데, 이 약제는 류마치스와 좌골 신경통 그리고 그밖에 좋지 않은 병에 잘 듣는다고 한다.

차이트로제에는 또한 종류가 많다. 그 가운데 이름도 이상한 것이 있는데 즉, 콜키쿰 하우스크네히트(가정부)가 그것이다. 페르샤 산맥의 바위 틈에 자라는 것을 식물학자가 찾아내어 이런 이름을 붙인 모양이다.

그러나 철을 모르며 꺾이기 쉬운 우리나라의 메데아는 가을과 뗄 수 없는 관계에 있다. 그 가을 차이트로제는 크로카스를 닮아서 우리를 놀린다. 봄철에 피어난 모습에 우리는 속아넘어간다. 사실 그녀는 우울의 상징이기 때문이다. 특히 그녀가 거칠게 풀을 베버린 들판에 손짓 하듯 홀랑거리며 서있거나 가축 방목장에서 갈피를 잡지 못하고 흔들리고 있을 때 그렇다. 그녀의 그러한 모습을 보면 등꼴이 오싹한다.

차이트로제에는 늦게 왔다가 일찍 사라지는 특성이 있다.

그녀의 아집은 계절을 두고 이야기 하자면 결국 이렇게 보아야 할 것 같다. 즉, 전부터 빛을 모르고 지내오다보니 계절이란 자기를 믿을 수밖에 없다는 우리에게는 없는 그런 시간관을 굳게 지키고 있다는 이야기다.

차이트로제는 필경 백합 종류에 들며 이 백합은 사람들이 말하듯 태고의 귀족의 칭호를 가진 식물이다. 그러나 나는 사제관 뜰 한 구석에 피어 있는 백합화에게는 수줍어하는 모습이 있지 않은가 한다.

차이트로제를 겉으로 보아서는 사람을 끄는 아름다운 향기를 생각하기 쉽다. 그런데 가을 차이트로제에는 아무런 향기도 없다. 하지만 거기에는 우리 감각 가지고는 맡을 수 없는 향기 아닌 향기가 있는지도 모른다.

우리는 화초를 보면 독이 있는지 안다고 생각한다. 사람들은 크나벤크라우트의 얼룩진 꽃과 톨키르슈의 독살스런 모습에 얼굴을 돌리는데 이런 것들은 사실 보기만 해도 기분이 언짢다.

사람들은 차이트로제에게 의혹적인 성격이 있다고 한다.

그럼에도 불구하고 차이트로제도, 아니 차이트로제야말로 우리에게 가을을 연상시키고 이승의 무상함을 느끼게 하므로 시정이 담긴 꽃으로 여긴다. 그점, 흐라일리그라트가 읊은 것 이상으로 누가 그 꽃을 말하랴 ——

    장미꽃이 진 지 오래고
    밤 꾀꼬리도 날아갔는데
    차이트로제는 홀로
    가을철 빈들에 서있네

세 번째 비둘기
―Die Legende der dritte Taube

스테환 츠바이크

　이 세상이 시작하던 이야기를 쓴 책에 비둘기가 나온다.
　인간의 조상인 노아가 방주에서 첫 번째 비둘기와 두 번째 비둘기에게 일을 주고 날려보냈다.
　하늘의 수문이 닫히고 깊은 골짜기의 물들이 차자 세 번째로 날아간 비둘기는 어디론가 가고 어떻게 됐는지 누가 알려주었던가?
　살아남은 배는 아라랏트 산 마루에 걸리고 배 밑창에 있던 소중한 생명들은 모두 홍수의 해를 입지 않았다. 배 위에 선 노아의 눈에 보이는 것은 거센 파도와 끝없는 수면 뿐이었다. 그래서 그는 비둘기 한 마리를 처음으로 날렸다. 구름이 걷힌 하늘 밑으로 어디엔가 땅이 나타나지 않았는가 알아보려고 했다.
　창세기에는 이렇게 나온다. 첫 번째 비둘기는 하늘 높이 올라가서 날개를 폈다. 비둘기는 동으로 서로 날아가 보았는데 어디를 가나 아직 물이었다. 비둘기는 날다가 쉴 곳도 없었으며 점점 날개의 힘이 빠졌다. 비둘기는 세상의 오직 하나뿐인 굳은 땅 방주로 방향을 돌렸다. 그리고 산마루에 걸려 있는 배 위를 빙빙 돌다가 노아가 손을 내밀어 방주의 자기 집으로 돌아왔다.
　노아는 그리고 이레를 기다렸다.
　이레 동안은 비가 오지 않았고 물이 줄었다. 그래서 그는 새로운 비둘기를, 다시 말해서 두 번째 비둘기를 날렸다. 이 비둘기는 아침 일찍 날아가서 저녁에 돌아왔는데, 비로소 땅이 나타난 것을 알리는 올리브 잎을 부리에 물고 있었다. 이것으로 노아는 나뭇가지 끝이 물 위에 나온 것을 알았다.
　노아는 또 다시 이레가 지나자 이번에도 비둘기 한 마리를 세 번째로 바깥 세상에 날려보냈다. 그 비둘기는 아침에 날아갔는데 저녁이 되어도 돌아오지 않았다. 노아는 하루 또 하루 초조하게 기다렸으나 비둘기는 다시 보이지 않았다. 그래서 인간의 조상 노아는 이제 물이 찌고 땅이 드러난 것을 알았다. 그러나 이 세 번째 비둘기를 그는 끝내 보지 못했고 온 인류도 모르며, 그 비둘기 이야기는 오늘날 우리 때에 이르기까지 알려지지 않았다.

그런데 이 세 번째 비둘기의 행각과 운명은 이러했다.

그 비둘기는 그날 아침에 우중충하고 답답한 뱃간에서 밖으로 날아나왔다. 어두컴컴한 뱃간에는 마음대로 뛰놀지 못하는 짐승들이 답답해서 낮은 울음 소리를 냈으며, 발굽과 발톱 소리 그리고 울부짖거나 삑삑 쨱쨱 하는 거친 소리들로 가득했다.

비둘기는 그 좁고 답답한 속에서 끝없이 넓은 세계로, 어둠에서 밝은 빛 속으로 날아갔다. 그리하여 이제 비둘기는 밝고 맑은 대기 속을, 비에 젖어 달콤해진 창공을 활개쳤다. 처음 맛보는 자유와 한없는 혜택이 비둘기에게 밀려왔다.

깊은 골짜기에서 물이 반짝이고 물을 먹은 이끼처럼 숲이 푸르렀으며, 초원에는 아침 안개가 뭉게뭉게 피어올랐다. 그리고 거름 냄새가 목초장을 구석구석 덮었다. 맑은 하늘에서 찬란한 빛이 내리비치고, 높은 산의 봉우리들이 아침 햇살을 받아 붉게 타오르며 마치 붉은 피가 바다를 물들이고 뜨거운 피가 화려한 대지를 적시는 듯했다. 이렇게 생동하는 모습을 내려다 보는 일은 신성한 일이었다. 이렇게 행복한 모습을 내려다 보고 비둘기는 그 진홍빛 세계로 나래를 펴고 내려갔다. 그리하여 점점 땅과 바다 위를 나는 재미에 취해서 멀리 멀리 날아갔다.

비둘기는 마치 신 자신이 그러했듯이 이제 처음으로 자유의 땅을 보았는데 그것은 끝도 없었다. 비둘기는 이미 오래전에 흰 수염을 단 방주의 늙은이 노아를 잊었고, 자기가 할 일과 자기가 돌아가야 하는 일을 잊었다. 그리고 이제는 세상이 자기의 고향이고 하늘이 다시없는 집이 되었다.

이렇게 해서 인간의 조상의 심부름꾼은 할 일을 하지 않고 공허한 세상을 멀리 멀리 날아갔다. 행복의 물결을 타고 쉴새없이 불어오는 축복된 바람에 실려 멀리 멀리 날아갔다. 그러자 날개 힘이 약해지고 깃털이 무거워졌다.

비둘기는 자기 몸의 무게를 이기지 못하여 끝내 땅으로 내려왔다. 그리고 날개가 맥빠지고 축 처지면서 축축한 나뭇가지에 걸려 몸부림 치다가 이튿날 저녁에 깊은 숲 속으로 떨어졌다. 그 숲은 아직 알려지지 않은 곳으로 모든 것이 천지 창조 때와 다를 바 없었다.

비둘기는 무성한 나무가 지켜주어 지금까지 날아다닌 몸을 쉬게 되었다. 덤불이 덮어 주고 바람이 자장가를 불러 주었다. 덤불은 낮에 더위를 막고 밤의 잠자리로 따뜻했다. 그러자 비둘기는 바람을 가르며 날던 하늘과 멀리 가보고 싶던 생각을 잊었다. 푸른 숲이 지붕처럼 비둘기를 덮었고 시간이 흐르고 또 흘렀다.

길 잃은 비둘기가 거처로 삼았던 곳은 우리 인간 세상에서 멀지 않은 숲이었다. 그러나 사람들은 보이지 않았고 이 정막 속에서 비둘기는 점점 꿈나라로 들어갔다. 어두컴컴한 데서 둥지를 틀고 잠자리를 만들었다.

세월이 흐르고 또 흘렀다.

비둘기는 죽음이 어떤 것인지 잊었다. 홍수가 일기 전에 세상에 살던 모든 온갖 짐승과 그 종족들 가운데 하나도 죽었을 리가 없고 그들을 잡을 사냥꾼도 없었을 테니까. 동물들은 탐지하기 어려운 땅의 구석진 보금자리에 들었고, 이 비둘기도 숲속 깊은 곳에 숨어 있었다.

그런데 이따금 사람이 가까이 있는 듯한 예감이 들기 시작했다. 총소리가 나고 푸른 벽과 벽에 요란하게 메아리 쳤다. 나무들이 넘어지면서 밑둥을 치는 소리가 주위의 어둠 속에서 진동했다. 그런가 하면 사랑하는 사람들의 조용한 웃음 소리가 한쪽에서 나고 우거진 숲 사이로 들려왔다. 아이들이 열매를 따며 여기 저기서 부르는 노래 소리도. 나뭇잎에 묻혀서 꿈길을 헤매던 이 지친 비둘기는 이러한 인간 세상의 소리를 자주 들었지만 아무런 불안감 없이 귀를 기울인 채 어둠 속에서 꼼짝하지 않았다.

그러던 어느날 숲이 온통 뒤흔들렸다. 마치 땅덩어리가 둘로 갈라지는 듯 했다. 공중으로 검은 쇠덩어리들이 소리내며 날아갔다. 그리고 그것들이 떨어지며 흙이 높이 튀어오르고 나무들이 산산히 조각났다. 울긋불긋한 옷차림의 사람들이 죽고 또 죽었다. 기계가 무섭게 불을 내뿜자 모두 태워버렸다. 땅에서 하늘로 번개불이 비치고 구름에서 천둥이 울렸다. 마치 땅이 하늘로 튀어오르고 하늘이 땅으로 곤두박질 하듯했다.

비둘기는 잠에서 깨어났다.

죽음이 닥쳐오고 만사 끝장이었다. 한때 큰 홍수가 났지만 이번에는 불이 세상을 삼키고 있었다. 비둘기는 이제 살지 못하게 된 숲을 떠나 살 만한 세계로 자유를 찾아 허둥지둥 나래를 펴고 푸드득 거렸다.

비둘기는 나래를 치며 인간이 살고 있는 상공에 떠올라 갈 곳을 찾았다. 그러나 어디를 가나 불이 번개치고 소리가 요란하며 사람들이 싸우고 있었다.

땅덩어리는 한때 홍수가 휩싸였 듯이 지금 불과 피의 바다로 덮여

있었다. 그래서 비둘기는 사람 사는 세상에서 급히 도망쳐 쉴 곳을 찾아 조상인 노아한테로 가서 약속했던 대로 올리브 잎을 전달하기로 했다.

그러나 지금 그곳을 찾을 길이 없었다. 어디나 파멸의 물결이 높이 일고 사람 사는 세상은 점점 불길이 심하게 번지고 있었다. 비둘기는 쉴 곳도 찾지 못했으며 인간에게도 편안한 곳이 없었다. 이제는 돌아갈 곳이 없으니 영원히 쉴 수 없게 됐다.

오늘날 우리 가운데 이 길 잃고 쉴 곳을 찾아 헤매던 신화에 나오는 비둘기를 볼 사람이 없다. 그러나 그녀는 지금도 불안 속에 날개의 힘을 잃어가며 우리 머리 위를 날아다닌다. 우리는 밤이면 놀라서 잠에서 깨어나 허공에서 나는 쇽쇽 하는 소리를 듣는다. 그것은 어둠 속의 성급한 질주, 흩어진 나래질 그리고 절망적인 도피의 소리다.

그녀의 비상에는 우리 인간의 암울한 사상이 담겨 있으며, 그녀의 불안 속에는 우리 인간의 온갖 욕망이 도사리고 있다. 그리고 하늘과 땅 사이를 허둥지둥 날아다니는 그 길 잃은 비둘기는 한때 인간의 조상이 보낸 심부름꾼으로 지금 우리 스스로의 운명을 알려주고 있다. 그리고 다시금 수 천년 전에 그러했 듯이 누군가 자기에게 손을 내밀어 그 소식이 사실임을 증명해주는 세상을 애타게 기다리고 있다.

기별

―Die Botschaft

하인리히 뵐

　이런 쓸쓸한 시골 마을을 알고 있는가? 어째서 이런 곳에 철로가 놓이고 정거장이 서게 됐는지 물어도 답을 얻지 못하는 곳, 끝없는 시간의 흐름이 멈추고 초라한 집 몇 채와 쓰러져 가는 공장 건물 위를 덮고 있는 듯한 곳, 영원히 불모의 운명을 지닌 밭이 주위를 두르고, 나무도 교회 종탑도 보이지 않아 버림 받은 생각이 들어 자기도 모르게 소스라치는 곳 말이다.

　빨간 모자를 쓴 사나이가 마침내 열차를 떠나 보내고 과장된 역의 이름이 나붙은 커다란 간판 뒤로 사라졌는데, 그 사나이는 종일 무료한 열 두 시간을 잠만 자고 돈을 받는 듯이 보였다. 아무도 일하는 사람이 없는 농토 저편에 잿빛 구름에 덮인 지평선이 펼쳐져 있다.

　그러나 여기서 내린 사람은 나만이 아니었다. 커다란 갈색 꾸러미를 든 노파가 옆 칸에서 내렸다. 그런데 내가 이 지저분한 작은 역에서 나갔을 때 그녀는 땅속으로 꺼진 듯이 보이지 않았다. 순간 나는 어찌하면 좋을지 몰랐다. 누구에게 길을 물어야 할런지 모르기 때문이다. 죽은 듯이 닫혀있는 창문에 황록색의 커텐이 드리워진 벽돌집 몇 채가 있었지만 사람이 살고 있는 기색조차 없었다. 그리고 길이 있어보이는 쪽으로 검은 벽이 달리고 있었는데 이 벽은 금방이라도 무너질 것만 같았다.

　나는 이 음산한 벽을 보고 발걸음을 옮겼다. 이 죽은 자의 집 문을 두드리기가 무서웠기 때문이다. 그러자 모퉁이를 돌아서니 거의 글귀를 알아보기 힘든 '여관'이라는 간판이 나타났는데, 바로 옆에 푸른 바탕에 흰 글씨로 또렷하게 '중심가'라고 된 안내판이 보였다. 이어서 모르타르 칠이 벗겨진 집들이 길가에 나란히 서있었다. 건너편으로 음침한 공장의 벽이 절망의 나라와 사이를 둔 장벽처럼 창문

하나 없이 길게 뻗었다.
 그저 짐작이 가는 대로 왼쪽으로 돌았더니 거기서 거리가 끝났다. 벽은 10미터 가량 더 이어지다가 편편한 검은 잿빛을 한 들이 나타나고 거의 눈에 보이지 않는 푸른 빛에 감싸여 멀리 잿빛 지평선에서 하나가 됐다.
 나는 세상이 끝나는 곳에서 깊이를 모르는 낭떠러지에 선 채 완전한 절망의 세계에서 밀어닥치며 말없이 손짓하는 파도 속에 당장 말려드는 것 같아 섬뜩했다.
 왼편에 납작하게 눌린 듯한 집이 있었다. 근로자가 일을 마친 뒤 틈틈이 지은 집으로 보였다. 나는 허둥지둥 그 집으로 다가갔다. 잎이 떨어져 앙상한 장미 넝쿨이 올라간 처량하고 서글픈 문을 지나 번지를 보니 바로 그 집이었다.
 푸른 빛깔의 덧문은 비바람에 칠이 벗겨진 지 오래며 들러붙은 듯이 굳게 닫혔고, 손이 닿을 만큼 낮은 지붕은 녹슨 함석으로 여기저기 기워 있었다. 주위가 말할 수 없이 고요했다. 어둠이 짙어가며 그 그늘이 멀리 가장자리를 넘어 그칠줄 모르고 흘러나오기 전에 한 번 더 숨을 죽이는 그러한 시각이었다. 문 앞에서 나는 잠깐 발을 멈추었다. 차라리 나는 죽는 것이 날뻔했다. 그때…… 지금 여기 서서 이 집에 들어갈 바에는 하는 생각이 들었다. 그러자 문을 두드리려는데 안에서 아양떠는 여자의 웃음 소리가 들렸다. 사람의 느낌에 따라서는 마음이 홀가분해지거나 가슴을 쥐어 짜게도 하는 이해하기 어려운 수수께끼 같은 웃음이, 여하튼 여자가 이렇게 웃는 것은 누군가 상대가 있을 때 만이다.
 나는 다시 발을 멈추었다. 짙어가는 땅거미의 끝없는 세계로 곤두박질 하고 싶은 생각이 걷잡을 수 없이 타올랐다. 땅거미는 더욱 넓은 들을 덮으며 내게 손짓하고 또 손짓했다. ……나는 힘껏 세차게 문을 두드렸다.

처음에는 말이 없더니 속삭임이 들리고…… 발걸음 소리가, 슬리퍼 끄는 소리가 나자 문이 열렸다. 장미빛 얼굴을 한 금발의 여성이었다. 렘브란트의 어두운 그림에서 구석까지 비치는 형용키 어려운 촛불과 같은 느낌을 주는 여성이었다. 붉으스레한 금빛을 내며 타고 있는 촛불처럼 그녀는 이 잿빛과 검은 빛을 한 끝없는 공간 속에서 내 앞에 서있었다. 조용히 몸을 움츠리고 손을 떨며 문의 손잡이를 쥐었다.

내가 군모를 벗어들고 잠긴 목소리로 "안녕하세요"라고 하자 이상스레 윤곽이 모호한 얼굴에서 공포의 경련이 사라졌다. 그녀는 겁에 질린 웃음을 띠며 "네"하고 말했다. 뒤에 어두침침한 좁은 복도에 건장한 체구를 한 사나이가 잠깐 보였다.

"브린크 부인을 만나고 싶은데요." 나는 조용히 말했다. 그러자 이 낮은 소리가 다시금 "예"하고 대답하고 여성은 안절부절 못하며 방문 하나를 열었다.

사나이의 모습이 어둠 속으로 사라졌다. 나는 좁은 방으로 들어갔다. 거기에는 초라한 장농들이 놓여 있었는데 싸구려 음식 냄새와 고급 담배 연기가 배어 있었다. 그녀의 흰 손이 스위치를 더듬고 불빛이 그녀를 밝혔을 때 그녀는 창백하게 윤곽이 흐려지면서 마치 죽은 사람같이 보였다. 그러나 맑고 붉으스레한 금발 만은 싱싱하고 따뜻했다. 단추를 채우고 있었는데 그녀는 여전히 떨리는 손으로 검붉은 옷을 풍성한 가슴 위에 붙들고 있었다. 마치 내가 비수로 자기를 찌르려고 하지나 않을까 겁을 먹은 듯이. 엷은 파란 색을 한 그녀의 눈은 무서운 판결을 각오하고 법정에 선 듯 불안과 공포를 담고 있었다. 벽에 걸린 싸구려 유인물인 달콤한 그림마저 고소장 같이 보였다.
"놀라지 마세요." 나는 소리를 죽이고 말했다. 그 순간 나는 가려서 말할 것을 하필이면 아주 잘못 꺼냈다고 뉘우쳤다. 그러자 그녀는 내가 말도 잇기 전에 이상하리 만큼 가라앉은 태도로 "알아요, 다 알고 있어요. 그이는 죽었죠……"라고 했다. 나는 고개를 끄덕일 수밖에 없었다.
나는 유품을 그녀에게 넘겨주려고 주머니에 손을 넣었다. 바로 그 때 복도에서 거친 소리가 "기타!" 하고 불렀다. 그녀는 갈팡질팡 하듯이 나를 바라본 다음 방문을 열어 젖히고 "5분만 기다려 —— 그것도 못참아!?……" 하고 소리쳤다. 꽝 하고 문이 다시 닫혔다. 사나이가 슬금슬금 난로 뒤로 몸을 감추는 모습이 눈에 보이는 듯했다. 그녀는 반항적이고 의기 양양한 눈초리로 나를 쳐다보았다.
나는 천천히 결혼 반지와 시계와 낡아 떨어진 사진이 들어있는 군인봉급 봉투를 푸른 유단천이 덮인 탁상에 올려놓았다. 그러자 그녀는 갑자기 짐승처럼 맹렬히 격한 울음을 터뜨렸다. 그녀의 얼굴은 윤곽을 알 수 없게 되고 연체 동물처럼 흐트러졌다. 그리고 짧고 포동포동한 손가락 사이로 맑은 눈물 방울이 뚝뚝 떨어졌다. 그녀는 소파에 쓰러지더니 오른손으로 테이블을 붙들고 몸을 받치며 왼손으로 그 초라한 유품들을 만지작 거렸다. 지난날의 추억이 수천 개의 칼로 그녀의 몸을 난도질 하는 것 같았다. 그때 나는 전쟁이 입힌 상처에서 어디선가 아직 피를 흘리고 있으면 전쟁은 결코 끝난 것이 아니라고 생각했다.
나는 혐오감도 공포도 속수 무책의 느낌도 웃기지 말라는 듯이 내동댕이 치며 떨고있는 그녀의 포동포동한 어깨 위에 손을 얹었다.

그리고 그녀가 놀라서 얼굴을 돌렸을 때 처음으로 그녀 얼굴 모양이 저 사진에 비친 예쁘고 귀여운 소녀와 닮은 데가 있는 것을 알았다. 그것은 내게 수백 번이나 보여준 그 사진의 소녀와……

"어디서 그랬어요……어서 앉으세요 — 동부 전선인가요?" 지금이라도 그녀의 눈에서 눈물이 쏟아질 것만 같았다.

"아니요…… 서부였어요. 포로가 되서…… 우리는 10 만 명도 더 됐어요."

"그런데 언제였나요?" 그녀의 눈동자는 긴장하고 따질 듯이 무섭게 열을 띠었다. 그녀의 얼굴 전체가 굳어지고 젊어졌다. — 마치 그녀의 생명이 내 대답에 달려 있기나 하듯이.

"45년 7월이었어요." 나는 낮은 소리로 말했다.

순간 그녀는 무엇인가 깊이 생각하는 것 같았다. 그러자 그녀는 웃었다. — 아주 후련하고 거리낌 없는 웃음이었다. 나는 그녀가 왜 웃었는지 짐작이 갔다.

그러는 순간 이 집이 무너져 내리는 것 같아서 나는 일어섰다. 그녀는 말없이 문을 열고 그대로 손잡이를 잡고 있었다. 나는 그녀가 먼저 나가길 기다렸다. 그녀는 작고 가냘픈 손을 내밀며 눈물없이 흐느끼는 소리로 말했다. "알고 있었어요. 알고 있었어요. 그 사람을 그때 — 벌써 3년전 일인데 — 역까지 전송했을 때." 그리고 그녀는 작은 소리로 이렇게 덧붙였다. "나를 업신여기지 마세요."

나는 이 말에 정말 놀랐다 — 도대체 내가 재판관처럼 보였단 말인가? 나는 그녀의 작고 통통한 손에 입을 맞추었다. 여자의 손에 키스하기는 이번이 처음이었다.

밖은 어두웠다. 불안의 밧줄에 묶인 듯이 나는 닫힌 문 앞에서 잠깐 머뭇거렸다. 그때 안에서 그녀가 흐느끼는 소리가 들렸다. 흐느낌은 차차 커지고 심해졌다. 그녀는 현관 문에 기대고 있었는데, 그녀와 나 사이를 가르는 것은 한 장의 나무 판자였다. 나는 그 순간 이 집이 그녀 머리 위로 주저앉아 그녀를 그대로 묻어버렸으면 했다.

여인숙
−Die Herberge

한스 벤더

강대상 오른쪽으로 사내아이들이 둘 씩 차례로 앉고 왼쪽으로는 계집아이들이 자리 잡았다. 제1 반 교실이다. 나는 에드윈 옆에 마지막 자리에 앉았는데 에드윈이 미국에서 만든 연필통을 가지고 있는 것이 탐이 났다.

난로가 빨갛게 타오르고 창밖에서는 소복하게 쌓인 눈 속을 사람이 걸어가고 자전거가 지나갔다. 크리스마스 이브였다. 쿤 선생님이 베들레헴에서 여인숙 찾던 이야기를 하셨다. 성서에는 한 줄 밖에 없는 이야긴데 선생님이 꾸미셨다.

선생님은 다리를 꼬고 강대상에 걸터앉아서 입에 물었던 파이프를 손에 들고 이야기를 시작하셨다.

"애들아, 그때 마리아와 요셉이 우리 마을에도 왔단다. 날이 저물었는데 그들은 아이히터스하임 거리로 들어왔다. 마리아는 나귀 등에 앉아 있었고 요셉이 지팡이와 등불을 들고 길을 찾아 나섰다. 그 때 마리아가 "배가 고프고 지쳤다"고 말하자 "이제 숙소가 있을테니 거기서 오늘 저녁은 묵자"고 요셉이 대답했다.

요셉은 '독수리'라는 여관 앞에 이르자 그 계단 손잡이에 나귀를 매고 맨 아래 계단을 장화로 두드리고 안으로 들어갔다. 바베테── 너희들은 그녀를 다 알지 ── 바베테가 카운터 뒤에 서서 유리잔에 술을 붓고 있었는데, 요셉이 "두 사람 묵을 방이 있습니까? 비싸지 않은 걸루요?"하고 물었다.

바베테는 이날 기분이 좋지 않았다. 그녀가 "우리는 방이 하나 뿐인데 그것도 벌써 사람이 들었어요. 죄송합니다"고 간단히 대꾸했다.

요셉은 나귀의 고삐를 잡고 몇 집 지나 여인숙 '양'으로 갔다. 문 앞에 서자 그는 몸이 얼었다. 식탁에 정장을 한 점잖은 신사들이 둘러 앉아 있지 않은가. 그들은 새로이 강바닥을 재려고 온 측량기사들이었다. 여관 주인이 현관 앞에 선 요셉을 보고 달려왔다. 그는 요셉이 이 귀한 손님들의 방해가 될까 염려했던 것이다.

"없어요, 손님 안됩니다. 여기엔 없어요. '태양관'에 알아봐요. 거기 같으면 수공장이가 묵는 빈 방이 있을거예요! 아마 거기는 될겁니다——"

이때 그는 빈 방이라는 말에 힘을 주었는데 그 소리는 측량기사들에게도 들렸으리라.

태양관의 주인 내외는 요셉에 친절히 대했다. 그들은 입을 모아 바로 이렇게 말했다——"그런데 아무리 해드리고 싶어도 길이 없습니다! 수공인부들의 방도 다 찼어요. 우리집 맞놈이 휴가중이예요. 흐라이부르그에서 신학을 공부하는데, 그렇지 않았으면 그의 방을 드릴 수 있었는데요."

"감사합니다." 요셉이 말했다.

"안녕히 가세요, 밤길 조심하고요!"

이렇게 태양관의 남녀 주인이 인사했다.

바로 이웃 여인숙에서도 "독일우편"이라는 여관에서도 마리아와 요셉은 거절 당했다. 등불은 꺼진 지 오래고 요셉이 마디가 많은 지팡이로 문을 두드리자 머리 위 창문에서 주인이 얼굴을 내밀고 "뭐요? 왜 그래?" 하고 소리쳤다.

"아내와 제가 묵을 방이 없을까요? 아내가 몸이 아파요!" 요셉이 올려다 보며 말했다. "어서 꺼져! 너희같은 떠돌이에게 줄 방은 없단 말이야!" 이렇게 주인이 소리치며 꽝 하고 창문을 닫았다.

요셉은 서글퍼졌다. 마리아는 숄로 머리를 싸매면서 말했다——"마을에 아직 숙소가 하나 더 있을지 몰라요.""

쿤 선생님이 나를 쳐다보았다. 사내 계집아이들이 모두 나한테로 얼굴을 돌렸다. 애들은 그 마지막 여인숙을 알고 있었다. 마을이 끝나기 전에 있는 우리 부모가 하는 "온천장"이라는 여관이었다.

순간 피가 머리 꼭대기까지 치밀고 나는 어디를 보아야 할지 몰랐다. "그래, 한젤! 요셉이 너한테 와서 방 있느냐고 했다면 너는 어떻게 했겠니?"하고 쿤 선생님이 물으셨다.

나는 자리에서 일어나 더듬거리며 앞으로 나갔다 —— "선생님……저는요…… 저는 꼭 받아들였을 거예요."

선생님 이야기는 우리들에게 깊은 감회를 주었다. 우리는 마리아와 요셉을 거절한 인정머리 없는 여관 주인들에게 복수하기로 했다. 그 여관들의 창문에 돌을 던지고, '양' 여관 주인에게는 그가 주일 미사에 갈 때 외투 주머니에서 불꽃 폭약이 터지게 하기로 했다.

두세 해가 지났다. 그리하여 크리스마스 이브를 맞았다. 나는 동생들과 여관 방에서 선물을 기다렸다. 무엇보다도 먼저 손님들이 가야 했는데, 그들은 크리스마스 이브를 집에서 보내려고 하지 않는 거추장스러운 사람들이었다. 그들은 통나무 식탁을 점령하고 포도주에 맥주에 깡술까지 달라고 했다.

아버지가 참다 못해 소리를 높였다 —— "이젠 문 닫아요! 크리스마스 이브입니다! 어서 가요! 오늘 저녁 만큼은 우리도 우리끼리 있고 싶으니까."

사람들은 차례로 계산을 마치고 나가버렸다.

마지막 손님이 나가자 아버지가 빗장을 가로 질렀다. 그때 바깥에서 자동차 멎는 소리가 나더니 한 남자와 부인이 계단을 올라와서 아버지에게 말을 건넸다.

남자가 하일브론까지 가는 길이라고 말했다. 그런데 길이 얼어서 유리같이 미끄럽고 부인의 몸이 좋지 않은데 열이 있을까봐 걱정이라고 했다.
"오늘은 크리스마스 이브인데요. 그리고 아이들이 선물을 기다리고 있고요." 아버지가 말했다.
그들은 하는 수 없이 돌아서려고 했던 것 같다. 그런데 아버지가 그들더러 들어오라며 이렇게 말했다——"좋습니다. 그렇게 해드리죠. 지금 방이 모두 비어 있습니다."
나는 처음부터 이 이야기를 듣고 있다가 화가 났다. 손님이 들어오면 일이 생긴다. 모르긴 해도 그들은 식사를 해야 하고 방에 불도 넣야 할 것이다. 결국 우리끼리 있을 수가 없게 된다.
나는 이층 내 방으로 올라가서 베개에 얼굴을 박고 소리내며 울었다. 점점 소리가 커지자 엄마가 올라와서 방문을 두드리며 나더러 내려와서 선물을 받으라고 하셨다. 그러나 나는 대꾸하지 않았다.
얼마 뒤 아버지의 발자국 소리가 복도에서 났다. 아버지가 방문을 두드리자 나는 바로 일어났다. 나는 아버지가 무서웠다.
그런데 아버지는 아무렇지도 않으시고 여느때보다도 조용한 목소리로 말씀하셨다. 아버지가 머리에 손을 얹으셨는데도 나는 그대로 훌쩍댔다.
"너는 베들레헴의 이야길 아직 알고 있지? 요셉과 마리아가 하루 저녁 묵을 데를 찾던 이야기 말이다. 그때 여인숙 마다 방이 없다고 했지?" 아버지가 이렇게 물으시면서 말씀하셨다.
아 그래, 나는 그 이야기를 알고 있으며 지금 다시 생각하니 부끄러워졌다. 밑으로 내려가니 동생 후고가 피아노에 앉아서 '고요한 밤 거룩한 밤'을 치고 있었다. 크리스마스 트리에는 벌써 촛불이 켜졌고 전나무 가지가 방안에 가득했다.

낯선 사람들이 창가 식탁에 앉아 있었다. 그들은 접시 옆에 나이프와 포크를 놓고 우리를 쳐다보더니 우리와 같이 노래불렀다.
 이제 아름다운 크리스마스 이브가 시작됐다.
 나는 뚜껑에 닻이 새겨진 돌 함과 마지막 세 권째 「로빈슨 크루소」와 그리고 소매 없는 스웨터에 귀가리개가 달린 털모자를 선물로 받았다.
 그러나 무엇보다도 값진 선물이 있었다. '말로 듣고 알고 있는 좋은 일을 그대로 하기란 어렵다'는 것을 이때 알았다.

초를 마리아에게
-Kerzen für Maria

하인리히 뵐

이 도시에는 잠깐 들렀을 뿐이었다. 저녁 한 때 이곳에 있는 한 도매상의 사장을 찾아가기로 되어있었다. 그 회사에서 우리가 처분하지 못해 골머리 앓고 있는 초를 맡아볼 생각이었다.

우리는 전쟁이 끝나고 전력 부족이 오래 갈 것으로 보고 초를 대량 생산하는 데 가진 돈을 몽땅 털어넣었다. 그리고 부지런히 일하고 아끼며 수수하게 살고 정성을 다했다. 여기서 우리라 함은 나와 아내를 말하는데, 우리는 제조업자며 도매상과 소매상 노릇도 했다. 사업이라는 정연한 질서 속의 모든 단계가 우리 속에서 하나가 됐다. 말하자면 아내와 내가 사장이고 근로자며, 행상인이자 공장 주인인 셈이다.

그러나 우리는 가망없는 계산 착오를 저질렀다. 오늘날 초의 수요가 아주 줄어들었던 것이다. 전력을 할당하던 제도가 없어지고 지하실까지도 거의 다시 전등이 켜졌다. 그리고 우리의 노력과 고생과 온갖 어려움이 이제 그 목표를 달성한 것으로 보이는 그 시기에, 즉 초를 대량으로 생산하게 되자 그 수요가 사라지고 말았다.

그래서 우리는 이른바 종교예식 용품을 다루는 업자와 상담해보려고 했지만 그것도 소용없었다. 그들에게는 이미 초의 재고가 많았을 뿐만 아니라 그 물건들이 우리 것보다 뛰어났고, 금빛 별을 수놓은 푸르고 빨갛고 하늘색에 노란 리본을 위까지 둘둘 말아올린 장식이 달려서 경건한 마음을 일으키고 보기에 아름다웠다. 게다가 크기도 다양하니 이에 비하면 우리 것은 같은 크기에 모양도 단순했다. 길이는 30에서 40 센티미터 정도로 밋밋하며 누렇고 장식이 없다. 우리 물건에서 내세울 것은 간소한 미 한 가지였다.

그러니 계산 착오를 일으켰다는 것을 고백하지 않을 수가 없었다.

종교예식 용품점에 나와있는 멋진 물건들에 비하면 우리 초는 너무나 초라했으니 이런 것을 사람들이 살 리가 없었다. 값을 싸게 하겠다고 해도 많이 팔리지 않았다. 그건 그렇다고 하고 이 몇 푼 안되는 판매 대금으로는 우리 생활비와 오르기만 하는 여러 경비를 감당하기에도 부족하니 다른 모델을 고안해서 물건을 만드는 것은 생각도 못할 일이었다. 우리 물건에 관심을 가지는 사람이 있다면 어떻게 되든 찾아가 봐야 하니 길은 점점 멀어지고 물건값 흥정은 더욱 어려울 것이니, 많은 재고품을 헐값으로라도 처분하고 다른 일로 돈을 버는 길밖에 없었다.

내가 여기 온 것은 어느 큰 도매상한테서 받은 편지 때문이었는데, 그 주인은 많은 물건을 좋은 값으로 맡을 생각이 있다고 했다. 그런데 나는 어리석게도 그의 말을 그대로 믿고 먼 길도 마다하지 않고 찾아왔다.

그의 집은 사치하고 호화스러운 큰 저택이었고 가구와 실내 장식이 우아했다. 그가 안내한 큰 사무실은 그의 활동 분야를 살찌게 하는 여러 가지 상품의 견본으로 가득했다. 길게 늘어진 진열장에는 석고로 된 마리아 테레지아, 요제프 상, 성모 마리아, 피를 흘리는 예수의 심장 상이 있는가 하면 부드러운 눈의 금발 여인의 속죄상이 있었고, 그 석고상들의 받침돌에는 금빛이나 붉은 빛의 부조 문자로 마들레느, 맛달레나, 막달레나 하는 식으로 여러 나라 말로 쓰여있었다. 그리고 그리스도가 강림한 말 구유의 완제품과 그 부품인 초나 석고로 된 소, 나귀, 아기 예수와 젖먹이, 유아, 젊은이, 늙은이 등등 온갖 연령층의 목동과 천사와 금은으로 할레루야라고 쓴 종료잎, 철과 석고, 동이나 도자기로 된 세례반도 있었다. 그것도 고상한 것 속된 것 등 여러 가지였다.

그 상점 주인으로 말하면 — 얼굴이 붉고 쾌활한 사나이였는데 — 의자를 내밀고 관심을 보이면서 잎담배를 피우라고 권하기까지 했다. 나는 우리가 어떻게 해서 이런 제조업을 하게 됐는지 말하지 않을 수가 없었다. 그리고 전쟁의 유산으로 남은 것이 스테아링의 거대한 덩어리인데, 이것은 아내가 부서진 우리 집 앞에서 불타고 있는 화물차 넉 대에서 꺼낸 것인데, 그뒤 아무도 그 소유권을 내세워 돌려달라는 사람이 없었다는 이야기를 했다.

내가 담배를 4분의 1 가량 피웠을 때 아무 말도 건네지 않고 느닷없이 이렇게 말했다 — "여기까지 오시게 해서 안됐습니다만 나는 이 일을 달리 생각하고 있었습니다." 그런데 내 얼굴이 갑자기 새파래지자 어떻게 당황했던지 그도 말을 이었다. "정말 죄송해요. 온갖 길을 생각해보았으나 댁의 물건은 팔리지 않겠다는 결론에 이른 것입니다. 정말 안팔려요. 거짓말 아닙니다. 참 안된 이야긴데!" 그는 웃으며 어깨를 실룩거리고 손을 내밀었다. 나는 피우던 담배를 놓고 자리를 떴다.

그 사이에 밖은 어두웠다.

거리는 내가 전혀 모르는 곳이었다. 여하튼 다소 기분이 가벼워지긴 했지만 나는 가엾게도 속임 당하고 잘못 생각했다가 그 제물이 됐을 뿐만 아니라 웃음거리가 되기까지 했으니 어찌하면 좋을런지 몰랐다. 분명 나는 이른바 생존 경쟁에 나설 힘도 없고 공장 경영인이나 상인으로서의 자격도 없다. 설사 아주 헐값으로 내놓아도 우리 초는 팔리지 않았다. 종교적 예식용품 시장의 경쟁을 지탱하기에는 너무 조잡했고, 이것보다 더 질이 낮은 물건들도 팔리는데 거저 준다고 해도 가져갈 것 같지 않았다. 그러니 내가 아내와 만드는 비결은 알아도 장사하는 비결까지는 몰랐던 모양이다.

나는 지친 채 견본 상품이 든 무거운 짐을 끌고 전차 타는 데까지 가서 오래 기다렸다. 저녁은 어두웠으나 부드럽고 침침하지 않았다. 여름이었다. 네거리는 등불로 밝았으며 사람들이 저녁 거리를 거닐고 있었다. 조용한 시간이었다. 나는 넓고 둥근 광장 옆에 서있었는데 ─ 사람 그림자가 보이지 않는 어두운 사무실 건물들이 그 주위를 둘러있고 ─ 내 등 뒤는 작은 공원이었다. 물이 흐르는 소리가 나서 뒤를 보니 대리석으로 된 커다란 여인상이 있고, 그 굳은 가슴에서 가는 물줄기가 구리 수반 안으로 흘러떨어졌다.

정신이 들자 피곤이 몸에 스며들었다. 드디어 전차가 왔다. 불이 밝은 까페들에서 조용한 음악이 흘러나오고 역은 집이 없는 쓸쓸한 곳에 있었다. 커다랗고 시커먼 게시판에서 기차가 앞으로 있다는 것만은 알았으나, 그 기차로는 도중까지밖에 가지 못하니 호텔도 없는 곳의 더러운 역 대합실에서 맛없는 수우프를 먹으며 날이 밝기를 기다려야 할 판이었다.

나는 발길을 돌려 역전 광장으로 나가 가스등 밑에서 주머니 사정을 보았다. 9마르크와 돌아갈 차표하고 10페니히 동전 몇 개가 있었다. 저쪽에 영원히 손님을 기다리고 있는 듯한 택시들이 서있고 사람 손이 간 작은 가로수들이 마치 신병처럼 정연하게 서 있었다. 양순하고 선량하며 복종하는 나무들이라는 생각이 들었다. 불빛이 없는 집이 두세 채가 있고 그 옆으로 의사 간판이 있었다. 어느 까페 창 너머로 의자들이 나란히 보였다. 바이올린 켜는 사람이 텅 빈 좌석을 보며 거친 몸짓으로 흐느끼는 듯이 곡을 연주했다. 그 정경이야 말로 돌도 움직일 참인데 사람 하나 나타나지 않았다. 드디어 거무스레한 교회 옆길에서 '방있음'이라고 쓴 녹색 간판이 눈에 띄어 안으로 들어갔다.

뒤에서 전차 소리가 들렸다. 전차는 불빛으로 밝은 활기가 넘치는 도심지로 되돌아 갔다. 현관 홀에는 사람이 없었는데, 오른쪽으로 돌아 작은 방으로 들어가니 테이블 넷에 의자 열두 개가 놓여 있었다. 맥주와 리모나데 병들이 든 금속함이 왼쪽에 설치한 카운터 위에 있었다. 모든 것이 청결하고 소박했다. 푸른 빛깔의 아마표가 장미꽃 모양을 딴 구리못으로 벽에 붙어있고 그 주위를 다갈색으로 가느다랗게 두르고 있었다. 의자들도 부드러운 우단 같은 천으로 씌우고 있었다. 창에는 노란 커텐이 빈틈없이 쳐있고, 카운터 뒤가 한쪽으로 열리는 문을 사이에 두고 주방이었다. 나는 트렁크를 내려놓고 의자를 당겨서 앉았다. 몸이 지칠대로 지쳤다.

여기는 아주 조용했다. 역도 조용했는데, 역은 중심가에서 보기 드물게 떨어졌지만 닫힌 창구 뒤는 눈에는 보이지 않아도 부지런히 손발을 놀리는 소리로 가득했으며, 그 소리가 널빤지 하나 사이를 두고 들려오는 그런 어두침침한 홀이었는데, 그 역보다 더 조용했다.

나는 배가 고팠다. 그리고 완전히 헛일로 끝난 이번 출타에 녹초가 됐다. 그러나 치장하지 않은 소박한 방에 잠시나마 이렇게 혼자 있으니 기뻤다. 이런 때 담배 한 대 피우고 싶었지만 그럴 담배가 없었다. 그 큰 점포에 잎담배를 버리고 온 것을 이제 와서 뉘우쳤다. 이번 여행도 쓸모 없었는 데는 그만한 이유가 있었다고 하더라도 마음 한 구석에 어떤 홀가분한 기분이 강하게 느껴졌다. 그것은 무엇이라고 말하기 어렵고 스스로 설명할 수도 없었지만 이 종교용품 업계에서 아주 쫓겨나게 된 것이 남모르게 기뻤는지도 몰랐다.

전쟁이 끝난 뒤 나는 놀고 있지 않았다. 불탄 자리를 치우고 깨진 기와나 벽돌들을 날랐으며 석재를 깎고 벽을 쌓았다. 모래를 나르고 석회를 구하며 신청서를 내고 또 냈는가 하면, 이 책 저 책을 참고

해가며 스테아링 덩어리를 살려서 쓸 물건을 만들어 보려고 무척이나 애썼다. 그리하여 그 누구의 도움도 없이 혼자 초 만드는 법을 알아냈다. 예쁘고 간소하며 질이 좋은 초, 노르스레 하고 잘 녹는 밀랍의 질감이 높은 초였다. 이제 나는 생활의 기초를 닦으려고 사람들이 흔히하는 말을 빌리자면 무엇인가 돈이 되는 일을 위해서 온갖 일을 다 했다. 그런데 비참한 꼴이 되었는지 몰라도 그 노력이 모두 헛수고로 돌아가고 말았으며, 바로 그 일로 지금 내 마음은 일찍이 느껴보지 못했던 기쁨으로 가득했다.

나는 돈밖에 모르는 자가 아니었다. 불빛이 없는 방공호 속에 몸을 움츠리고 사는 사람들에게 초를 주었고, 치부할 수 있는 기회도 피해왔다. 나는 굶주리면서 초를 만드는 일에 정열을 쏟았다. 그런데 내가 이렇게 제법 성실하게 해왔으니 이에 대한 보답을 기대할 만도 했는데, 아무런 보답도 없을 것을 알게 된 지금 오히려 마음이 기쁘고 가벼웠다.

나는 문득 이렇게도 생각했다 — 어느 분의 말대로 구두약을 만들었으면 좋지 않았을까, 그 원료에 딴 성분을 섞어서 사용법을 붙이고 두터운 종이 그릇을 구해서 거기에 담았으면 어떠했을까.

한참 여러 생각에 잠겨 있노라니 주인 여자가 나타났다. 몸이 가늘고 나이 들었으며 푸른 옷차림이었는데, 그 푸른 색깔은 카운터 위에 있는 맥주와 레몬 병과 같았다. 그녀는 정답게 "안녕하세요"하고 말했다. 나도 같이 인사를 하니까 어떻게 오셨냐고 물었다.

"빈 방 있으면 하나 부탁합니다."

"있어요. 얼마나 예산합니까"고 그녀가 물었다.

"제일 싼 방을 부탁해요."

"3마르크 50페니히 입니다."

"좋습니다."

"빵과 치즈 그리고 버터를 좀……"

그때 카운터의 병이 눈에 들어오길래 "포도주라도"하고 말했다.

"그러세요. 포도주 한 병이면 되요?" 하고 그녀가 물었다.

"아니, 아닙니다. 글라스 하나요. 값은 얼마죠?"

그녀는 카운터 뒤에서 작은 창을 열려다가 "모두 합쳐서요?" 하고 물었다.

"네, 모두 합쳐서."

그녀는 테이블 밑에서 메모 용지와 연필을 꺼냈다. 그녀가 천천히 계산하는 동안 다시 조용해졌다. 그녀가 그러고 있을 때 공기는 싸늘했지만 그녀의 모습 전체에서 내 마음을 편하게 해주는 선의가 흘러나왔다. 게다가 여러 번 계산이 틀리는 듯 해서 그녀에게 더욱 친밀감이 갔다. 그녀는 품목을 하나하나 적으며 이맛살을 찌푸리고 합산하다가 고개를 흔들더니 모두 지우고 다시 쓴 다음 한번 더 합산했다. 그리고 이번에는 이맛살을 찌푸리지 않고 회색 연필로 밑에 합계를 썼다. 그리고 조용히 말했다 —

"6 마르크 20 페니히 — 아니, 6 마르크예요. 미안해요."

"좋습니다. 시거도 있나요?" 나는 웃으며 말했다.

"있고 말고요." 그녀는 다시 카운터 밑에 손을 넣어 시거 한 곽을 내 앞에 내놓았다. 나는 그 가운데서 두 개를 들고 고맙다고 말했다. 그녀는 주방을 보고 무어라고 주문하고 나서 밖으로 나갔다.

그녀가 나가자 문이 열리면서 늘씬한 젊은이가 나타났다. 그는 수염을 달고 밝은 색 비옷을 걸쳤는데, 뒤따라 갈색 코오트에 모자를 쓰지 않은 젊은 여자가 들어왔다. 두 사람은 가까이 오며 조용하다기 보다 수줍은 듯이 "안녕하세요" 하며 카운터 쪽으로 돌아섰다.

젊은이는 그녀의 낡은 가죽 쇼핑백을 들고 있었다. 그는 여자와 호텔에 들어 하룻밤을 지내는 것쯤 남자로서 별것 아니라는 태도를 보이려고 굳이 애쓰는 듯 했다. 그러나 그의 아래 입술은 약간 떨리고 작은 땀방울이 그의 수염 끝에 매달렸다. 두 사람은 상점에서 마치 차례를 기다리는 듯이 서있었다. 모자도 없이 짐이라고는 쇼핑백 뿐인 그들의 모습은 도망자가 어느 국경역에 방금 도착한 듯한 인상을 주었다. 젊은 여자는 예뻤고 그녀의 살갗은 생기가 돌며 따뜻하고 붉으스레 했다. 어깨를 가볍게 덮은 짙은 갈색 머리칼이 그의 어여쁜 발에 비해 무거워 보였다. 그녀는 몸의 중심이 되는 다리를 필요 이상으로 바꾸어 가며 먼지 쓴 검은 구두를 신경질적으로 움직였다. 한편 청년은 머리카락이 이마에 조금씩 흘러내리면 성급히 쓸어올리고 또 올렸다. 그의 작고 둥근 입에는 고통스러우면서도 행복한 결의가 엿보였다. 그들은 될수록 서로 얼굴을 대하지 않으려고 했으며 말도 건네는 것을 꺼리는 듯 싶었다. 나는 천천히 시거를 꺼내들고 그 끝을 자른 다음 불을 붙였다. 그러자 불이 잘 붙었는지 살피고 나서 한번 더 불을 붙이고 피울 수가 있었으니 기뻤다. 기다리는 그 한 초 한 초가 고통이었으리라는 것을 나는 알고 있었다. 여자는 보기에 태연하고 행복한 듯 했으나 자주 발을 옮기면서 코트를 만지작거렸고, 남자는 머리카락이 흘러내리지도 않는데 손이 자주 이마에 갔다. 그러자 여주인이 다시 나타나서 조용히 인사를 하고 카운터에 병을 올려 놓았다.

　나는 펄떡 일어나서 여주인에게 말했다. "제가 하면 안되겠어요?" 그녀는 놀란 얼굴로 나를 보더니 잔을 내놓으며 병따개를 건네 주었다. 그리고 청년에게 어떻게 왔느냐고 물었다. 나는 시거를 입에 물고 병따개를 코르크에 꽂았다. 청년이 "방 두개 있습니까?" 하고 묻는 소리가 들렸다.
 "둘이요?" 하고 여주인이 물었다. 바로 이때 병마개가 뽑혔다. 여자의 얼굴이 빨개지는 것이 옆에서 보이고, 청년은 더욱 심하게 아래 입술을 물고 겨우 입을 열었다 ― "그래요, 방 둘입니다."
 "고마워요." 하고 여주인이 나를 보고 말하며 유리잔을 채우고 내게 내놓았다. 나는 내 자리로 돌아가서 부드러운 포도주를 조용히 조금씩 마셨다. 그리고 내 식사가 나오면서 치루지 않을수 없는 의식과도 같은 숙박 수속이 중단되지 않기를 바랬다. 그러나 숙박부에 기입하고 전표에 써넣을 것을 써 넣고 푸르스레한 신분 증명서를 보이는 등 모든 일을 생각보다 빨리 해버렸다. 그리고 젊은이가 가죽가방을 열고 증명서를 꺼낼 때 그 안에 기름이 밴 과자 봉지와 구겨진 모자와 담배곽과 베레모와 닳대로 닳은 붉은 지갑이 보였다.
 같이 온 여자는 그동안 될수록 당황하지 않으려고 애썼다. 그녀는 레모나데 병과 푸른 마포 벽걸이와 장미꽃 모양을 한 못을 무심코 바라보았다. 그러나 그녀의 얼굴에는 부끄러움을 나타내는 붉으스레한 빛이 그대로 있었다. 수속이 끝나고 방 열쇠들을 받은 두 사람은 인사도 없이 빠른 걸음으로 위로 올라갔다.
 그러자 식사가 나와서 여주인이 내 앞으로 가져왔다. 우리 눈이 마주쳤을 때 그녀는 생각과 달리 정색을 하고 내 눈을 피하면서 "맛있게 드세요." 하고 인사했다. 나는 감사하다고 말했다. 그녀는 그대로 서서 가려고 하지 않았다.
 나는 천천히 먹기 시작했다. 빵과 버터와 치즈를 들었다. 그래도 그녀는 내 옆에 서있었다. "그렇게 무서운 얼굴 하지 맙시다"고 내가 말했다.
 그제서야 그녀는 웃으며 한숨을 내쉬고 이렇게 말했다 ―

"저로서는 어떻게 할 수가 없잖아요."
"뭔가 하고 싶은가요?"
"그럼요, 하고 싶구말구요." 하며 그녀는 말에 힘을 주며 옆에 있는 의자에 앉았다. 그리고 "여러가지로 하고 싶었어요. 그런데 그 사람 방을 둘 달라지 않아요. 만일 하나를 원했다면……" 하며 그녀는 머뭇거렸다.
"어떻게 했었나요?" 하고 내가 물었다.
"어떻게 했겠냐구요? 그를 내쫓아버렸지요." 그녀는 화난 얼굴로 나를 쳐다보았다.
"어째서요?" 나는 힘없이 물으며 마지막 음식을 입에 넣었다. 그녀는 말이 없었다. 어째서, 어째서일까? 나는 생각했다. 세상은 사랑하는 자들의 것이 아닌가. 밤은 언제나 정다웠고, 다른 문들이 열려 있지 않았을까? 여기만큼 깨끗하지 않더라도 들어가서 잠글 수 있는 문이. 나는 빈 잔을 바라보며 빙그레 웃었다……
여주인은 일어나서 두툼한 숙박부와 숙박자 카드 철을 가져와서 다시금 옆에 앉았다.
그녀는 내가 기재할 데를 모두 채우는 것을 지켜보았다. '직업'이라는 난에서 나는 걸렸다. 그리고 눈을 들어 그녀의 웃는 얼굴을 쳐다보았다.
"어째서 그러는거죠? 직업이 없나요?" 그녀가 조용히 물었다.
"모르겠어요."
"모른다고요?"
"내가 노동자인지, 행상인인지, 공장주인지, 실업 중인지 또는 판매원에 지나지 않은지…… 그렇다면 누구를 위한 판매원인지 모르겠다는 겁니다." 그러자 나는 바로 '판매원'이라고 재빨리 쓰고 숙박부를 그녀에게 돌려주었다. 순간 나는 그녀에게 초를 줄까 생각했다. 만일 그녀가 좋다고 하면 포도주 한 글라스에 초 스무 자루, 시거 한 대에 열 자루를. 그런데 나는 확실한 이유없이 그만두었다. 내가 지쳤든지 또는 그저 귀찮은 생각이 들었든지도 모른다. 그러나 이튿 날 아침에 그렇게 하지 않기를 잘했다는 생각이 들었다. 나는 꺼진 시거를 다시 피워 물고 자리를 떴다. 여주인이 숙박부를 탁 접으며 숙박자 카드 철을 그 사이에 끼우고 하품을 했다.
"내일 아침 커피 드시겠어요?" 그녀가 물었다.
"안하겠어요. 일찍 역에 나가야 합니다. 안녕히 주무세요."
"안녕!" 그녀가 말했다.
그런데 이튿날 아침 나는 늦잠을 자고 말았다. 간밤에 얼핏 본 복도는 — 검붉은 융단이 깔려 있었는데 — 밤새 조용했다. 방에서도 소리가 없었다. 마시지 않던 포도주 덕분에 어젯밤 나는 피곤하기도 했지만 기분이 좋았다. 창문이 열려 있었다. 검푸른 여름 하늘을 배경으로 거무스레한 교회 지붕만이 보였다. 멀리 바른쪽으로 거리의 갖가지 전등빛이 하늘에 반사하고 있었다. 생기 넘치는 거리의 소음이 들렸다. 나는 시거를 문 채 신문을 보려고 침대에 누웠다. 그러나 바로 잠들었다……
눈을 떴을 때는 여덟 시가 지난 뒤였다. 타려던 기차가 이미 떠난 뒤였다. 깨워달라고 하지 않았던 것을 후회했다. 세수하고 이발소에 가서 수염을 깎으려고 밑으로 내려갔다. 어젯밤의 작고 시펄둥 했던 방이 지금은 밝고 기분좋았다. 엷은 커텐을 통해 햇살이 잘 들어왔다. 아침 식탁에 식기가 놓이고 빵 부스러기와 마마레드의 빈 통과 커피 주전자 등이 있는 것을 보고 나는 놀랐다. 이 조용한 집에 든 손님이 나만이 아니었다. 나는 상냥한 아가씨에게 계산을 하고 밖으로 나갔다.
　밖으로 나오자 나는 망설였다. 교회의 싸늘한 그림자가 나를 둘러 쌌다. 골목은 좁았고 깨끗했다. 여인숙 입구 오른쪽에 제과점이 문을 열고 있었다. 크고 작은 빵들이 진열장 안에서 연한 갈색과 누런 빛으로 빛났다. 어느집 앞에 우유통이 있었는데, 거기서 우유가 새나와 연푸른 줄기로 흘러내렸다.
　큰 길 저편은 모가 난 돌을 쌓아올린 높고 검은 벽 뿐이었다. 반달 모양을 한 문 안으로 푸른 잔디가 보여서 그리로 들어가니 수도원 안뜰이었다. 지붕이 편편한 오래된 건물이 푸른 잔디밭 한가운데 있었는데, 그 돌로 된 창틀에는 하얀 횟칠을 입히고 있었다. 수양버들 그늘에 석관이 놓여있었다. 수도사 한 사람이 돌로 포장한 길을 총총 걸음으로 성당 있는 쪽으로 갔다. 그가 옆을 지나가며 인사를 해서 나도 인사했다. 그리고 수도사가 성당으로 들어가자 아무런 까닭도 없이 나도 뒤따라 갔다.
　성당 안은 텅 비어 있었다. 성당은 오래됐고 장식도 없었다. 나는 으례 하듯이 손을 성수대에 담그었다가 제단을 보고 무릎을 꿇었다. 그때 마침 제단의 촛불이 꺼졌던지, 가는 검은 연기가 밝은 공기 속으로 올라가는 것이 보였다. 사람은 없었고 그날 아침은 미사도 올리지 않는 듯 했다. 나는 자기도 모르게 검은 옷을 입은 사람의 그림자를 눈으로 쫓았는데, 그는 연보궤 앞에서 어색하게 무릎을 꿇었다가 옆 복도로 사라졌다. 나는 앞으로 나가다가 놀라서 그 자리에 섰다. 거기는 고해석이었는데 어젯밤의 젊은 여자가 손으로 얼굴을 가리고 고해석 앞 의자에 무릎을 꿇고 있었다. 옆 복도에는 그 청년이 서있었다. 청년은 무심한 표정으로 가죽 쇼핑백을 든 채 한 손을 그대로 놀리면서 제단쪽을 보고 있었다.

나는 이 고요 속에서 가슴이 뛰고 이상하게도 점점 흥분하는 것을 느꼈다. 그때 청년이 나를 보고 얼굴을 붉히는 것을 알았다. 젊은 여자는 여전히 얼굴을 가린 채 무릎을 꿇고 있었는데, 제단의 초에서는 거의 눈에 띄지 않는 연한 연기가 아직도 올라왔다. 나는 의자에 앉아서 모자를 옆에 놓고 트렁크를 내려놓았다.

그제서야 잠에서 깨어난 듯 했다. 지금까지는 눈으로만 보았고 마음으로 느낀 적이 없었다.—성당도 정원도 길도 여자도 젊은이도—모든 것이 나와는 상관이 없는 극무대의 장치에 지나지 않았다. 그런데 지금 제단을 바라보며 저 젊은이도 고해석으로 가주었으면 하는 마음이 간절했다. 그리고 내가 최근에 고해성사를 한 것이 언제였던가 스스로 물었다. 확실하지는 않으나 칠년 정도 되지 않았던가 싶었다. 그러나 좀더 생각해 보니 나야말로 훨씬 더 옳지 않았던 것을 알았다. 나는 아무런 죄도 찾지 못했다는 것이었다. 지금 아무리 성실하게 찾아보더라도 고해해야 할 만한 죄를 찾아내지 못했다.

나는 매우 서글퍼졌다. 나는 자기가 씻어야 할 더러운 것들로 가득한 것을 알았다. 그러면서도 거칠고 무겁고 바로 이것이라고 할 만한 죄가 도대체 없었다. 가슴이 더욱 심하게 뛰었다. 지난 밤 나는 그 젊은 쌍을 탐내지는 않았다. 그런데 지금 아직 얼굴을 가리고 진심으로 무릎을 꿇고 기다리는 그 모습이 부럽기만 했다. 청년은 까딱도 하지 않은 채 멍청하게 서있었다.

나는 담은 지 오래된 물통의 물과 다름 없었다. 그런 물은 겉보기에 깨끗하고 그 속에 아무것도 보이지 않는다. 돌도 먼지도 더러운 것을 그 안에 던진 자가 없으며, 그 물통은 좋은 건물의 현관이나 지하실에 놓여 있었다. 흠 잡을 데 없는 물통 바닥에는 아무것도 없었다. 모든 것이 맑게 들여다 보이고 잔잔했다. 그런데 그 속에 손을 넣으면 손에는 잡히지 않으나 무엇인가 더러운 것이 손가락 사이로 흐른다. 그것은 모양이 손에 걸리지도 않으나 더러운 것이었다. 그저 거기 그런 것이 있다는 것을 알 뿐이었다. 그리고 그 홈 잡을 데 없는 물통 깊이 손을 넣으면 그 바닥에는 찬찬히 쌓이고 쌓인 기분이 언짢은 형용키 어려운 무형의 오물이 의심할 여지 없이 더북하게 쌓여서 두께를 이루고 있는 것이 보인다. 그것은 이 훌륭한 집의 품위 있는 생활의 공기 속에서 나온 것이다. 뭐라 이름을 붙일 수 없는 눈에 보이지 않는 오물들이 짙고 묵직하게 가라앉아 뭉친 것이다.

나는 기도가 되지 않았다. 가슴이 뛰는 소리를 들으며 그 여자가 고해석으로 들어가는 것을 기다리고 있을 뿐이었다. 드디어 그녀는 두 손으로 얼굴을 가린 채 일어나더니 나무 의자가 있는 안으로 들어갔다.

청년은 여전히 움직이지 않았다. 이 일이 마음에 없다는 듯이 무관심한 태도로 수염에 덮인 핼쑥한 얼굴에 차분히 굳은 결의를 나타내고 서있었다. 여자가 돌아오자 그는 갑자기 가방을 바닥에 내려놓고 고해석으로 들어갔다.

나는 여전히 빌지 못했다. 나에게 말을 걸어오는 소리도 없고 속에서 나는 소리도 없었다. 아무것도 움직이지 않았으며 가슴이 뛸 뿐이었다. 나는 초조한 마음을 견디다 못해 일어서서 트렁크를 놓아둔 채 통로를 가로질러 옆 복도의 긴 의자 앞에 섰다. 맨 앞줄 의자에는 지금은 전혀 쓰지 않는 낡은 제단 위에 놓인 오래된 성모 석상 앞에 그 젊은 여성이 웅크리고 있었다. 성모상은 우아하지 않으나 웃는 얼굴을 하고 코에 조금 홈이 있었다. 옷의 푸른 칠이 여기저기 벗겨지고 그 위에 그린 금빛 별 모양이 지금은 연한 밝은 반점으로 보일 뿐이었다. 손에 든 왕홀은 부서지고 품 안의 어린 아이는 겨우 머리 뒷쪽과 두 다리 일부가 남아있을 뿐이었다. 몸 가운데가 떨어진 것이다. 성모는 웃으며 이 토르소를 가슴에 안고 있었다. 성당은 가난한 수도원의 것으로 보였다.

"아아, 기도 드릴 수 있으면 좋으련만!" 하고 나는 빌었다. 나는 자기가 고집세고 쓸모 없으며 더럽고 뉘우칠 줄 모르는 인간이라는 생각이 들었다. 이런 것이 죄라고 가리킬 만한 것이 내게는 없었다. 내게 있는 것이라고는 오직 심하게 고동하는 가슴과 더럽다는 의식 뿐이었다……

젊은이가 조용히 내 옆을 스쳐가자 나는 펄떡 일어나 고해석으로 들어갔다……

내가 십자를 긋고 고해를 마치고 나오니 두 사람은 성당을 나가고 없었다. 수도사가 고해석의 자주빛 휘장을 한쪽으로 밀고 작은 문을 열자 천천히 옆으로 지나갔다. 그는 제단 앞에 멋없이 다시 무릎을 꿇었다.

그가 사라지기를 기다렸다가 나는 재빨리 통로를 가로질러 허리를 굽혀 트렁크를 들어서 옆 복도로 가져다 열었다. 트렁크 안에는 초들이 제자리에 정연하게 있었다. 아내가 부드러운 손으로 묶은 대로 가늘게 노랑 빛을 띠고 소박하게. 나는 성모상이 서있는 장식없는 차가운 돌단을 바라보았다. 그리고 비로소 트렁크가 좀더 무겁지 않았던 것이 마음에 걸렸다. 그러자 나는 첫 번째 묶음을 풀고 성냥을 그었다……

나는 한 자루 한 자루 다른 촛불에 녹여서 그것들을 모두 돌단에 세웠다. 녹은 촛물이 차가운 돌단 위에서 바로 굳었다. 초를 있는대로 모두 세우자 돌단 전체가 흔들리는 불빛으로 뒤덮였다. 이제 트렁크가 비었다. 나는 트렁크를 그 자리에 놓아두고 모자를 쥐자 제단 앞에 한 번 더 무릎을 꿇고 밖으로 나왔다. 마치 도망가는 느낌이었다……
 천천히 역으로 발을 옮길 때 나의 모든 죄가 떠올랐다. 그리고 내 마음이 그전보다 훨씬 가벼워졌다……

아버지의 값어치
―おやぢの値段

데꾸네 다쓰로

"헌 책에 매긴 값에는 나름대로 근거가 있는 겁니까?" 하고 M씨가 물었다. 며칠 전 모처에서 열린 고서 즉매전 목록에 M씨의 저서가 올라있었다고 한다. 10년 전에 자비로 출판한 시집인데 6,000엔이 붙어있었다. M씨는 시를 쓴다지만 그 길에 이름이 날 정도는 아니었다. "그런데 6,000엔이라고 하니 말입니다……." 나도 고본을 취급하지만 그 6,000엔의 근거를 솔직히 말해서 모르겠다. 그러나 M씨의 시집에 값을 매긴 업자는 시와 노래 책을 전문으로 다루고 있으니 전연 근거 없이 값을 붙였다고는 생각되지 않았다. 그 6,000엔의 값어치를 찾아냈으리라. 고본상은 책값을 부르는 데 의외로 진지하며 그래 마땅하다고 했더니, M씨는 "그렇다손 치더라도 좀 너무했던 것 같아요." 하며 쓴 웃음을 지었다.

나는 굳이 말하지 않았지만 고본상은 때로 기분 내키는 대로 하는 수도 없지 않다. 가령 사람의 이름의 경우가 그렇다. 재작년이었는데, 시골 손님한테서 숨이 넘어갈 듯한 급한 전화가 걸려왔다. 근처에 있는 고서점에 명치 시대의 한시집이 있었다. 엮은 사람 이름을 보니 귀하의 성이 아닌가? 그러니 과연 인연이 있는가 없는가?

내 성은 확실히 특수하다 보니 유난히 눈에 띈다. 틀림없이 내 할아버지가 엮은 작은 책자였다. 값을 물으니 놀라 자빠질 정도였다. 아무리 시대물이라 해도 내용은 필경 범부들이 장난 삼아 한 것에 지나지 않는다. 그렇다는 것을 상인이 모를 리가 없다. 그런데 값은 적지 않다. 나는 그런 기묘한 사정을 뼈저리게 느끼기 때문에 상대가 부르는 값으로 인수했다. 조부가 남긴 것이고 보면 그래도 싼 값이었다. 이를테면 이런 것이 기묘한 사정인 셈이다.

흔치 않은 성을 가진 사람의 책은 비싸다. 계통이 선 연구서라면 모르되 가령 고인의 추모집 같은 책들은 거의 버려지는 물건이지만, 그것이 귀에 익지 않은 성을 가진 사람의 것이라면 특별히 값을 매긴다. 그것도 용기 내서 매긴다. 앞뒤가 잘 맞으면 내가 조부의 시집과 만나는 식으로 일이 이루어 질지도 모른다. 책의 내용이나 희소가치 따위는 상관없이 고서적상의 기분대로 매겨지는 이런 콧노래식의 정찰도 이따금 있다. M씨의 시집은 그렇지 않겠지만 생각하면 그의 경우도 나와 비슷해서 결코 흔치 않은 성이었다.

「살인의 방법」이라는 책을 구하려고 들렸던 손님이 기운없이 점포를 나가다 비명을 지르는 통에 깜짝 놀랐다. 그는 마치 칼에라도 찔린 듯이 두 손으로 가슴을 부둥켜 안고 얼굴을 붉히며 안으로 되돌아 왔다. 혀가 꼬여서 말을 못할 정도였다. 점포 통로에 손님들 한테서 사들인 채 정리하지 않은 책들이 마구 쌓여있다. 그 속에서 찾던 책이 눈에 띄었다는 것이었다.

"저것 살 수 있어요?"

손님이 찾아냈다는 책은 「살인의 방법」이 아니었다. 내가 들어본 적이 없는 작가의 처녀 단편집이다. 첫 눈에도 자비 출판임을 알 수 있는 조잡한 책이다.

"이 작가를 주인께서는 아시나요?"

중년의 손님은 그제서야 진정을 되찾았다. 내 대답을 듣더니 "유명한 분이요" 하며 사람이 놀랄 정도로 소리내서 웃었다.

"이는 무로우 사이세이 입니다."

"뭐라구요?"

"얼마나 찾았는지 몰라요, 이것을……"

"그럼 이것은 사이세이의 또다른 이름인가요?"

"아니요." 손님은 또 웃었다. "이것은 제 아버집니다."

그 순간 심각한 얼굴로 부친의 지난날을 이야기 했다. 팔리지도 않는 문학에 미쳐버린 아버지 때문에 얼마나 비참한 어린 시절을 보내야 했는지 모른다. 아버지가 산더미 같은 빚을 져가며 자기 책을 냈을 때, 아버지는 수백 권이나 되는 책을 앞에 놓고 너무 기뻐서 춤추다시피 했지만, 방 한 구석에서는 어린것들이 배가 고파 벽의 흙을 긁어 씹고 있었다. 아버지가 죽자 어머니 말대로 아버지의 책을 모두 한 데 묶어 헌 책방에 팔러갔다. 주인이 가엾게 여기고 쿠페빵 한 개 값을 주었다. 자기 소설의 값은 돈으로 바꿀 수 없다고 큰 소리치던 아버지였는데 짓궂게도 그 말대로 였다. 어머니는 화가 나서 남은 것을 몽땅 액땜하는 상자에 집어던졌다.
"시시한 아버지였는데, 아버지가 죽은 나이가 되보니 몹시 그리워져서……" 하고 손님이 잠깐 말을 잇지 못했다. 그러자 "아버지가 무슨 생각을 하고 계셨는지 알고 싶어도 곁에 한 권도 없어요." 하며 손님은 귀엽다는 듯이 "아버지의 책"을 어루만졌다.
"이 책이 혹시나 제가 어려서 헌 책방에 팔았던 것 가운데 하나가 아닐까. 그렇다면 그야말로 우연히 만난 셈이지."
"이것은 아버님의 필명입니까?"
"그렇습니다. 그저 흔한 이름이죠. 필명 좀 멋지게 만들었어도 좋았는데. 창작력이 모자라는 애비였죠."
우리는 크게 웃었다.
"아 참, 이것 값이 붙어있지 않은데 얼맙니까?"
"아니요, 그냥 드리겠어요. 인연이 맺어진 것이 기뻐서 그대로 드리겠습니다."
"그건 안되요. 장사는 어디까지나 장사니까! 나도 옛날처럼 빈털털이가 아닙니다."

손님의 얼굴 빛이 달라지길래
"그렇다면 100엔 받겠습니다."
"100엔이라구요?" 말문이 막혔다. 그러자 상대가 화를 내기 시작했다.
"100엔이라니, 사람을 어떻게 보는거요, 당신 도대체 무슨 근거에서 아버지를 욕먹이는거요?"
그것은 얼토당토 하지 않은 말이었다. 나는 속에서 화가 치밀었다. 그쪽에서 그렇게 나온다면 나도 할 말이 있다.
"정 그렇다면 1,000엔 받겠습니다."
순간 손님의 굳은 표정이 풀리면서
"그러지 말고 5,000엔으로 합시다. 그러면 되죠? 그렇게 해줘요."
하며 차근차근 말을 이었다.
"아버지도 얼마나 기뻐할까. 자기가 쓴 책이 고서적상에서 5,000엔이나 하니······"

네팔의 맥주
―ネパールのビール

요시다 나오야

  4년이나 전의 일이니까 정확하게는 최근은 아니지만 내게는 바로 어제 일보다 더 또렷또렷한 이야기다.
  소화 60년 여름, 나는 촬영 때문에 히말라야 산록, 네팔의 드라카 라는 마을에 10여 일 머물렀다. 해발 1,500미터 산허리에 집들이 들러붙은 듯이 흩어져 있는 마을인데, 전기 수도 가스와 같은 이른바 현대 라이프 라인은 하나도 없었다.
  인구가 4,500명이나 되는데, 자동차는 물론 바퀴가 달린 장치로 다른 마을과 오갈 수 있는 길이 없었다. 게다가 두 다리로 걷는 수밖에 없는 울퉁불퉁한 산길을 골짜기를 흐르는 급한 물줄기가 여기저기서 끊어 놓는다. 이런 곳에 부딪치면 바위에서 바위로 목숨을 걸고 건너 뛰어야 한다.
  손수레도 쓸 수 없으니 마을 사람들은 힘 닿는 데까지 짐을 지고 이런 길을 걸어야 했다. 그래서 숲이 움직이나 하고 놀라서 자세히 보면 밑으로 작은 발이 움직이곤 한다. 땔감으로 옥수수 잎단을 어린 아이들이 나르고 있는 것이다.
  옛날 일본에서도 마을의 공유지에서 풀을 벨 때 우마차에 싣고 돌아가지 못하게 했다. 자기가 질 수 있는 데까지만 풀을 베도록 되어 있었다. 자기가 질 만큼 베는 것은 하늘이 허락한다는 사상이 있었던 것이다.
  시대는 다르지만 차를 굴릴 길이 없기 때문에 드라카 마을 사람들은 결과적으로 환경 보호에도 맞고 하늘의 허락도 받아가며 사는 생활을 하고 있는 셈이다. 그러나 옛날 일을 모르면서 지금 사람들은 자동차가 다닐 수 있는 길을 합쳐서 모든 라이프 라인의 혜택을 받지 못하고 있는 자기들의 생활이 세계 수준보다 밑이라는 것을 잘 알고 있다. 그래서 여행자의 눈에는 도원경처럼 보이는 아름다운 풍경 속에서 견디기 어려운 생활을 하고 있다.

특히 젊은이들이나 아이들은 마을을 떠나 전기와 자동차가 있는 데로 나가고 싶은 마음이 간절하다. 그들이 그러는 것도 당연한 일이며, 우리들도 차를 쓰지 못하는 이곳에서 촬영을 하려니 순간 순간이 중장비의 등산이다. 차로 갈 수 있는 마지막 지점에서 마을까지는 열 다섯이나 짐꾼을 사서 기재와 식량 등을 날랐는데, 그밖에 가져오고 싶은 것들이 있어도 모두 참고 견디어야 했다.

그리하여 제일 먼저 단념한 것이 맥주였다. 우선 무겁다. 알코올로 치면 양주가 효율적이다. 그것을 여섯 병, 한 사람에 한 병 반 꼴로 가져가면 넷이서 열흘 동안 이럭저럭 지내게 된다는 생각에 맥주를 단념했다.

그러나 양주와 맥주는 그 역할부터 다르다.
온통 땀에 젖어가며 하루의 촬영이 끝났을 때 눈 앞에 시원한 계곡 물이 흐르고 있는 것을 보면, "아아 여기 맥주를 담궈 차게 해 마시면 얼마나 좋을까……" 푸념이 저절로 나왔다.

우리 일행이 같이 의논한 끝에 그렇게 하기로 했던 맥주인데, 이제 와서 그 이야기를 다시 꺼내는 것은 규칙 위반이다. 그러나 내가 입밖에 낸 그 맥주 이야기를 듣고 따지고 든 것은 친구가 아니라 마을의 체트리 소년이었다.

"방금 이 사람 뭐라고 했어"하고 통역에게 묻자 이야기를 알아차리고는 눈을 반짝였다.

"맥주가 원이라면 내가 사다 줄께"

"……어디서?"

"채리코트"

채리코트는 우리가 차에서 내리고 짐꾼을 샀던 고개의 거점이다. 트럭이 오는 끝이어서 물론 맥주가 있다. 고개 찻집 선반에 맥주가 몇 병 나란히 있는 것을 올 때 곁눈으로 보았다.
그러나 채리코트까지 가려면 어른 걸음으로도 시간 반이 걸린다.
"멀지 않나?"
"괜찮아. 어둡기 전에 돌아올테니."
하도 자신 만만해서 장담하길래 작은 배낭과 돈을 주고 부탁했다. 그럼 힘들겠지만 될 수 있으면 네 병 부탁한다고 했다.
신이 나서 뛰쳐나간 체트리 소년은 여덟 시 무렵 해서 맥주 다섯 병을 등에 메고 돌아왔다. 우리는 모두 박수로 그를 맞았다.
이튿날 오후, 촬영 현장을 보려고 온 체트리가 "오늘은 맥주 없어도 되느냐"고 묻는다. 전날 밤에 맛본 차디찬 맥주 생각이 되살아났다.
"없어도 되는 건 아니지만 네가 또 고생해야 하니까……"
"문제없어. 오늘은 토요일이니 학교는 끝났고 내일은 쉬니까 이스타르 많이 사다줄 수 있다."
STAR라는 상표가 붙은 네팔의 맥주를 이곳에서는 "이스타르"라고 읽는다. 너무 기뻐서 어제보다 큰 배낭과 한 타스 분 이상 맥주를 살 수 있는 돈을 주었다. 체트리 소년은 어제보다 더 신이 나서 달리다시피 떠났다.
그런데 밤이 되도 소년은 돌아오지 않는다. 밤이 깊었는데도 소식이 없다.
무슨 일이 일어난 것이 아닐까 하고 마을 사람들에게 이야기 했더니, "그렇게 많은 돈을 주었다면 달아났을 것이다"고 입을 모았다. 그 정도의 돈이 있으면 부모 있는 대로 가서 카트만두까지도 나갈 수가 있다. 틀림없이 그랬을 꺼라고.

열 다섯 난 체트리 소년은 산 하나 너머에 있는 아주 작은 마을에서 여기와서 하숙하며 학교에 다니고 있다. 땅바닥에 거적을 깔고 침상 하나 놓은 그의 하숙을 촬영하며 이야기를 들었으니 사정이야 모르는 바 아니다.

그 토굴에서 아침 저녁으로 체트리 소년은 다미아와 지라라고 하는 매운 향료에 고추를 섞어 돌과 돌 사이에 넣고 간 뒤 채소와 함께 쪄서 일종의 카레를 만들어 밥에 쳐서 먹으며 열심히 공부하고 있었다. 방이 어두워서 낮에도 작은 석유 등을 침상 위에 올려놓고 엎드려 공부하고 있었다.

그런 체트리 소년이 돌아오지 않는다. 다음 날도 안왔다. 그 다음 날이 월요일인데 역시 그는 나타나지 않았다. 학교에 가서 선생에게 사정을 이야기 하고 이쪽 잘못이었다고 빌면서 어떻게 하면 좋겠는가 말하자, 선생까지도 "걱정할 것 없다. 사고가 아니다. 그런 많은 돈을 갖었으니 달아났을 것이다"는 것이었다.

나는 이를 갈며 잘못을 뉘우쳤다. 아무 생각없이 일본의 감각으로 네팔 아이들에게는 믿어지지 않는 많은 돈을 주었던 것이다. 그리고 그토록 착한 소년의 일생을 망쳐버렸다.

그렇기는 하지만 역시 사고가 아닐까? 그런데 만일 사고라면 아주 큰 사고다.

이러지도 저러지도 못한 채 시간이 흘러 3일째 되는 날 밤이 깊었는데, 숙소의 문을 심하게 두드리는 소리가 났다. 야아, 드디어 아주 나쁜 소식이 오는가보다 하고 문을 여니 거기 체트리 소년이 서있지 않은가!

온몸에 흙칠을 한 모습이었다.

채리코트에는 맥주가 세 병밖에 없어서 산을 넷이나 넘고 다른 고개까지 갔었다는 이야기였다.
 그리고 모두 열 병을 샀지만 오다 넘어져서 셋을 깼다고 울먹이며 깨진 병 조각들을 모두 꺼내 보이고 거스름 돈까지 내놓았다.
 소년의 어깨를 껴안고 나는 울고 또 울었다. 요새 와서 그렇게 운 적이 없다. 그리고 그토록 깊이 여러 가지로 반성한 적도 없다.

김영도
1924년 평북 태생
서울대 문리대 철학과 졸업
제9대 국회의원
대한산악연맹 회장
1977년 한국에베레스트 원정대 대장
1978년 한국북극탐험대 대장
독일 산악지 Der Bergsteiger Mitarbeiter
한국등산연구소 소장

저서 :「나의 에베레스트」
　　　「우리는 산에 오르고 있는가」
역서 : 라인홀트 메스너 :「검은 고독 흰 고독」,「죽음의 지대」,
　　　　　　　　　　　　「제7급」
　　　이반 슈나드 :「아이스 클라이밍」
　　　에드워드 웜퍼 :「알프스 등반기(공역)」
　　　예지 쿠쿠츠카 :「14번째 하늘에서(공역)」

산의 사상

지은이 · 김영도
펴낸이 · 이수용
펴낸곳 · 秀文出版社

1995. 10. 5 초판 인쇄
1995. 10. 15 초판 발행
출판등록 1988. 2. 15. 제 7-35호
132-033 서울 도봉구 쌍문3동 103-1
994-2626, 904-4774 FAX 906-0707

ⓒ 김영도
ISBN 89-7301-049